Swap

Antony Moore

Swap

Traduit de l'anglais
par Jean Esch

LIANA LEVI piccolo

Pour Stella et Conor

Remerciements de l'auteur

Ce livre n'aurait pas vu le jour sans le travail acharné et l'aide généreuse de Sophie Hicks et de James Gurbutt. Qu'ils soient remerciés tous les deux.

Toutes les notes de bas de page sont du traducteur.

ISBN : 978-2-86746-536-9

Titre original : *The Swap*

www.lianalevi.fr

Prologue : Cornouailles, 1982

– *Superman numéro un* ?

« Le Bizarre » tourna son visage, jamais bien propre, vers l'école et Harvey le vit plisser le nez comme s'il sentait une mauvaise odeur.

– Pourquoi ça m'intéresserait ?

Harvey poussa un profond soupir, exagéré. Il s'en fichait après tout de conclure cette affaire ou pas.

– J'en sais rien, moi. On s'en fout. Je ferai échange avec quelqu'un d'autre. C'est pas mon truc, voilà tout. Superman, il est pas si génial que ça. Moi, j'aime mieux le *Surfeur d'argent*. Il est super vieux, c'est le premier... Un truc de môme.

– Alors, pourquoi je l'échangerais ? demanda le Bizarre d'un ton plaintif et Harvey soupira de nouveau.

Fallait-il qu'il lui fasse un dessin ? Parce que tu n'as pas d'amis pour jouer, parce que tu veux te faire bien voir de moi, parce que ça brise l'ennui de l'école, parce que tu auras un truc à trimballer et à montrer aux gens sans qu'ils se moquent de toi, un truc plus ou moins acceptable en classe, entre 8 h 45 et 9 heures quand tout le monde cherche à tuer le temps, en essayant de *te* tuer généralement. Ce serait facile de dire toutes ces choses, mais pas à douze ans, même si vous les pensez plus ou moins. Alors, Harvey se contenta de hausser les épaules et d'esquisser un geste de la main.

– C'est toi qui vois.

– Tu veux ça ?

Le Bizarre toucha le fin tuyau en plastique qu'il portait comme un bandana.

– Non, pas franchement. Mais je veux bien faire échange.

Harvey l'avait vu trancher l'herbe sur le chemin qui montait de la route à l'école ; il avait vu la manière dont ce truc sectionnait les fleurs et projetait les graines dans les airs. Il aimait cette destruction bien propre, quasiment artistique. La beauté selon les garçons.

– Si j'accepte, ce sera fini. Je pourrai plus le reprendre ?

Le Bizarre était encore plus bizarre que d'habitude et Harvey commençait à se lasser. Sans être une brute épaisse, ce n'était pas non plus une gonzesse.

– Bien sûr que non ! Une fois que tu l'as échangé, tu l'as échangé, tu peux pas revenir en arrière.

Il se retourna et entreprit de gravir le chemin qui conduisait à la porte derrière l'école ; un chemin de terre que surplombaient de grands cèdres dont personne ne s'occupait.

– Laisse tomber, ajouta-t-il, ça vaut pas le coup, en fait. On s'en fout.

Harvey avait adopté cette expression. Il avait commencé à l'employer l'année précédente ; elle lui semblait un peu forcée à l'époque et il s'attendait toujours à ce que quelqu'un réponde : « Pas toi, je parie. » Mais non. Alors, il l'avait adoptée. Et il se disait que l'an prochain, l'année de ses treize ans, elle lui irait comme un gant. Il avait parfois ce genre d'impressions. Et il sentait qu'elles le différenciaient des autres: il anticipait plus ou moins comment les choses allaient se passer, il voyait où il allait. Assurément, il était différent de ses camarades de classe comme Bleeder[1], le Bizarre, qui le suivait maintenant sur le chemin. Bleeder à cause de ses saignements de nez et des croûtes qui ornaient son corps en permanence. Bizarre, pour des raisons évidentes.

– Non, attends! J'ai pas dit que je voulais pas!

Harvey perçut dans la voix du Bizarre le besoin pitoyable de nouer une relation normale, la nostalgie instantanée d'une marque de respect passagère. Il se demanda confusément s'il avait commis une erreur. En lui donnant un espoir.

– Écoute, espèce de taré. Tu veux faire échange ou pas? Si tu es décidé, finissons-en. J'ai pas envie que quelqu'un de l'école me voie parler avec toi…

– OK… attends… attends…

Le coup-de-poing verbal n'altéra pas vraiment la voix du Bizarre. Après tout, il avait l'habitude.

– C'est juste que… je l'ai volé, comme qui dirait.

Il regarda Harvey qui s'était retourné afin de le toiser durement et leurs yeux se croisèrent.

– Vu que je l'ai volé, c'est difficile de te le donner.

Harvey ne mordit pas à l'hameçon. Il se fichait de savoir d'où venait ce machin.

– L'échange pas, dans ce cas.

Il se retourna et atteignit finalement, non sans soulagement, la barrière qui séparait l'école des champs environ-

---

1. Litt. «l'hémophile», mais aussi «le pauvre gars».

nants. C'était la dernière fois qu'il s'emmerdait avec un naze ; il avait déjà donné, il avait bavardé avec des cinglés et s'était retrouvé entraîné dans des trucs qui ne l'intéressaient pas. Et puis merde, ça n'en valait pas la peine. De toute façon, il allait se tirer d'ici, de cette petite vie de province, pour s'installer en ville. Il était déjà allé à Londres (d'accord, c'était avec sa tante Katie), mais il y était allé et il y retournerait ; son avenir était là-bas. Toutes ces conneries, il s'en foutait.

– Allez, tiens, on échange !

Le Bizarre courait péniblement pour passer devant lui, en se frottant contre les orties qui bordaient le chemin. Harvey se demanda distraitement si elles piquaient ses genoux nus. Le Bizarre n'affichait aucun signe de douleur, en tout cas. Adossé à la barrière, il ôta le tube en plastique qui pendait à son épaule.

– Il est à toi maintenant. Mais dis pas aux autres où tu l'as eu.

Il le tendit avec empressement et Harvey observa l'objet en s'interrogeant: qu'est-ce qu'il pourrait bien faire avec ça ? Il secoua la tête, mais il perçut l'espoir dans l'œil du Bizarre et soupira de nouveau. Bon Dieu, c'était ridicule. Il ouvrit son cartable, un sac en toile super-cool provenant d'un surplus militaire, sur le rabat duquel il avait peint la tête de Donald, un cigare au bec. C'était assez réussi. Il en sortit le magazine, enveloppé dans la pochette plastique qui protégeait toutes ses bandes dessinées.

– Tu es sûr ? demanda-t-il avec une ironie appuyée.

– Oui.

Le Bizarre tendit le bout de plastique et Harvey voulut le prendre, mais le garçon ne le lâcha pas.

– File-moi la BD.

La tension perça dans sa voix pendant un instant et Harvey leva la tête, surpris.

– Bon, d'accord. Laisse-moi enlever la pochette. C'est un truc de collectionneurs.

Il voulut ôter la protection, mais le Bizarre lui arracha le magazine des mains.

– Non. Je le veux dans l'état où tu me l'as proposé.

Il lâcha le bout de tuyau en plastique et plaqua le magazine contre lui, prêt à le défendre en cas d'attaque.

Harvey secoua la tête et leva les yeux au ciel pour mimer la consternation.

– Pauvre taré, cracha-t-il, et il poussa le Bizarre pour escalader la barrière.

Il s'éloigna en sectionnant les brins d'herbe à droite et à gauche, jusqu'à l'endroit où le monde sauvage, domestiqué, se fondait dans le terrain de rugby. Le regard du Bizarre ne le quitta pas un instant. Il serrait dans ses mains et plaquait contre sa poitrine *Superman numéro un*, solidement, mais sans le froisser: pour le protéger.

1
Londres, aujourd'hui

Le soupir était devenu son trait distinctif. Quand il soupirait, ce n'était pas le signe d'un quelconque désespoir existentiel, mais une simple constatation : une nouvelle journée commençait et le café qu'il buvait n'était pas meilleur que celui de la veille. Assis dans un isolement qui n'avait rien de splendide, derrière le comptoir de sa boutique, il tournait le dos aux rangées et aux rangées de présentoirs qui couraient jusqu'à la porte d'entrée. Chaque présentoir était recouvert de plastique et, sous l'éclairage cru au néon, on avait du mal à voir que chaque pochette renfermait une bande dessinée.

– Ça roule, Harvey ? Fais-nous-en un, je suis gelé.

Combien de temps s'était écoulé entre son arrivée et le moment où Josh lui avait tapoté une épaule pour rire, alors qu'il se dirigeait dans la direction opposée ? La tasse de café était encore chaude entre ses mains. Il leva la tête.

– Tu es en retard.

Il n'avait pas regardé l'heure, mais il aimait débuter chaque journée de travail en faisant des reproches à quelqu'un, à Josh de préférence.

– Où est le problème ? On est ouverts ?

– Évidemment qu'on est ouverts. On a des horaires. Enfin, moi.

– La pancarte n'indique pas *Ouvert*.

Josh revint vers la porte pour retourner un dessin assez moche de Thor le Dieu du tonnerre qui indiquait : *Fermé*. De l'autre côté, le même Thor indiquait : *Ouvert*.

– Tu t'étonnes qu'on n'ait pas de clients, mais pour ça, il faut penser à retourner l'écriteau, Harvey.

Josh passa derrière le comptoir en ricanant et pénétra dans l'arrière-boutique où ils rangeaient le café.

– À l'heure qu'il est, tu serais submergé de clients si tu t'étais souvenu de cette règle simple.

La voix de Josh était étouffée par le bruit de l'eau qui coulait dans une bouilloire.

Mais pas suffisamment.

– Va te faire foutre.

Harvey quitta son siège derrière le comptoir et marcha vers la porte d'entrée pour échapper à la voix de Josh, qui accompagnait maintenant, de manière douloureuse, la musique de XFm dans l'arrière-boutique. Il ouvrit la porte et sortit dans le vent de février qui lui fit rentrer la tête dans les épaules et plisser les yeux.

Si seulement…

Certains jours, c'était pire que d'autres : les souvenirs, les interrogations. Ça ne l'avait jamais quitté. Depuis qu'il était parti des Cornouailles, depuis qu'il vivait dans la grande ville, il avait pensé que ça disparaîtrait, que ça se collerait dans un coin reculé de son esprit, mais chaque jour, ça semblait s'amplifier. Il avala une grande bouffée d'air glacé et contempla la rue déserte. Les clients étaient rares par ici, il n'y avait pas de passage. Le soupir faisait partie de lui, au même titre que les épaules voûtées et la main qui glissait dans la poche intérieure de son blouson en jean pour prendre ses cigarettes. Il eut du mal à en allumer une dans le vent furieux, poussa un juron sans conviction et rentra dans la boutique pour retourner s'asseoir derrière le comptoir sur un des deux tabourets hauts. Après quelques instants, il écrasa son mégot d'un geste brutal et hargneux.

– Baisse cette merde, Josh !

– OK, Harvey, OK. Pas la peine d'être désagréable.

Harvey se prit la tête à deux mains et sentit ses cheveux qui disparaissaient, qui l'abandonnaient : ils quittaient le navire.

– Tout ce que j'aurais pu faire.

À 13 h 30, le *Queen's Head* était plein. Mais ils étaient là depuis plus d'une heure et ils avaient une place de premier choix. C'était un pub sans personnalité ni attrait particulier, mais il se trouvait à mi-chemin entre deux ensembles de bureaux et avait accepté les fruits du hasard sans se plaindre. C'était également l'endroit le plus proche d'*Inaction Comix* pour boire un verre.

– Tout ce qui aurait pu m'arriver.

Harvey en avait fait une rengaine, un petit numéro ironique à l'attention de Josh. Que pouvait-il faire d'autre ? Il avait raconté cette histoire trop souvent.

– Ouais…

Les pensées et les lunettes de Josh étaient fixées sur la machine à sous, plus précisément sur le T-shirt de la jolie blonde qui s'y appuyait.

– Ouais. Tu pourrais être à Tahiti ou un truc comme ça.

– À New York.

Harvey n'aimait pas qu'on galvaude son fantasme. L'égarement du gagnant du loto, ce n'était pas pour lui. Il savait ce qu'il aurait fait.

– Un petit *coffee house* dans le centre avec des murs peints. Spiderman, les Quatre Fantastiques... Classe, mais *roots.* J'aurais continué à collectionner, juste pour le plaisir.

– Ouais, cool. Avec *Superman numéro un*, tu aurais pu te payer tout ça, sans problème.

Josh adressa un sourire plein d'espoir à la jolie blonde, qui se retourna vers sa copine moins désirable en faisant la grimace.

– Tu aurais pu être un battant.

Il mima un Brando de comédie pour masquer son échec prévisible et tenta d'attirer le regard de la copine.

– Oui, j'aurais pu être un battant. (Harvey attaqua sa troisième pinte.) Mais c'est Bleeder, le battant, maintenant. Il vit quelque part, avec un *Superman numéro un.* Grand bien lui fasse.

Les ardoises placées au-dessus du bar dressaient la liste des plats que proposait le pub, si limitée que cela en devenait presque risible. Il la passa en revue avec les yeux de celui qui l'a déjà lue, mais qui cherche une distraction.

– Peut-être qu'il l'a vendu, peut-être qu'il l'a balancé le jour même où tu lui as donné.

Josh constata que le sujet – la perte subie par Harvey – avait accaparé son attention, comme souvent.

– Non, il l'a pas vendu. On en voit passer un sur le marché tous les trente-six du mois et ils en parlent toujours dans la presse. Ça fait vingt ans que je regarde sa valeur grimper. Tous les ans, je consulte *Overstreet*[1] et tous les

---

1. Cote officielle des bandes dessinées.

ans, il vaut quelques milliers de dollars de plus. Quelques milliers de dollars par an depuis vingt ans… Alors oui, peut-être qu'il l'a balancé à la poubelle. Ou peut-être qu'il aime tellement le lire qu'il ne veut pas s'en séparer.

– Contre quoi tu l'as échangé, déjà ?

Généralement, Josh ne se montrait pas malveillant, c'était d'ailleurs pour ça que Harvey l'aimait bien, ou du moins qu'il le tolérait. Il reprit sa pinte et la termina d'un trait.

– Va te faire foutre.

– Alors, tu as décidé si tu allais à la réunion ?

Josh avait du mal à ne pas se laisser distancer et il bafouillait un peu à cause de la quatrième pinte. Harvey avait des principes très stricts concernant la consommation d'alcool : ne jamais se ridiculiser avant la cinquième pinte, mais il ignora poliment le faux pas de Josh.

– J'ai jeté la lettre, dit-il en veillant à parler distinctement. Franchement, je ne vois pas l'intérêt. Qu'est-ce que je pourrais dire ou faire pour intéresser ces gens ?

La lettre était arrivée au courrier de samedi et Harvey l'attendait. Cette attente était une injure à sa nature profonde, il avait fait de gros efforts pour ne pas l'attendre, mais c'était une tâche très difficile. Chaque année, elles arrivaient ; chaque année, il essayait. Et chaque année, il échouait. Quand la lettre était arrivée, il avait eu une longue discussion avec lui-même ; là aussi, ce n'était que la répétition d'une discussion qu'il avait depuis vingt ans. Le débat se situait à deux niveaux. Premier niveau : « Je n'irai pas. » Deuxième niveau : « Pas question que le fait d'y aller ou pas ait le moindre lien significatif avec ce qu'est devenue ma vie, même de manière lointaine et superficielle. »

La lettre en question était une invitation à une réunion des anciens élèves de son école dans les Cornouailles, et il perdait généralement sur les deux niveaux.

La pression était particulièrement forte cette année car ça faisait vingt ans, ce serait donc plus cérémonieux. Vingt ans depuis qu'ils avaient passé leur diplôme tous ensemble sous ce préau plein de courants d'air, là même où aurait lieu la réunion. Aujourd'hui, ce diplôme était une relique historique, aussi impressionnante pour ceux de la jeune génération que vos performances sur Space Invaders.

– Dis-leur que tu tiens une boutique de bandes dessinées.

Josh parvint à donner l'impression que c'était flatteur.

– Hmm. Tu veux que je leur dise exactement ce que je leur ai dit la dernière fois que j'y suis allé, il y a deux ans, et l'année d'avant, et il y a cinq ans, dix ans ?

– Ben ouais.

Harvey poussa son soupir et envoya sa cendre de cigarette d'une pichenette dans un cendrier en fer-blanc posé sur l'horrible petite table que le pub mettait, à contrecœur, à la disposition de sa clientèle.

– Et leur avouer que depuis notre dernière rencontre, il y a plusieurs années, je ne me suis pas marié, je n'ai pas eu d'enfant ni de promotion et que je n'ai pas hérité d'une fortune… Que je fais exactement les mêmes choses que la dernière fois qu'on s'est vus ?

– Dis-leur que tu t'es développé.

– Ils le verront bien par eux-mêmes.

– Je parle de la boutique. Dis-leur que ça marche fort et que tu envisages d'ouvrir une succursale, un machin comme ça.

– Tu veux que je mente ?

– Ouais.

– C'est une idée. (Harvey laissa tomber son mégot dans le cendrier en fer-blanc et le regarda se consumer tout seul.) Mais si je mens, pourquoi ne pas leur raconter que j'ai gagné au loto et que je pars m'installer à New York pour ouvrir un *coffee house* avec des super-héros sur les murs ? Quitte à mentir, pourquoi ne pas inventer un truc palpitant ?

Le large sourire de Josh annonçait une plaisanterie.

– Dis-leur que tu as trouvé un *Superman numéro un.*

Harvey ferma les yeux, longuement. Puis il soupira. S'il le faisait aussi souvent, il ne s'agissait pas nécessairement d'un tic.

2

– Le problème des réunions, c'est que ça fait ressortir ton ancien toi.

– N'y va pas, alors.

– Justement, j'aime bien mon ancien moi. J'aime bien le gars que j'étais à l'école. Crois-le si tu veux, j'étais super cool. Je faisais partie des gars dans le coup. Grâce aux BD. C'est pour ça que j'ai continué. Mais alors que c'était cool du temps du lycée, ça le devient de moins en moins en vieillissant. À tel point que bientôt, je le sens, ça va finir par être ridicule. Et qu'est-ce que je ferai à ce moment-là? Je chercherai un boulot dans une banque ou un truc comme ça, et quand ils me demanderont: «Expérience?», je leur répondrai: «Je sais faire la caisse après avoir vendu un *Quatre Fantastiques numéro six*»?

– Dans quel état?

– On s'en fout.

– Ça fait une grosse différence au niveau du prix. S'il était comme neuf, sincèrement, n'importe quel banquier serait impressionné, à mon avis, dit Josh en gloussant dans son verre. Et je suppose que pour toi, c'est particulièrement poignant de revenir en arrière.

– Pourquoi?

– À cette époque, tu n'étais pas encore amer et désabusé.

– Qu'est-ce que tu racontes, bordel ? demanda Harvey, en sachant parfaitement ce que voulait dire Josh. Qui est amer et désabusé ?

– Toi. À cause du *Superman numéro un.* Mais à cette époque, tu savais pas qu'il avait de la valeur, et c'est la seule période de ta vie où tu ne pensais pas à ce que tu aurais pu avoir.

Harvey contempla le fond de son verre pendant un moment. Josh prononçait de temps en temps une vérité dévastatrice, de manière inattendue. Par le passé, très brièvement, Harvey s'était mis à porter une cape au travail. Une longue cape noire avec une doublure rouge. En sortant du métro, un jour, il avait aperçu son reflet dans une vitrine et il avait fait un gros effort pour porter un jugement sur ce qu'il voyait. Josh l'attendait devant la boutique et Harvey lui avait demandé son avis. « Tu ressembles au prince transformé en crapaud », lui avait répondu Josh, tout simplement. Et, bien qu'il l'ait envoyé se faire foutre, Harvey avait compris aussitôt qu'il avait raison, et la cape avait gentiment regagné le fond du placard au cas, fort improbable, où on l'inviterait à une soirée costumée. Et Josh avait raison cette fois encore : l'époque de sa jeunesse était particulière car il ne portait pas encore le fardeau dont il niait toujours l'existence. Cette époque paraissait bénie et il cherchait en permanence un moyen de la retrouver. Depuis bien longtemps, toutes les routes semblaient le ramener en arrière. Alors, il dit à Josh d'aller se faire voir.

– Peut-être qu'en retournant là-bas, tu retrouveras Bleeder.

Le sourire encourageant de Josh fit grimacer Harvey, principalement parce que ça l'attristait de penser que son assistant connaissait suffisamment bien le surnom de ce garçon du temps de l'école pour l'utiliser au cours d'une discussion sans prendre le temps de réfléchir. Ils avaient déjà eu cette conversation. Mais pas depuis longtemps et Josh s'anima soudain.

– Il n'est jamais venu à aucune de ces réunions, hein? Mais là, c'est les vingt ans. Les gens deviennent sentimentaux à l'âge mûr; il se dira peut-être que c'est le moment.

Josh s'exprimait avec toute la sagesse de la jeunesse et Harvey secoua la tête, avec une légère grimace en entendant l'expression «âge mûr».

– Ça m'étonnerait. Tu n'écoutes pas, hein? Bleeder en a bavé à l'école, je te l'ai raconté. Tous les jours, du début à la fin de l'année, il en a bavé. Tout le monde se foutait de sa gueule, en permanence. C'était comme ça. Pourquoi il aurait envie d'y retourner et de revoir tout le monde? Faudrait être fou.

– Pourquoi vous vous en preniez à lui?

En le voyant rougir, Harvey se demanda, et ce n'était pas la première fois, si Josh avait souffert à l'école, lui aussi.

– Il était bizarre. Je te l'ai déjà expliqué. Il était étrange et on le savait tous. Ses fringues, c'étaient toujours des trucs dépareillés qui venaient de l'Armée du Salut. Et c'était sa mère qui lui coupait les cheveux. Il parlait bizarrement aussi, avec une drôle de petite voix aiguë, un peu comme une fille. Et il ne s'intéressait à rien. Il ne connaissait pas la musique, la BD, le sport, et bien entendu, il n'avait aucun succès avec les filles, pour toutes les raisons susdites. Pour couronner le tout, il était roux. Les roux sont des proies idéales, par définition. D'ailleurs, dans certaines parties du monde, on a le droit de les chasser.

Harvey vida son verre et remarqua que Josh ne souriait pas.

– Il en a chié, d'accord ? Dans toutes les écoles, il y a une tête de Turc, et c'était lui. Ça ne me plaisait pas, je n'ai jamais beaucoup participé et je n'encourageais pas les autres. Quand j'y réfléchissais, c'est-à-dire pas souvent, je trouvais ça dur. Mais c'était comme ça. Et si ça t'était arrivé à toi, est-ce que chaque année tu participerais à un rassemblement pour revoir tous ces gens charmants qui ont fait de ta vie un enfer ? Non, bien sûr que non. C'est pour ça qu'il ne vient jamais.

Harvey s'exprimait clairement, avec assurance, mais dans son esprit naissait déjà l'image de Bleeder planté sous le préau, là où se déroulaient les réunions. Il avait l'air un peu opprimé, triste et pathétique, mais Harvey s'approchait de lui pour lui serrer la main. Bleeder lui souriait, « sans rancune », disait-il, et il ajoutait : « Cette vieille bande dessinée, non, je l'ai brûlée depuis longtemps. » Tous les deux riaient en repensant à cette curieuse époque, à ce jour curieux de l'échange, et à ce drôle de morceau de plastique que portait Bleeder, et Harvey disait : « Si on avait gardé cette bande dessinée, on serait riches toi et moi aujourd'hui. » Ils riaient, ils hochaient la tête en songeant aux injustices du destin, puis c'était fini ; Harvey passait à autre chose, il reprenait une vie normale, sans penser en permanence à une histoire aussi pathétique.

La rapidité avec laquelle ce fantasme d'une précision parfaite traversait l'esprit de Harvey s'expliquait par le fait que ça arrivait souvent, très souvent.

– J'aimerais bien le voir, lâcha-t-il d'un air songeur. Pour en parler avec lui, juste une fois. Un million de fois j'ai eu envie de lui téléphoner. Ou d'appeler sa mère, pour connaître son numéro, à supposer qu'il n'habite plus chez elle. (Il ricana, avant de se souvenir que Josh vivait avec sa mère.) L'appeler juste pour bavarder, tu vois. Savoir ce qu'il devient, comment il va...

– Savoir s'il a toujours le *Superman numéro un*. Voir si tu ne pourrais pas le récupérer.

Josh n'était pas d'humeur charitable.

– Non. Enfin, si. Et alors? On ne sait jamais ce que les gens gardent. La moitié des gens sur Terre ne connaissent pas la valeur de ce qui se trouve dans leur grenier. J'ai probablement un Rembrandt, un timbre rare ou une autre saloperie chez moi. Il pourrait avoir un *Superman numéro un*. J'aimerais juste vérifier.

– Et le lui piquer. En lui proposant cinquante pence, en lui expliquant que tu veux le récupérer pour des raisons sentimentales. Et le vendre ensuite quelques centaines de milliers de livres. Un truc dans ce genre?

– Euh... oui.

Harvey n'aimait pas que des gens qu'il jugeait intellectuellement inférieurs devinent ses pensées.

– Un truc dans ce genre, dit-il.

Il rit, sans grand enthousiasme.

– Pourquoi tu ne l'appelles pas, dans ce cas? Si sa mère vit toujours dans les Cornouailles, cherche son numéro dans l'annuaire et passe-lui un coup de fil. Si ça se trouve, il s'est suicidé à cause de votre cruauté et ça fait des années que tu rêves de l'arnaquer, pour rien.

Cette remarque était si outrageusement excessive que Harvey s'étrangla de rire et Josh fut obligé de l'imiter.

– Ça pourrait arriver, dit-il en essayant d'entretenir sa colère.

– Tout peut arriver en vingt ans, tu n'en sais rien.

– Oui. Peut-être aussi qu'après vingt ans de psychanalyse, il est prêt à me pardonner. Peut-être même qu'il me donnera la BD pour prouver qu'il est guéri.

– Alors, pourquoi tu ne le fais pas, bordel ?

– Pourquoi je ne l'appelle pas ? (Harvey ricanait d'avance.) Je vais te dire pourquoi. Je ne l'appelle pas parce que j'ai oublié son putain de nom ! Je sais juste que c'était Bleeder le Bizarre.

Son éclat de rire fit se retourner les clients du pub et couvrit les gloussements de Josh.

– Oh, bon Dieu, dit Harvey. Je devrais me souvenir de son nom, après tout ce qu'on lui a fait subir.

3

Pendant le trajet depuis Londres, Harvey essaya encore une fois de se rappeler ce nom. Il revoyait le visage pâle et triste devant lui, mais la seule chose qui lui traversait l'esprit, c'était: Bleeder, le Bizarre. Le fait qu'il ne puisse pas se souvenir d'autre chose provoquait en lui un vague, et à vrai dire fugace, sentiment de culpabilité.

Dans le train de 10h05 entre Paddington et Penzance, il se prépara avec une précision qu'il jugeait toute militaire (mais qui s'apparentait davantage, en réalité, à la paresse du civil). Se prélassant avec un stylo dans une main et dans l'autre un carnet recouvert de motifs léopard (une livre sterling les deux chez *Quidbusters* à Lewisham), il planifiait son passé. L'idée de Josh, qui lui suggérait de mentir, l'avait impressionné, et ayant décidé d'assister à la réunion, il s'était amusé pendant un moment à s'inventer de mystérieuses amies, des carrières parallèles inattendues y compris, durant une brève mais dangereuse période, au MI5. Finalement, il s'était contenté, comme le lui avait conseillé Josh, d'embellir la réalité. Rien de trop invraisemblable; une simple allusion à une boutique dotée de plusieurs rayons; des déplacements professionnels – à Bristol et Manchester dans la réalité – étendus, par sous-entendus plus que par affirmations directes, pour englober New York et Vancouver; Josh se multipliait, il se divisait, telle une amibe, en une multitude d'assistants; des allusions à des voitures, à une propriété. Harvey fit tinter les clés dans sa poche et pensa à la maison d'Hampstead dont elles pourraient ouvrir les portes. Il l'imaginait pour de bon: pas trop voyante, comme ces imitations de cottage près du parc. Était-il marié? Non, c'était excessif. En revanche, il entretenait une relation. Il était plus ou moins amoureux; qui ne tomberait pas amoureux de cette fille? Mais il n'était pas certain d'être prêt. Comment pouvait-on jamais en être sûr, d'ailleurs? C'était ça, son problème. Il ricana à voix haute devant la complexité de cette situation: comment un homme dans sa position pouvait-il être certain que quelqu'un de mieux n'allait pas se présenter? Elle voulait des enfants, mais lui, vous comprenez, il préférait attendre de pouvoir passer un peu de temps avec eux, cela voulait dire attendre que la pression retombe, et ça pouvait être long.

Lorsque le train pénétra dans un tunnel, il découvrit que son reflet le regardait dans la vitre. Il vit son crâne rasé – là où des cheveux bruns étaient autrefois noués en catogan –, pas tant pour ressembler à David Beckham que pour cesser de ressembler à son père, car ses cheveux tombaient de leur propre chef. Il vit la bedaine sous le T-shirt noir, sur lequel était écrit *StanTheManLee* en vert. Il poussa son soupir. C'était dur quand les gens vous voyaient une fois tous les deux ans en moyenne. Ça ne pouvait être qu'un châtiment. Seule consolation: c'était réciproque. Il pensa au combat du vieux Rob contre le cancer et il se méprisa quand il se surprit à sourire. Merde alors, ce n'était pas comme ça qu'il avait voulu finir. C'était bien là le problème, tout se résumait à ça: la manière dont vous alliez finir. Mais il n'avait jamais l'impression qu'il finirait quelque part. Curieusement, il avait toujours l'impression d'être au début de quelque chose.

Cela permit d'effacer le sentiment de culpabilité qu'il éprouvait d'avoir oublié le vrai nom de Bleeder. C'était si lointain maintenant, si dénué de sens. Pourquoi se souviendrait-il d'une chose aussi ancienne ? Celui qu'il avait été disparaissait dans l'image de la vitre, comme s'il voyait cette personne s'éloigner dans le paysage qui défilait à toute allure. Quelle importance de connaître le véritable nom de Bleeder ?

– Charles Odd.

L'homme en costume chic – trop chic pour ce décor – tendit la main et Harvey la serra avec une lueur d'étonnement dans le regard.

– Comment ça va ?

Harvey sentait cette main dans la sienne, ferme et sèche. La voix était forte, puissante, sans une trace d'accent des Cornouailles.

Comment reconnaît-on les gens ? Voilà une question sans réponse. Un jour, Harvey avait lu un article de psychologie expliquant que l'on enregistrait un visage comme un scanner, en se souvenant des moindres signes particuliers. Il avait scanné ce visage et il l'avait fixé. Il l'avait repéré depuis l'autre bout de la salle, où il se tenait au milieu de la plupart des anciens : Jack, qui avait sombré dans l'héroïne pendant quelque temps après la fac, mais qui s'était désintoxiqué et vivait maintenant au pays de Galles avec sa « bourgeoise » ; Rob, qui avait joué au football en deuxième division pendant trois ans après le lycée, qui avait été un peu entraîneur ensuite et travaillait maintenant dans un magasin de sport à Ealing... («Faudrait qu'on se fasse un truc, H, j'aimerais bien voir ta boutique...» Légère panique à ce moment-là, de peur que quelqu'un découvre la réalité de son existence imaginaire si soigneusement bâtie, mais aussi à cause de ce «H», un nom super cool du temps du lycée, mais qui lui renvoyait maintenant l'image d'un crétin) ; Susan qui sortait avec Jack dans le temps et était désormais mariée à un gars de la marine souvent absent (Harvey remarqua que Jack la regardait avec un mélange de nostalgie et de calcul) ; et Steve qui était resté en ville, qui n'avait pas quitté ce vieux Saint Ives durant tout ce temps, et qui tenait une boutique sur la plage. Cela donnait lieu aux remarques humoristiques habituelles: «Ça ne te fait pas trop loin pour venir, hein, Steve ?», «Tu as pris ton envol, dis donc ! Tu as parcouru au moins deux cents mètres», etc. Des plaisanteries vraiment drôles lors de la première réunion, quinze ans plus tôt, un rassemblement moins formel qu'aujourd'hui, quand tout le monde était encore optimiste, quand la ville leur apparaissait comme un piège mortel et non comme une chose ressemblant de manière troublante à ce qu'ils cherchaient.

L'homme dont il avait scanné le visage bien des années plus tôt s'était avancé vers lui en souriant.

– Harvey, hein ? H ? Je me souviens de cette tête, j'en suis sûr !

Harvey avait dégluti, tel un enfant face à un policier, il avait souri et senti ses joues s'enflammer bêtement.

– Charles Odd[1]. J'étais dans ta classe, mais je crois

1. *Odd*: bizarre.

qu'on n'évoluait pas dans les mêmes cercles, pas vrai ? (Il rit.) Ça fait quand même plaisir de te revoir. Alors, comment va ?

Harvey avait envie de hurler. Il sentait une sorte de cri monter en lui et il dut l'étouffer activement. Bleeder. Bleeder Odd. Merde ! Il aurait dû s'en souvenir. Bleeder était ici. Exactement comme dans ses rêves. Comme il se l'était imaginé. Sauf qu'il était tiré à quatre épingles et souriant ; ce n'était pas le feignant, le traîne-savate pitoyable qu'il avait créé. Mais il était ici. L'homme auquel il avait songé chaque jour de sa vie d'adulte. Jamais sans regret et désir, sans pitié et apitoiement sur soi, sans culpabilité et amertume, sans cupidité et colère. Ce visage était devant lui : les yeux rapprochés qui s'étaient éclaircis, le long nez pointu, un peu enfoncé dans la chair des joues ; la bouche étroite et apeurée, aux lèvres épaisses, entrouverte dans un sourire presque permanent qui laissait voir une dentition parfaite. Tous les signes particuliers s'étaient modifiés, mais l'identification fut immédiate et indubitable. Harvey essaya de se concentrer sur la psychologie. Il n'enregistra pas grand-chose d'autre.

– C'est la première fois que je reviens à Saint Ives depuis une éternité, déclara la voix claire comme si elle énonçait une chose sans intérêt, et non la réponse à une question que Harvey se posait depuis environ vingt ans. Je ne descends pas souvent et je ne suis pas très fan des retrouvailles ; c'est curieux, ces réunions, non ? Mais cette année, il se trouve que j'étais ici, alors j'ai décidé de venir faire un tour.

Il regarda autour de lui avec un intérêt poli ; le grand préau du lycée, le long couloir qui menait aux toilettes ; des toilettes où, Harvey en avait la certitude, Bleeder s'était fait tabasser tant de fois qu'il ne pouvait plus les compter. Harvey avait la sensation d'évoluer dans un rêve. C'était comme imaginer toute sa vie qu'on rencontre Lou Reed et, le jour où ça arrive enfin, il vous parle de tissus d'ameublement. Il n'avait pas vraiment déterminé de quoi ils parleraient, à part du *Superman numéro un*, évidemment. Mais il avait supposé qu'il s'agirait de choses importantes, émouvantes, ayant du sens. Et voilà qu'il était ici. Bleeder était ici et il montrait tous les signes du type qui s'ennuie un peu et se prépare à prendre congé.

– Tu es déjà venu, toi ? demanda Bleeder, poliment.

– Euh, oui, une ou deux fois.

Pour te voir. Uniquement pour te voir.

– Et ils sont toujours comme ça ?

– C'est-à-dire ?

– Eh bien... un peu tristes ?

– Hmm. Je crois.

Harvey sentait que le sommet de son crâne se soulevait ; son cerveau était sur le point de foutre le camp pour échapper à cette situation. Il plaqua sa main sur sa tête et se gratta furieusement.

– Alors, qu'est-ce que tu deviens ?

C'était la question que les anciens et lui avaient activement et précisément bannie quand ils s'étaient retrouvés pour la première fois. C'était devenu une sorte de plaisanterie et maintenant ils prononçaient ces mots avec une ironie qui signifiait : « C'est rasoir, passons à autre chose. » Mais Harvey l'avait posée et il s'apercevait que c'était La Question, celle qu'il voulait poser chaque jour depuis deux décennies.

– Oh, je bosse un peu à la City, répondit Bleeder avec un sourire. Les maths, ça a toujours été mon truc.

Non, tu n'avais pas de truc. Tu n'as jamais eu de truc.

– Oui, je m'en souviens.

– Alors, j'ai monté une petite société il y a quelque temps et ça a bien marché. Je l'ai revendue l'an dernier, mais je continue mon activité en tant que consultant, quelques jours par semaine, ici et à New York. Ça m'occupe, mais sans le stress.

Il sourit de nouveau et Harvey se surprit à sourire lui aussi. Il plongea désespérément la main dans sa poche et se souvint que cette année, c'était non-fumeur, pour la première fois. Il pensa également à son carnet en fausse peau de léopard, peut-être que Bleeder en avait un, lui aussi ?

– Ah oui? La City? Cool. La finance, donc... Intéressant.

Ce n'était pas ce qu'il avait l'intention de dire, mais ça valait bien autre chose.

– Oui. Chez Reiser et Watts essentiellement. (Bleeder sortit une carte de visite qu'il lui tendit.) Tu connais?

– Euh, non. Je...

– Mais peut-être que tu n'es pas dans la finance?

– Non, pas dans la finance.

– Ah. (Bleeder regarda autour de lui comme s'il cherchait quelqu'un de plus intéressant avec qui bavarder.) Tu es dans quoi, alors?

– La BD.

Harvey trouva ses cigarettes et les sortit de sa poche. Même s'il n'avait pas le droit de fumer, il pouvait quand même jouer avec, bordel. Collée au paquet, comme fondue par ses émanations corporelles, il y avait une de ses cartes de visite, avec un dessin de Betty Boop et son adresse.

Il la donna à Bleeder.

Celui-ci riait. Bleeder se moquait de lui. En voyant combien tout cela était éloigné du tableau qu'il avait imaginé, lui aussi avait envie de rire.

– La BD ?

Bleeder gardait les yeux fixés sur la carte.

– Ouais, c'est drôle. (Harvey s'efforça de sourire.) J'ai continué à m'y intéresser après le lycée, plus ou moins.

– Oui, exact, tu étais le roi de la BD, pas vrai ? Toujours en train de faire des échanges et du troc. Un vrai magouilleur. Tu aurais dû finir à la City, sans blague.

Il rit de nouveau et Harvey sentit son cuir chevelu tressauter encore une fois. Toujours en train de faire du troc ? Putain, tu ne te rappelles donc de rien ?

– Euh, oui. Et ça m'est resté. Faut s'en tenir à ce qu'on sait faire. (Il lâcha ce vague dicton, pour une raison qui lui échappait.) J'ai une boutique à Londres, dans Old Street.

Il aurait dû ajouter quelque chose sur les différents rayons de sa boutique, les assistants et les voyages à l'étranger, mais bizarrement, tout s'était volatilisé.

– Bien. (Bleeder hocha la tête et promena un regard plus insistant autour de lui.) Quand on aime quelque chose…

– Exactement.

Harvey comprit que c'était sa chance. Il pouvait poser la question, tout simplement. Tant de préparation, vingt années de préparation compliquaient inutilement les choses. Il pouvait poser la question tout simplement et être débarrassé. Ce serait terminé. Mais subitement, une énorme décharge d'adrénaline remonta le long de son échine et l'empêcha d'ouvrir la bouche. Si je lui pose la question, ce sera terminé. Si je lui pose la question, je serai obligé d'entendre une réponse. Baissant les yeux, il constata que le paquet de cigarettes tremblait dans sa main, à tel point que l'emballage en cellophane produisait de petits craquements. Il releva la tête et inspira à fond.

– Oh, le voilà ! (Bleeder regardait par-dessus l'épaule d'Harvey le groupe qui s'était formé dans le coin où se trouvait le bar.) J'ai un truc à dire à quelqu'un.

Avant que Harvey puisse l'arrêter, avant qu'une autre parole lui échappe, Bleeder avait plongé à l'intérieur du groupe. Harvey remarqua qu'il haletait comme s'il avait couru. D'ailleurs, il avait envie de courir, de rattraper Bleeder, de l'agripper par les épaules. Il avait été si près d'une nouvelle vie, d'un nouveau départ. Respirant bruyamment, faisant aller et venir le paquet de cigarettes dans l'emballage en cellophane, il observait le groupe près du bar. Bleeder discutait avec un vieux bonhomme que Harvey ne reconnaissait pas. Pouvait-il le rejoindre ? Exiger qu'ils reprennent leur conversation ? Il fallait que Bleeder soit seul. Peut-être qu'il pourrait l'entraîner dehors de force. Avec qui parlait-il ? Que pouvait-il y avoir de plus important que leur conversation ?

Rob et Steve le rejoignirent.

– Bleeeeeder ! s'exclama le premier. Vous avez bien bavardé tous les deux, H ?

– Hmmm, euh, ouais...

Harvey ne quittait pas Bleeder des yeux, comme s'il regardait s'éloigner une licorne.

– C'est qui ? demanda-t-il. Le vieux type avec qui il parle ?

– Mr Simes, répondirent en chœur Steve et Rob.

– C'était mon prof de physique, ajouta Steve, mais il enseignait les maths aussi. Pour l'élite. Pas pour nous. Pour les bûcheurs. Au fait, Bleeder a toujours ta BD ? Celle qui va te rendre riche ?

Parfois, Harvey regrettait sa franchise avec ses amis.

– Euh, non. Je ne crois pas... Bleeder était dans l'élite ? (Il changea rapidement de sujet pour aborder un point qui le surprenait réellement.) Je croyais qu'il...

– Qu'il était là juste pour prendre des coups ? dit Rob à sa place. Oui, et il aimait ça. Mais à l'occasion, pour changer, il étudiait les maths. Ça ne faisait pas une grande différence, d'ailleurs. Personnellement, je me demande si j'aurais pas préféré me faire tabasser. Faut voir.

– Simes aimait les bûcheurs, ajouta Steve. Je parie que Bleeder était son chouchou. Il lui avait installé un panier dans un coin et il lui filait des os.

Voyant qu'ils ricanaient, Harvey s'obligea à sourire.

– Vous avez quel âge, déjà ?

Ça aussi, c'était une réplique habituelle ; de moins en moins drôle à mesure que les années passaient.

– Mais c'est Bleeder, H, dit Steve avec un sourire jusqu'aux oreilles. C'est Bleeeeder !

– Je sais. (Harvey sentit une pointe d'agressivité dans sa voix.) Je le sais bien.

– Oh oh, sens de l'humour défaillant. Tu as besoin d'un verre, mon vieux.

Rob lui donna une tape dans le dos et se dirigea vers le bar : une grande table sur laquelle étaient posés de nombreux gobelets en plastique remplis de vin blanc tiède.

– On a tous besoin d'un verre.

Steve suivit Rob au fond de la salle, abandonnant Harvey qui observait Bleeder avec une intensité zen. Le vieux bonhomme avec qui il parlait était voûté dans un costume qui ne pouvait appartenir qu'à un prof à la retraite : gris et tâché par mille accidents de craie. Mr Simes. Harvey essaya de se souvenir s'il avait suivi ses cours. Peut-être qu'il pourrait se joindre à la conversation en parlant d'algèbre, par exemple, ou de fractions. C'étaient les seuls trucs de maths qu'il se rappelait et il ne lui semblait pas qu'il ait eu Mr Simes comme prof. Dans le temps, il n'aurait même pas eu besoin de réfléchir. Bleeder s'animait ; il agitait les bras. Autour de lui, les gens se retournaient ; derrière leurs sourires polis se lisait un vague étonnement que quelqu'un puisse parler avec animation, de quoi que ce soit, dans ce genre de réunion.

Qu'est-ce qu'il fabrique ? se demanda Harvey. Que se passe-t-il ?

En tout cas, c'était terminé et Bleeder repartit immédiatement vers la sortie. Harvey remarqua que le vieil homme semblait tenté de le suivre. Il fit un mouvement dans la direction du dos de Bleeder, puis se figea comme s'il hésitait. À cet instant, un des types du groupe rassemblé devant le bar s'approcha du professeur.

– Alors, Simmo, on fait toujours des additions pour gagner sa vie ? demanda-t-il à haute voix, ce qui lui valut quelques rires.

Harvey secoua la tête ; il s'était déjà payé la peau des profs depuis longtemps. Il se retourna et vit Bleeder arrêté à la porte, obligé de se faufiler dans l'encadrement pour laisser passer une personne que Harvey ne reconnut pas, et il le regretta. C'était une femme rousse, aux courbes harmonieuses, avec un joli visage intelligent constellé de taches de rousseur. Elle portait une grande robe en patchwork et ses cheveux étaient ramenés en arrière sous un foulard en soie mauve. Il remarqua tout cela tandis qu'il pressait le pas pour rattraper Bleeder. Alors qu'il passait devant cette femme, elle lui demanda :

– Pardonnez-moi, je suis bien au bon endroit ? Je cherche la promotion 1986.

– Euh, oui.

Harvey aimait bien cette voix, à la fois rauque et suave.

– C'est ici. Vous êtes une ancienne élève ?

– Non, pas moi. (Elle lui sourit et ce sourire lui plaisait également.) Mon mari (merde !) est Jeff Cooper, je ne sais pas si vous le connaissez ?

Harvey le connaissait. Un gros balèze avec un tatouage, amateur de rugby, évidemment ; un des bourreaux les plus acharnés de Bleeder.

– Je crois qu'il est près du bar.

– Oui, c'est bien son style.

Sa voix charriait suffisamment de lassitude, voire de dégoût, pour que Harvey se sente plus heureux tout à coup. Jetant un coup d'œil dans le couloir, il vit que Bleeder était toujours là, en train de regarder l'inévitable galerie de vieilles photos, toujours les mêmes.

– J'ai peur que vous ne vous amusiez pas beaucoup si vous n'étiez pas à Trehendricks, dit gentiment Harvey. C'est une bande de types un peu tristes qui sombrent dans la nostalgie. Personnellement, ce n'est pas trop mon truc, s'empressa-t-il d'ajouter.

– Oh, ça dépend. (Elle sourit de nouveau.) Je trouve qu'il y a quelque chose d'attendrissant dans ces retrouvailles. Notre passé, c'est ce que nous sommes, d'une certaine façon, non ?

Harvey acquiesça d'un air songeur ; pour lui, c'était le

cas, assurément. Parfois même, il se disait qu'il n'était rien d'autre.

– Hmmm, voilà une pensée terrifiante, dit-il.

Elle lui sourit poliment et il regretta de ne pas avoir trouvé quelque chose de plus intelligent, alors il fit une autre tentative :

– Je crois que je n'arrive jamais à savoir si je cherche à fuir tout ça ou au contraire à y revenir, vous comprenez ?

En vérité, il ignorait ce qu'il voulait dire, mais elle réagit et le regarda droit dans les yeux.

– Oui, je comprends. Je ressens la même chose, très souvent. Surtout ces derniers temps…

Elle jeta un coup d'œil dans la salle par-dessus l'épaule de Harvey, sans enthousiasme. Il se retourna et découvrit Jeff Cooper planté derrière lui.

– Alors, on bavarde avec ma femme, Briscow ?

Il lui enfonça ses doigts dans les côtes. Harvey parvint à se retenir de hurler.

– J'essaye, répondit-il en grimaçant, mais tu nous as dérangés.

Cette réponse fit rire Cooper.

– Ah, quel culot, celui-là.

Il voulut recommencer le coup des doigts, mais Harvey para l'attaque avec son coude.

– Il m'aidait très gentiment, dit la femme en adressant à Harvey un sourire désabusé, presque fraternel.

– Tu l'avais abandonnée dans le couloir, Jeff. Je voulais juste me montrer galant, si tu connais ce mot. Le moins que tu puisses faire maintenant, c'est de nous présenter.

– Si tu veux.

Cooper se déplaça avec balourdise pour prendre sa femme par le bras.

– Maisie, je te présente Harvey Briscow. Harvey, voici Maisie Cooper, mon adorable épouse. Sur ce, je te l'enlève pour lui présenter quelqu'un d'intéressant.

Il s'esclaffa et commença à s'éloigner, pour s'apercevoir soudain que sa femme ne le suivait pas.

– J'ai déjà rencontré quelqu'un d'intéressant, dit Maisie Cooper ostensiblement. Et je le remercie pour son aide.

– De rien, voyons, marmonna Harvey, atterré de se sentir rougir une fois de plus.

Il sortit rapidement dans le couloir, tandis que Maisie se laissait entraîner par son mari. Sans se retourner, Harvey aspira plusieurs bouffées d'air et contempla longuement la photo d'une équipe de hockey des années 1980. C'est seulement après avoir constaté combien tout cela était peu gratifiant qu'il s'aperçut que Bleeder avait disparu.

– Merde.

Sans changement d'humeur notable, Harvey savait maintenant ce qu'il voulait faire ; ce qu'il devait faire, en vérité. Il franchit en courant les deux portes à double battant de l'école et fonça sous une pluie diluvienne.

4

L'école avait autorisé les visiteurs du week-end à garer leurs voitures devant la cour et dans l'allée qui descendait vers la route. Le moteur de l'une d'elles tournait au ralenti et les phares étaient allumés dans la pénombre grandissante de l'après-midi. Harvey courut vers la voiture, sans se soucier du fait qu'il avait laissé son manteau dans le hall, et il frappa à la vitre. Bleeder se pencha pour la baisser.

– Tu veux que je te dépose quelque part? demanda-t-il.

– Oui. Merci.

Harvey était obligé de hurler à cause du vent.

Il ouvrit la portière d'une des plus belles voitures dans lesquelles il soit jamais monté et s'installa à bord.

– Merci, répéta-t-il. Je suis venu sans manteau. Tout à l'heure, ça allait.

– Oui. C'est le temps des Cornouailles.

Concentré sur sa conduite, Bleeder semblait avoir d'autres choses en tête. Ils demeurèrent silencieux quelques instants, jusqu'à ce que la voiture ait négocié un virage sans visibilité pour rejoindre la route principale. Vint ensuite le feu, qui était rouge.

– Tu vas par où? demanda Bleeder en brisant le silence.

Harvey esquissa un vague geste de la main.

– Oh, en ville. En fait, j'étais pressé de foutre le camp de là-bas. C'est un peu... je ne sais pas comment dire.

– Oui, il y a des manières plus agréables de passer un après-midi.

Une fois de plus, Harvey fut stupéfait par le changement survenu entre le garçon et l'homme. Bleeder s'exprimait facilement, il était précis, liant, compétent. Tout ce qu'il n'était pas du temps de l'école.

– Je suppose que c'est très dur pour toi.

Harvey s'aperçut qu'il avait prononcé ces paroles à voix haute lorsqu'il les entendit faire écho au contrepoint de la pluie.

– Moi? Pourquoi?

– Bah, tu en as bavé ici. À l'école. Non? Je crois me souvenir que tu te faisais pas mal mettre en boîte et tout ça...

Mettre en boîte.

Bleeder sourit; c'était même un large sourire.

– Ah bon? Oui, sûrement. Je ne m'en rendais pas bien compte à l'époque. J'avais d'autres préoccupations dans ma vie.

Il avait mis cette dernière phrase entre deux parenthèses légèrement ironiques, puis il ajouta, avec plus d'emphase encore:

– J'avais des problèmes.

– Oui, forcément. On en a tous à cet âge.

– Ah oui? (Bleeder le regarda avec un intérêt sincère.) Toi aussi?

– Euh... oui, sans doute.

– C'étaient quoi, tes problèmes?

Bon Dieu. Harvey avait l'étrange sensation de vouloir mettre fin à une conversation qu'il attendait depuis vingt ans.

– Euh, des trucs d'ado. Et à la maison, c'était compliqué.

– Ah ? Tu peux m'en dire plus ?

Putain !

– Non… non, pas vraiment… C'est personnel comme truc. Et depuis, de l'eau a coulé sous les ponts, etc.

Qu'était-il censé répondre ?

– OK. Je comprends. (Bleeder hochait la tête.) Mais des fois, ça fait du bien de parler un peu ; il faut se lancer et tout laisser sortir, tu ne crois pas ?

– Oui, oui, c'est sûr. J'en parle souvent. Mais là, j'ai pas envie.

– Pas de problème.

– Merci.

Harvey se surprit à s'essuyer littéralement le front avec sa manche, sans qu'il puisse dire si c'était la pluie ou la sueur. Il enchaîna rapidement :

– Comment ça se fait que tu sois là ? Tu as dit tout à l'heure que tu passais par hasard. Je sais pas pourquoi, mais j'ai pas l'impression que tu viennes souvent dans le coin.

– C'est vrai.

Ils roulaient maintenant sur la route principale en direction de Saint Ives et soudain, ils entraperçurent la mer. La pluie venait du large et le vent secoua la voiture du côté conducteur quand ils passèrent devant les alignements d'hôtels et de *bed and breakfast,* vides pour la plupart en cette saison et rendus poignants par le délabrement typique d'une station touristique en hiver.

–Je suis venu ici uniquement pour m'occuper de ma mère.

– T'en occuper?

Harvey mourait d'envie de fumer une cigarette, mais il n'osait pas demander s'il pouvait en allumer une dans cette voiture extraordinairement civilisée. Les sièges en cuir étaient couleur crème, le tableau de bord était une débauche de technologie, dans un cadre aspect bois, typique de la vulgarité des ingénieurs. Il faisait chaud et Harvey sentait le chauffage sous son siège, ce qui, après la pluie, lui donnait un peu l'impression d'avoir pissé dans son pantalon.

–Je viens pour la déménager. Elle a atteint un âge où elle ne peut plus se débrouiller seule dans la vieille maison. Tu te souviens de ma vieille maison?

Il jeta un regard à Harvey et celui-ci détourna la tête. Il se souvenait de la maison, oui. Il n'y était entré qu'une fois, mais il était souvent passé devant à vélo. En fait, avec ses copains, ils passaient parfois devant en chantant. Et qu'est-ce qu'ils chantaient? «Bleeder Odd, le roi des nazes, a une tête de mongol et sa mère est une pute.» Sur l'air de *Jésus Christ Superstar,* évidemment. Certains jours, ils avaient chanté vingt fois, ou plus, avant que Mrs Odd, «la vieille Odd» comme ils l'appelaient déjà à cette époque, sorte en leur criant après, les cheveux toujours emmêlés, dans ses vêtements étrangement chic, mais sales. Elle hurlait des paroles d'une telle obscénité que, secrètement, Harvey était terrorisé. Mais il riait et il repartait sur sa bicyclette en lançant des insultes avec les autres. Alors, oui, il connaissait cette maison. Elle se dressait, solitaire et blanche, tel un dessin d'enfant, sur les terres colonisées peu à peu par les nouvelles propriétés qui s'étendaient autour de Saint Ives, pas très loin de l'école. Justement, il s'aperçut que Bleeder roulait dans la direction opposée.

– Oui, je me souviens de la maison et, euh… excuse-moi, je te fais faire un détour ?

– C'est pas grave. Je suis content de revoir cet endroit. Il y a longtemps que je ne suis pas venu et je ne suis arrivé qu'hier soir. J'ai eu des réunions jusqu'au déjeuner, et ensuite j'ai fait le trajet. Une journée de merde, à vrai dire.

– Bon, bon.

Quelque chose démangeait Harvey dans son cerveau. Quelque chose le tracassait.

– Tu dis que tu viens pour déménager ta mère…

– Oui. Les services sociaux lui ont trouvé une place dans un foyer. Trois pièces, salle de bains indépendante, mais dans un centre. À côté de l'église de Saint Ia, beaucoup plus près de la ville donc. Elle a du mal à prendre le car maintenant.

Harvey chassa cette information superflue comme s'il s'agissait d'un moustique.

– Tu vas balancer un tas de trucs, non ?

– Oh que oui ! (Bleeder secoua la tête.) Elle vit là depuis toujours. Tu ne peux même pas imaginer certaines choses que… (Il s'interrompit comme si un détail venait de le frapper.) Il y a des tonnes de choses.

– Certainement. Je me demande si…

Harvey n'acheva pas sa phrase.

– C'est incroyable tout ce qu'on peut accumuler au fil des ans. C'est incroyable tout ce qu'on réussit à conserver. Des bricoles.

Harvey regarda Bleeder qui s'exprimait lentement, avec une précision inquiète.

– Des trucs du temps de l'école, ce genre de choses? Des trucs de quand on était mômes?

– Oh, des trucs de toutes les époques. D'il y a longtemps, avant que je sois né, des trucs de mon père. Ça fait des semaines qu'elle emballe tout, avec l'aide d'une personne des services sociaux. Elles en ont jeté des tonnes, mais il reste encore un tas de cartons. Je suis censé faire le tri dans tout ça; il y a des choses qui pourraient m'appartenir, d'après la femme des services sociaux...

– Elles en ont jeté des tonnes, répéta Harvey.

– Oui. Elles ont tout donné à Oxfam et à d'autres boutiques d'occasion, je crois. Ce qui était récupérable. Mais beaucoup de trucs sont partis à la poubelle.

– Tes affaires, dit Harvey en dévisageant Bleeder intensément, tu n'as pas encore fait le tri dedans?

– Non. Je n'ai pas commencé. Hier soir, je n'ai pas eu le courage. Et ce matin, il y avait la réunion. Demain, peut-être qu'on pourra en faire un peu, mais maman va voir sa sœur, tata Flo, qui vit à Padstow, et elle insiste pour tout passer en revue elle-même. Alors, on fera ça demain soir et toute la journée de lundi. (Il soupira.) À vrai dire, je ne suis pas sûr de m'emmerder avec ça. Peut-être qu'il vaut mieux tout balancer. Je n'ai pas eu besoin de tous ces machins pendant vingt ans. Pourquoi est-ce que j'en aurais besoin maintenant?

– Exact.

Harvey hocha la tête avec conviction. Ils avaient dépassé depuis longtemps l'embranchement qui conduisait à la maison de ses parents. Ils avaient dépassé également, sans qu'il s'en rende compte, la longue rangée de commerces qui menait au centre-ville et ils suivaient maintenant la route qui contournait le centre et longeait ensuite la digue du port pour rejoindre la route côtière un peu plus loin.

– C'est drôle, dit-il, mais puisqu'on parle de vieilleries, je me demandais si tu te souvenais d'un truc.

– Ah ?

– Oui. C'est pas très important, un simple souvenir qui vient de me revenir.

Harvey sentait que sa voix montait vers les aigus, comme sous l'effet de la panique. Il toussa et se racla la gorge.

– Excuse-moi. C'est juste que… Il y a très longtemps, à l'école… un jour, on marchait sur le chemin et on a échangé un truc, je crois. Oui, c'est ça, on a fait un échange. Tu t'en souviens ?

– Un échange ?

– Oui, oui. Je m'en souviens parce que je t'ai échangé une bande dessinée, je crois. C'était bien ça, non ? Je t'ai échangé une bande dessinée. Tu t'en souviens ?

Les vingt années pendant lesquelles il avait pensé à cet instant ne l'avaient pas trompé : c'était aussi dur qu'il l'avait toujours imaginé.

– Un échange ? Une bande dessinée ?

Bleeder plissait les yeux, alors qu'il tournait à gauche pour suivre la route qui s'éloignait du port en direction des collines à l'extérieur de la ville.

– Un échange, répéta-t-il. Oui, je me souviens vaguement. Tu m'as donné une bande dessinée.

– Oui, une BD merdique. (Harvey était certain que c'était de la sueur qu'il sentait maintenant et il aurait aimé éteindre l'appareil à mouiller les pantalons.) Tu la voulais et je te l'ai filée. Un truc dans ce genre. Tu te souviens ?

– Oui, plus ou moins.

Il y avait de la circulation car les gens quittaient la ville après avoir fait des courses et un embouteillage à l'approche des feux rouges. Bleeder s'arrêta.

– Je voulais ta bande dessinée et tu me l'as donnée. C'était un échange.

Sa voix était très loin de la voiture et de l'embouteillage, très loin même de la pluie et du vent.

– En fait... dit Harvey. C'est drôle, je me demandais ce qu'elle était devenue. La bande dessinée. Comme je te l'ai dit, je tiens un magasin de BD et je me disais... je me demandais ce qu'était devenue cette vieille bande dessinée. Je ne me souviens même pas de ce que c'était, quel genre de BD. Mais je me souviens de cet échange. Alors, je me demande si elle est toujours parmi tes affaires, celles que tu dois trier lundi.

– Oui, une bande dessinée. Je m'en souviens, mais ça remonte à loin. On a fait un échange, tu m'as donné une bande dessinée. Et moi, qu'est-ce que je t'ai donné ?

– Si tu fouilles dans tes vieilles affaires, je me disais que... si jamais tu la retrouves, peut-être que tu pourrais me la rendre. Vu que les BD, c'est mon truc. On ne sait jamais, peut-être qu'elle vaut quelques livres maintenant. Je pourrais te la racheter, uniquement pour des raisons sentimentales. Hein ?

Harvey émit un rire étrange et, à ses oreilles, affreusement grinçant. Un rire de dément. Il regardait droit devant lui, fixement ; il contemplait les gouttes de pluie qui s'écrasaient sur le pare-brise et faisaient voler en éclats les feux arrière des autres véhicules, avant d'être balayées, inlassablement.

– Je... Je vais réfléchir. Je vais réfléchir. (Le feu passa au vert et Bleeder enclencha la marche avant.) Je vais réfléchir, mais elle a probablement disparu. Certainement. (La file commença à bouger et il avança.) Où veux-tu que je te dépose, au fait? J'ai oublié où tu…

– Oh, n'importe où, ça ira. Il faut que j'aille faire des courses. Merci.

La voiture s'arrêta brusquement, provoquant un coup de klaxon indigné juste derrière.

– Alors, voilà, dit Bleeder.

– Oh… Parfait. Salut.

Surpris par cette arrivée brutale, Harvey s'énerva avec sa ceinture de sécurité et essaya d'ouvrir la portière. Le klaxon rugit de nouveau et Bleeder se coucha sur lui pour atteindre la poignée.

– Il faut pousser, comme ça.

Sa voix était aussi claire et précise qu'au moment où ils s'étaient retrouvés, mais quand Harvey croisa son regard, celui-ci était à la fois affolé et fixe, comme si Bleeder avait vu une chose horrible, inimaginable. Et la main qui ouvrit la portière, Harvey ne put s'empêcher de le remarquer, tremblait.

5

La route était étrangement familière. Des arbres nus et fatigués captaient le regard à l'extrémité d'une rangée de constructions minables en préfabriqué et l'œil passait devant la maison sans s'arrêter, comme si les urbanistes avaient fait en sorte qu'on ne la remarque pas. Harvey comprenait pourquoi. Le lotissement s'était encore étendu, peut-être. Il y avait quelques constructions supplémentaires, que rien ne différenciait cependant de celles qui marquaient la fin du lotissement dans le temps. Il y avait même des gamins qui faisaient du vélo dans la rue en se servant du bord du trottoir à la manière d'un mini-tremplin pour exécuter des acrobaties. Les garçons jetèrent un coup d'œil à Harvey et échangèrent une remarque inaudible mais apparemment hilarante, avant de reprendre leur activité. Aucun d'eux ne chantait. Harvey s'en réjouit.

La maison était posée là, avec cette même indifférence sinistre, en retrait de la route, derrière un jardin qui avait l'apparence d'un endroit passé à tabac. Comme si quelqu'un avait pénétré dans cette nature enchevêtrée et donné des coups de faux dans tous les sens jusqu'à obtenir un semblant d'ordre sauvage. Harvey hésita devant le portail blanc écaillé de la clôture blanche écaillée; il regarda les fenêtres. Toutes les quatre étaient parées de rideaux de tulle, des rideaux de tulle gris. Puis il repartit en sifflotant (jusqu'à ce qu'il s'aperçoive qu'il sifflait l'air de *Jésus Christ Superstar*, alors il s'arrêta aussitôt) sur la route qui longeait la maison. Bleeder devait être absent car aucune voiture gris métallisé n'était là pour décorer la route.

– Si j'avais une bagnole pareille, je ne la laisserais pas ici, marmonna Harvey, puis il saisit ce que cela impliquait. Merde ! Et si Bleeder est garé un peu plus loin sur la route principale et qu'il m'observe à travers les rideaux ?

Lui-même garait toujours la voiture de son père (« T'avise pas de rayer la peinture, je te connais ! » « Fais pas chier, papa. ») à un peu moins d'un kilomètre de là, sur la route qui venait de la ville. Il traversa le lotissement d'un pas lourd et passa devant les gamins qui interrompirent leurs jeux pour le dévisager, bouche bée.

– Bande de tarés consanguins, dit-il.

Très très doucement.

La nuit précédente avait été longue. Il était rentré chez lui de bonne heure, tellement obsédé par Bleeder et leur conversation dans la voiture qu'il en avait oublié les périls de la vie de famille. C'était seulement en franchissant le seuil et en entendant cette phrase ô combien familière: « C'est toi, mon chéri ? », remplie d'espoir, de joie et d'impatience, qu'il avait pris conscience du danger.

« Oui, c'est moi, maman. Qui veux-tu que ce soit ? » C'est curieux la manière dont les quatorze ans refont surface chez les hommes même les plus adultes: ces mots lui étaient venus naturellement, comme on respire. Il avait tenté la montée boudeuse et discrète dans sa chambre. Mais ce qui avait fonctionné dans sa jeunesse semblait avoir perdu de son efficacité. La maturité l'avait émasculé. Ou alors, sa mère était devenue plus courageuse en vieillissant.

« Viens donc bavarder un peu pendant que je te prépare à dîner. Ton père est dans le jardin ; on va manger de la salade avec le ragoût. Il y a du football à la télé plus tard, a dit ton père. Peut-être qu'on se fera une partie de Scrabble aussi. On pourrait jouer et regarder en même temps, tu crois ? Je sais bien que vous, les hommes, vous aimez regarder le football sans être dérangés... » Etc., etc. Alors, c'était soit la sanction radicale, l'option « Va te faire foutre, vieille bique ! », ou bien « Allez les Rouges ! » et les mots comptent double. Harvey avait soupiré et accepté l'idée qu'on ne pouvait pas opter pour la solution radicale dès le deuxième soir. Le deuxième sur quatre. Alors, il était entré dans la cuisine et avait écouté sa mère lui parler de ses réunions paroissiales, des problèmes de jambes de son amie, du touriste qui s'était noyé dans la baie, du mauvais temps et de tout ce qui lui traversait l'esprit. Et pendant qu'elle parlait, assis sur une chaise il se repassait en boucle sa conversation avec Bleeder, il l'épluchait pour la débarrasser de son sens, il la dépouillait, il essayait de se frayer un chemin vers une réponse acceptable. Au bout d'un moment, son père était entré avec une poignée de ciboule et aussitôt, il avait fait du raffut.

« Allez, allez, où est mon dîner, femme ? Je reviens de la chasse et je veux à manger.

– Oh, oui, tu dois mourir de faim, mon chéri. Et Harvey aussi, hein, trésor ? Mes deux gros ours affamés... » Harvey fumait, installé devant le comptoir, sur lequel, en regardant attentivement, il apercevait « Johnny Flamme » gravé de sa main enfantine. Il essayait de ne pas trop regarder.

« Tu es affamé, hein ? À la bonne heure ! Tu as besoin de vrais petits plats. Pas ces cochonneries que tu manges dans les restaurants chic, hein ? Pas cette *nouvelle cuisine.* Moi, j'appelle ça de la cuisine de merde !

– Donald !

– C'est la vérité. Dans l'assiette, y a même pas de quoi nourrir un Éthiopien. Nous, ce qu'on veut, c'est de la vraie cuisine, pas vrai Harvey ?

– Hmmm. »

Harvey se demandait vaguement si, un jour, il y a longtemps, quelqu'un avait ri à une des plaisanteries de son père, quelqu'un d'autre que sa mère, évidemment, qui ricanait d'un air absent. Harvey se demandait également s'il était possible de retrouver cette personne et de la punir d'une manière ou d'une autre. Après tout, le passé se reconstituait parfois. Des morceaux qui semblaient impossibles à rattacher, des nœuds qui semblaient impossibles à défaire… Parfois, le passé nous surprend. Et donc, retour sur Bleeder.

Après le Scrabble (« Je suis sûre que *quark* est un mot qui existe, trésor, mais je ne l'ai jamais entendu alors on ne peut pas l'accepter : c'est notre règle à nous, tu t'en souviens… ») et après avoir regardé *Le Match du jour* (« Ils sont trop payés ! Ils devraient respecter l'arbitre ! »), quand il fut enfin autorisé à s'échapper et à monter dans le seul et unique sanctuaire qu'il ait jamais connu, Harvey s'était allongé sur son lit, immobile, en crachant sa fumée au plafond. Qu'avait donc dit Bleeder ? « Je vais réfléchir, mais elle a sûrement disparu », quelque chose comme ça. Que signifiait « sûrement » ? Ça signifiait qu'elle avait sans doute disparu. Et ce serait très bien. Tout en fumant, Harvey avait hoché la tête, nullement surpris par cette idée. Si elle avait disparu pour de bon – donnée à une œuvre de bienfaisance pour les enfants, il y a des années, brûlée dans un feu de joie ou n'importe quoi –, pas de problème. En revanche, si elle avait été donnée il y a quelques jours seulement... là, il y avait un problème. Où avait-elle pu finir? Oxfam, avait dit Bleeder. Pouvait-il écumer toutes les boutiques d'occasion de Saint Ives à la recherche d'une bande dessinée? D'ailleurs, ces boutiques vendaient-elles encore des bandes dessinées? Il en avait visité pas mal, mais il ne se souvenait pas d'avoir vu une seule BD. Et si le patron de la boutique avait l'idée de se renseigner sur la valeur d'une édition originale? Et si dans une semaine, le journal local titrait en une: «Le propriétaire d'une boutique d'occasion fait fortune (et ouvre dans le centre de New York un coffee-shop sur le thème des super-héros)»? Alors là, ça n'irait pas du tout. Mais le tri n'avait pas encore été fait dans les affaires de Bleeder. C'était ça le plus important. C'était même le point essentiel.

Harvey s'était redressé sur son lit et avait contemplé sa chambre. Elle n'avait pas changé depuis son enfance, ce qui, bien évidemment, était typique des familles comme la sienne. Ce qui était moins typique et légèrement plus inquiétant, c'était qu'elle ressemblait beaucoup à son appartement de Londres. Dans sa vieille chambre, les posters de *Batman* et *Spiderman* remplaçaient *Darkman* et *Lara Croft*, mais il ne les trouverait pas indignes de son monde d'adulte. Parfois, il essayait de se dire que c'était parce qu'il avait toujours eu des goûts sûrs, des goûts d'adulte. C'était une confrontation uniquement avec lui-même, encore une dont il espérait rarement sortir vainqueur.

Cette nuit-là, le sommeil avait refusé de venir, jusqu'à ce que la matinée soit déjà bien avancée. C'était inhabituel. En temps normal, Harvey dormait bien ; la bière avait un effet narcotique agréable. Mais cette fois, son insomnie avait une cause. Au plus profond de lui-même, il savait déjà qu'il allait cambrioler le domicile de Bleeder. Il était incapable, cependant, de dire à quel moment il avait pris cette décision. C'était comme s'il l'avait toujours su. Peut-être avait-elle pris ce caractère inéluctable quelque part au cours de ces vingt années d'attente. Vous ne pouvez pas penser aussi fort à une chose aussi particulière, pendant si longtemps, sans qu'une sorte d'action, aussi inefficace soit-elle, devienne nécessaire. Harvey savait qu'il devait au prochain quart de siècle de faire tout son possible. C'était aussi simple que ça : son être futur en dépendait.

Ce qui bien sûr ne simplifiait pas les choses. Alors qu'il s'éloignait à grands pas de la maison de Bleeder, il songeait combien le crime pouvait sembler impossible. Parfois, il prenait plaisir à se considérer un peu comme un hors-la-loi : la timbale sous son lit avec le morceau de haschich dedans ; la voiture avec l'autocollant « Enlèvement demandé » à la place du disque de stationnement ; la section « romans graphiques pour adultes » dans sa boutique. Mais tout cela était loin d'un vol avec effraction. La maison paraissait si concrète. Les murs et les fenêtres si réels : preuves physiques du bien et du mal. Pendant un instant, alors qu'il partait résolument dans la mauvaise direction, ce fut comme s'il voyait les tables de la Loi, rassemblées et reconstituées sous forme de murs blanchis à la chaux.

6

Fracturer une fenêtre avec une brique, c'est très difficile en fait.

Après avoir traversé rapidement le lotissement, pour donner l'impression qu'il était en retard et qu'il se rendait à un rendez-vous important, Harvey était revenu vers l'impasse qui longeait le fond du jardin de Bleeder. La route, dépourvue de maisons, s'achevait devant un bosquet d'arbres chétifs et de voitures calcinées, d'où ne partait qu'un chemin boueux. Harvey le reconnut: c'était celui qu'il empruntait pour se rendre à l'école. En d'autres circonstances, peut-être se serait-il arrêté pour s'offrir une brève poussée de nostalgie, caractérisée par ces mots: «Dieu soit loué, je ne suis plus obligé de faire ça.» Mais l'affaire qui l'occupait aujourd'hui était trop sérieuse pour autoriser ce genre de plaisirs. Vu du chemin, le jardin de derrière de Mrs Odd semblait pire que celui de devant. Il n'y avait pas eu de débroussaillage sauvage, là. Des orties et des ronciers touffus s'entrelaçaient avec les hautes herbes et les amas de gravats. Des morceaux d'objets non identifiables émergeaient des buissons. Harvey trouvait cela réconfortant. De toute évidence, nul n'avait pénétré dans le jardin de Mrs Odd depuis très longtemps.

Après avoir traversé la haie et la jungle des fourrés avec juste une égratignure à la main et une cheville légèrement foulée, suite à la rencontre avec un ballon sauteur dégonflé mais toujours souriant, Harvey s'était retrouvé plaqué contre le mur, près de la fenêtre de la cuisine, dans le style commando, comme s'il allait faire irruption en canardant. En posant les yeux sur sa bedaine de buveur de bière qui se soulevait et s'abaissait d'une manière franchement inquiétante, il s'obligea à respirer plus calmement. Il se trouvait dans le jardin d'un vieil ami, ce n'était pas un crime capital. Moins facile d'expliquer pourquoi il tenait une brique à la main.

Il tapa au carreau, juste pour s'assurer que les Odd ne passaient pas l'après-midi chez eux tranquillement, puis, avec un air où se mêlaient la peur et le goût de l'expérimentation, il recula à distance respectueuse et lança la brique vers le carreau de la porte de la cuisine. D'après le Plan A, il se produirait une explosion de verre et un joli trou en forme de brique apparaîtrait, pour qu'il puisse y glisser la main. Heureusement, le Plan B prévoyait qu'il s'enfuie à toutes jambes dès qu'il aurait lancé la brique si le carreau se fendait simplement au centre, dans un fracas assourdissant, et si la brique retombait à ses pieds.

Après un instant de réflexion, en équilibre sur un pied, prêt à décamper au moindre bruit, Harvey quitta sa position dans les fourrés, ôta son blouson en jean, y enveloppa la brique et donna des coups dans le carreau fêlé. Cela se révéla plus efficace et étrangement satisfaisant; en moins d'une minute, il avait fait un trou bien net pour passer la main. Après avoir admiré son œuvre, Harvey s'obligea à replonger dans les dangers de l'instant présent : il glissa la main à l'intérieur et chercha le loquet à tâtons. Que celui-ci se trouve à sa portée, c'était uniquement le hasard. Habité par le sentiment troublant que cette action était à la fois simple et impossible, Harvey se retrouva en train d'ouvrir la porte de la maison d'un étranger et d'y pénétrer.

Il n'était entré qu'une seule fois dans cette maison avant aujourd'hui et c'était un vrai foutoir. De prime abord, rien n'avait changé. Des journaux humides s'entassaient de manière incongrue autour de l'évier ; l'évier lui-même était légèrement brunâtre, et cette souillure déposait une fine patine de dégoût sur sa terreur révoltée. Mais en avançant, il s'aperçut qu'en réalité, les choses avaient un certain ordre. Des cartons ouverts dépassaient de vieilles et vilaines poêles à frire ; des assiettes formaient des piles plus ou moins assorties ; des couteaux et de longues cuillères sortaient d'un sac en plastique. La patte des services sociaux était perceptible dans la manière dont le sol de la cuisine réapparaissait après des années de ténèbres.

En se dirigeant, telle une petite souris, vers le couloir, Harvey fut pris d'une envie presque irrésistible de déféquer. Dans son esprit défila une histoire complète, qui lui apparut, c'était presque prévisible, sous forme de bande dessinée : il se précipitait à l'étage pour aller aux toilettes, il se soulageait, puis s'apercevait que la chasse d'eau ne fonctionnait pas. « La police a pu identifier l'intrus grâce à un échantillon d'ADN retrouvé sur les lieux... » Harvey laissa échapper un petit hoquet de peur qui était aussi, étonnamment, une sorte de gloussement hystérique et il s'obligea à monter au premier en courant.

Ses parents adoreraient ça. Voilà la pensée qui l'assaillit tandis qu'il avançait à pas feutrés, ombre indistincte et obèse marchant sur un palier éclairé uniquement par la faible lumière provenant des fenêtres de la chambre. Depuis qu'il avait rapporté chez lui un album d'images Brooke Bond Tea appartenant à la sœur de son meilleur ami, quand il avait neuf ans, il était considéré comme un criminel en puissance. Il entendait presque son père qui disait : « Il fallait s'y attendre. On a toujours eu des soupçons. » Il y avait quelque chose de satisfaisant dans le fait de confirmer si précisément les pires craintes de ses parents. Peut-être qu'il devrait devenir homosexuel également, et supporteur de Chelsea.

Il trouva sans peine la chambre de Bleeder. Elle aussi ressemblait à la sienne, inchangée depuis l'enfance. Mais ici, l'absence d'évolution était moins due, semblait-il, à un maternage sentimental qu'à une négligence généralisée. En vérité, on aurait dit que rien n'avait changé depuis très longtemps chez les Odd. L'identité de l'occupant de la chambre était confirmée par le poster d'Abba accroché au-dessus du lit. Il connaissait ce poster : *Arrival*. Combinaisons blanches et bottes de cow-boy. Dans les années 1970, on pouvait l'acheter pour cinquante pence dans n'importe quel kiosque à journaux du pays. Un poster qui devait déjà être démodé quand Bleeder avait dix ans. Un poster que seul pouvait posséder quelqu'un qui avait réellement renoncé à tout effort. Harvey resta figé pendant un moment. Il avait oublié qu'Agnetha était si bien foutue. Bleeder s'en était-il seulement rendu compte ? Harvey en doutait.

Il poussa son soupir, ou une sorte de version paniquée, et s'approcha de l'unique et gros carton posé au centre de la pièce vide.

Il avait été soigneusement fermé par de longues bandes de ruban adhésif et l'espace d'un instant, Harvey jugea inconvenant de défaire un si beau travail. Préoccupation déplacée de la part d'un cambrioleur qui avait déjà fracturé une fenêtre. Cette pensée le frappa avec force, tandis qu'il s'attaquait timidement aux bandes avec ses ongles. Cela lui prit un certain temps. L'adhésif avait été disposé en couches successives, l'une sur l'autre, et les ongles rongés de Harvey étaient si courts que c'en était presque comique.

Après des tentatives infructueuses accompagnées de jurons, il redescendit en courant et revint armé d'un grand couteau de cuisine. Le souffle coupé, mais paré, il taillada le scotch avec une précision maladroite. *Superman numéro un* n'était pas à l'intérieur. À la place se trouvait une collection d'objets très hétéroclites. Des manuels de mathématiques, des appareils électroniques à usage inconnu, un sèche-cheveux (quand Bleeder Odd s'était-il lavé les cheveux?), un roman de Dennis Wheatley, une photo de Victoria Principal, un paquet de préservatifs (quand Bleeder Odd avait-il etc.), trois paires de chaussures, un ours en peluche rose sans doute malsain et, tout au fond du carton, sous un pull en laine moulant avec des étoiles sur le devant, une pile de bandes dessinées.

Le cœur de Harvey s'était mis à battre trop vite pour un homme de sa corpulence assis pour sortir avec respect les bandes dessinées, une par une. Mais ce n'étaient que les vestiges usés et typiques d'une collection de garçon, comme il en avait vu passer tant et tant dans sa boutique au fil des ans, en vue d'une estimation. Absolument rien à signaler. Il parcourut quelques pages d'un *Iron Man* qu'il n'avait pas lu depuis des années, n'étant pas vraiment fan de ce personnage, puis il se souvint qu'il se trouvait dans une situation délicate et se releva d'un bond.

Debout, il s'aperçut qu'une partie de sa peur s'était envolée. L'échec probable de sa mission avait fait disparaître une partie de la terreur de l'exploration, comme si ses actions avaient perdu leur aspect criminel maintenant qu'il n'y avait rien à voler. Avec le plus grand soin, il remit tout à l'intérieur du carton, dans l'ordre, puis s'efforça de le refermer de son mieux. Cela étant fait, il ressortit sur le palier. La logique aurait voulu qu'il s'en aille maintenant (assurément, la chambre de Bleeder était l'endroit où il avait le plus de chances de trouver ce qu'il cherchait), mais son être futur, celui qui lui était apparu au cours de cette nuit sans sommeil pour lui dire qu'il était préférable de se faire arrêter, et même d'aller en prison, plutôt que de continuer à vivre avec ce doute, cet être futur était de retour. «Je t'obligerai à revenir si tu ne finis pas le travail aujourd'hui», lui dit-il. «Je t'enverrai cambrioler de nouveau la même maison demain. Pense à quel point ce sera plus difficile.»

Malgré l'envie irrationnelle de coller un gnon à son propre avenir, Harvey se rendit dans la pièce voisine. Il s'agissait de toute évidence de la chambre de Mrs Odd et rien n'avait été encore emballé. Il y régnait une forte odeur d'excréments et de talc qui lui rappelait une grand-tante, dans son enfance, une femme à la fois attentive à la mode et incontinente. L'idée que Mrs Odd ait conservé dans sa table de chevet la bande dessinée qu'il avait échangée avec son fils en 1982 repoussait la raison au-delà de toute limite naturelle. Il jeta quand même un coup d'œil. Elle n'était pas là. En revanche, il y avait un tas d'ampoules électriques et un paquet de *jelly* au citron.

Harvey suivit méticuleusement son absence de logique, de pièce en pièce; maintenant qu'il avait commencé, il agissait consciencieusement. Il regarda sous les lits et dans les cabinets de toilette. Il ouvrit quatre autres cartons en utilisant le couteau de cuisine à manche rouge. Aucun ne contenait quoi que ce soit d'intéressant, pour un cambrioleur du moins. Il y avait une casquette de baseball *Dukes of Hazzard* que Harvey trouva fascinante.

En se dirigeant vers l'escalier, l'idée lui vint qu'il pourrait peut-être trouver d'autres objets de valeur. Que ferait-il, alors? Il fut à la fois surpris et étonné de s'apercevoir que la possibilité de voler autre chose n'avait pour lui aucun intérêt. Peut-être n'était-il pas un criminel, finalement. Peut-être voulait-il juste récupérer une chose qui lui appartenait. Peut-être qu'il agissait en toute légitimité… «Mon préciiiieux!» siffla-t-il, et il redescendit en ricanant.

Au rez-de-chaussée, il suivit la même procédure. La peur avait presque entièrement disparu, remplacée par une sorte de lassitude fébrile. Tous ces cartons renfermaient des objets déplaisants qu'il n'avait pas envie de voir, y compris une quantité incroyable de couvre-lits. Mrs Odd les collectionnait ou quoi? Et pourquoi y avait-il autant de dessus-de-lit orange en chenille de coton avec des pompons? S'agissait-il d'une sorte de fétiche reconnu? Ça vaudrait peut-être le coup de regarder sur Internet.

Quand il se retrouva devant le dernier carton, dans le salon, entouré de draps qui sentaient le moisi, Harvey prit conscience que c'était foutu. Quelque part, il sentait son être futur qui levait les bras au ciel en souriant: « Tu as essayé, je le reconnais. » Il continuerait à tenir une petite boutique de bandes dessinées tout à fait sympathique dans Old Street, plutôt qu'un *coffee house* dédié aux super-héros à Gramercy Park, et c'était très bien ainsi. Peut-être même que c'était préférable.

Après un dernier regard presque affectueux à la vieille maison (c'était ainsi qu'il la considérait maintenant), Harvey ressortit dans le couloir d'un pas nonchalant et se dirigea vers la cuisine. Mais soudain, une pensée le frappa. Il n'était pas allé jusqu'à la porte d'entrée. Peut-être y avait-il un placard ou quelque chose comme ça. Il fit demi-tour et revint sur ses pas dans le couloir, en éprouvant comme une envie de prolonger ce qui avait été un exercice plutôt agréable: une expérience totalement nouvelle. Elles étaient rares dans sa vie désormais, trop rares sans doute; peut-être devrait-il faire ce genre de choses plus souvent.

Tout en retournant dans sa tête l'idée de cambrioler des maisons de temps en temps, uniquement pour faire monter son adrénaline, Harvey approcha de la porte d'entrée, habité par une affection bienveillante pour le crime et les criminels dans leur ensemble. C'est alors qu'il remarqua la porte en bois sur sa gauche et il s'aperçut avec une soudaineté totale que la maison possédait une cave. Pétrifié pendant un instant, il se retrouva pris entre deux impulsions. Quelques secondes plus tôt, il était prêt à s'en aller, à faire demi-tour et à ressortir tranquillement dans le jardin pour se frayer un chemin à travers la jungle. Son instinct le poussait à poursuivre ce plan. Qui conserverait une bande dessinée à la cave? C'était sans doute un trou humide rempli de vieux outils ou de restes de charbon. Et il n'avait aucune envie, aucune, de descendre dans une cave. Toute son insouciance l'abandonna en un éclair. Et si quelqu'un entrait pendant qu'il était en bas ? Et s'il se retrouvait enfermé pour toujours ? Et si Bleeder Odd était le psychopathe qu'en ferait n'importe quel scénariste de bande dessinée, s'il revenait et découvrait Harvey dans son sous-sol ? Le sous-sol où il gardait ses victimes enfermées dans des cages en fer, pendues la tête en bas ? Et si Bleeder Odd n'avait jamais quitté Saint Ives, s'il avait toujours vécu dans ce sous-sol, en attendant cet instant… ? Harvey inspira à fond plusieurs fois.

– Je sais, je sais, murmura-t-il à son être futur.

Il ouvrit la porte et avança.

7

C'était comme il s'y attendait. L'obscurité qui enveloppait tout le désorientait. Malgré la faible lumière provenant du couloir, tous les sens de Harvey étaient embrouillés dans le noir. Voilà certainement ce que devait ressentir un cambrioleur. Une fois de plus, ce furent les visages de ses parents qui firent irruption dans son esprit. Quand il était petit, son père aimait lui raconter des histoires de pirates qui se cachaient dans les cavernes de la région; certains se perdaient et on ne les retrouvait jamais. Effrayé par ces récits, le petit Harvey mettait en doute leur authenticité. « Oh, c'est la vérité, mon chéri », lui avait répondu sa mère. « Seuls les pirates entrent dans les cavernes obscures, et les vilains garçons, évidemment. » Pendant de nombreuses années, cette frayeur avait été une cause de ressentiment, il leur en avait voulu de l'avoir effrayé de cette manière. Aujourd'hui encore, il s'agaçait de constater que sa première pensée dans cet endroit obscur, c'était que des pirates allaient se jeter sur lui.

Il avança en cherchant à tâtons un interrupteur, tout en essayant de maintenir sa terreur grandissante dans des limites raisonnables. Il y avait forcément un interrupteur, non ? S'il n'y en avait pas, son être futur devrait reconnaître qu'il avait fait tout son possible. Ou, pour le formuler autrement, son être futur pourrait aller se faire foutre.

Tenant toujours le couteau de cuisine d'une main ferme, Harvey faisait glisser l'autre sur le mur ; il sentait sous sa paume des choses molles dont il espérait qu'il s'agissait de toiles d'araignées (plutôt que des barbes de pirates, par exemple). Après quelques instants de stress, ses doigts découvrirent un interrupteur à l'ancienne, qu'il abaissa. Aussitôt, il fut inondé par un torrent de lumière et sa peur du noir céda place à la panique en songeant aux conséquences si on la voyait de l'extérieur. Très vite, il avança sur le petit palier carré en haut de l'escalier et referma la porte derrière lui, presque entièrement.

Il fit un pas en avant et se cogna aussitôt la tête contre la première d'une série de poutres basses situées à peu près à hauteur d'oreille. Plié en deux et regardant devant lui, il se concentra pour descendre les marches en bois humides et fendues. Et si elles ne pouvaient pas supporter son poids ? Et si les Odd le découvraient demain matin, mort dans la cave ? Et s'ils n'y venaient jamais ? S'ils fermaient définitivement la maison, si Mrs Odd partait vivre à Saint Ia et qu'on ne le retrouvait jamais ? Qu'arriverait-il ? Harvey ne savait pas trop ce qui arriverait, aussi testa-t-il chaque marche du bout du pied, tout en se cramponnant à une rampe tout aussi incertaine qui courait le long du mur sur sa gauche. Elle branla légèrement dans sa main et Harvey fut traversé par la vision cauchemardesque de la maison sur le point de s'écrouler sous le poids des mauvais traitements infligés au fil des ans : les années Odd. Cette violation était peut-être la goutte d'eau qui fait déborder le vase, la maison allait peut-être se venger. Comme dans *La Maison du diable* (dans la version roman graphique).

Il lui fallut une éternité, sembla-t-il, pour négocier le tournant de l'escalier et commencer à descendre dans la cave proprement dite. Il avait presque atteint la dernière marche et le sol de la cave lorsqu'il osa enfin lever les yeux pour examiner son contenu. Il n'y avait pas grand-chose. De toute évidence, elle n'avait jamais beaucoup servi. Mais ce ne fut pas la première pensée qui lui vint. Car ce qui s'y trouvait suffisait largement. Devant lui se dressait un énorme carton. À l'instar des autres, là-haut, il avait été soigneusement scellé, mais le ruban adhésif avait été lacéré sur le dessus. Ce détail aurait dû attirer l'attention de Harvey, mais celle-ci était essentiellement fixée sur ce qu'il y avait à côté du carton. D'abord, il crut qu'il s'agissait d'un mannequin, un vieux mannequin de tailleur abandonné. Grâce au large cercle d'obscurité qui l'entourait, il comprit qu'il se trompait. Elle était allongée sur le dos, la bouche et les yeux ouverts, la gorge fendue par une longue entaille en arc de cercle.

Harvey enregistra tout cela très lentement. D'un pas hésitant, comme s'il se déplaçait sur des patins à roulettes, il avança dans la flaque sombre et s'accroupit à côté de Mrs Odd. Il posa le couteau de cuisine, s'appuya d'une main sur le sol visqueux et palpa le cou. Il n'y avait pas de pouls et il songea, quelque part au fond de lui, que c'était ridicule d'espérer en trouver un. Pendant un instant, il demeura là, près d'elle, les yeux fixés sur la bouche violacée de la plaie, à se demander où il avait déjà vu quelque chose de semblable. Dans son esprit surgit l'image d'un sex show auquel il avait assisté un jour à Amsterdam : cette entaille dans le cou évoquait une image pornographique destinée à l'émoustiller, comme si cette femme posait pour lui dans cette position. Il fut pris de vomissements inattendus et violents.

Le bruit des vomissements emplit le silence moite de la cave et lui revint sous forme d'écho étouffé. C'est ce bruit qui le réveilla et le fit se relever. Pendant un instant, il demeura figé, la bave coulant sur le menton ; il sentait monter la panique comme une sensation physique, il l'entendait comme un train qui approche. Juste avant qu'elle arrive, il regarda autour de lui encore une fois, pas le corps, mais le carton. C'est avec une vague et lointaine secousse, telle une réplique de séisme, qu'il vit, glissé sous le rabat, en parfait état, le *Superman numéro un*. Il était encore dans sa pochette en plastique.

Harvey contourna soigneusement la chose étendue sur le sol et prit la bande dessinée. Il se souvenait de la couverture, il se souvenait de l'avoir achetée, il se souvenait du jour de l'échange, quand il l'avait donnée contre un bout de plastique. Elle paraissait intacte, on n'y avait pas touché. Il examina attentivement la pochette et remarqua que ses doigts laissaient des traces écarlates sur le plastique transparent. C'est alors que la panique survint.

Lâchant cette chose à laquelle il avait pensé chaque jour de sa vie adulte, comme si c'était un détritus, comme si elle n'avait aucune importance, il se mit à courir. Alors qu'en descendant il avait testé prudemment chaque marche, il les survola en remontant. Il gravit l'escalier au pas de charge ; ses pieds martelaient un rythme sauvage sur le bois brut. Il fonça dans le couloir tête baissée, en direction de la cuisine, comme si sa vie en dépendait, pour respirer un air qui n'avait pas été souillé par ce qu'il avait vu. Il se rua à travers la cuisine et renversa le carton contenant les poêles douteuses. Elles tombèrent dans un vacarme d'Apocalypse et il s'entendit sangloter de terreur. Il ouvrit la porte de derrière à la volée et se précipita dans la jungle. Sans trébucher, cette fois. C'était comme s'il flottait au-dessus du terrain accidenté, comme si la peur le libérait des désagréments de la vie quotidienne.

Il traversa à toute allure les orties, s'engouffra dans les buissons et les ronces, sauta dans le petit fossé au bout du jardin pour déboucher dans le cul-de-sac. Instinctivement, il bifurqua vers la route, vers les secours et la civilisation, mais un autre instinct, moins profond mais tout aussi irrésistible, l'obligea à s'arrêter, à se retourner et à foncer dans la direction opposée. Il remonta le chemin ventre à terre; les branches nues des cèdres épais apportaient un crépuscule précoce. Il longea les hautes herbes qui bordaient le passage, atteignit la barrière de l'école, un saut consuma le peu de jeunesse qui lui restait, il traversa le terrain de rugby, en trébuchant dans la boue épaisse et collante, puis il courut sur le chemin de graviers qu'ils empruntaient jadis pour aller au gymnase et enjamba la clôture basse, sur la grand-route de Saint Ives.

Sans même regarder, il courut jusqu'à la bordure en gazon à l'autre extrémité. Essoufflé, souffrant d'un point de côté, il continua d'avancer en trébuchant pendant plusieurs minutes, puis, entendant une voiture qui venait derrière lui, il se jeta, grâce à un ultime effort de volonté, dans une brèche de la haie d'arbustes et resta couché là, parmi les feuilles, en haletant comme une truite échouée sur la rive.

8

C'est seulement en sentant le sol sous lui que Harvey détacha les yeux de l'escalier pour contempler la scène encore une fois. Le corps le regardait fixement, d'un air accusateur inébranlable, et Harvey eut un petit mouvement de tête comme pour le saluer. « Ça va ? » Il ne posa pas la question à voix haute, mais il s'en fallut de peu... Pendant un bref instant cauchemardesque, il imaginait que la femme lui répondait : « Bonjour, Harvey. » Il l'entendait dans sa tête, cet accent épais des Cornouailles : « Bonjour, Harvey. »

Il essaya de se concentrer sur le fait que sa disparition ne constituait pas une grande perte pour l'humanité. L'absence de sensibilité lui avait permis de surmonter un certain nombre de situations difficiles dans la vie ; il ne voyait pas pourquoi ça ne marcherait pas ici.

Il était resté assis dans l'herbe humide un long moment, au bord de la route. Quand il avait pu se relever, il était revenu en courant, d'un pas pesant et à une allure propre à provoquer une crise cardiaque, jusqu'à la voiture de son père. Il avait roulé pendant un certain temps, en suivant la route qui conduisait à Truro, l'unique grande ville des Cornouailles, lieu jadis empreint de magnificence et de grâce métropolitaine aux yeux du jeune Harvey. En roulant, il s'était aperçu qu'il avait pris cette direction par instinct, recherchant – comme il avait si bien appris à le faire à Londres – la sécurité d'un environnement urbain, l'heureux anonymat de la foule. Il voulait fuir loin des petits endroits, des endroits étriqués de son passé, loin des drôles de culs-de-sac avec des voitures calcinées et des lotissements où un étranger était observé par des enfants à moitié sauvages, loin des caves dont les escaliers conduisaient à des horreurs inimaginables.

Heureusement, il y avait des embouteillages sur la route de Truro. La Ford Fiesta rouge que son père avait choisie, de manière imprudente, mais pas surprenante, comme mode de transport se fondait si parfaitement dans le grondement ambiant que Harvey avait eu l'impression d'être déjà loin ; il pourrait rouler pendant des kilomètres sans se faire repérer, ne jamais revenir et rompre définitivement les liens avec un passé dont il n'avait jamais voulu, d'un seul coup du tranchant de la main. Mais juste après, il avait remarqué le couteau.

Celui-ci était revenu s'infiltrer dans son champ de vision comme une menace entrevue du coin de l'œil. Avec son manche en plastique rouge si éclatant et propre sur le fond cramoisi, presque noir, du sang. La conduite avait provoqué une réaction assez habituelle chez Harvey, pour qui apprendre à conduire était lié à l'avènement de la maturité : cela l'avait poussé à réfléchir en adulte. Il s'était introduit dans une maison par effraction, il avait pris un couteau, il avait laissé des empreintes, il avait abandonné le couteau avec ses empreintes à côté du cadavre d'une vieille femme égorgée, ses empreintes se trouvaient aussi sur la gorge de la victime. Il était dans de sales draps. Et il savait ce qu'il devait faire. À l'endroit où la route de Truro quitte la chaussée à deux voies, il y a un rond-point. Harvey en fit deux fois le tour. Et tandis qu'il tournoyait, une centaine d'incertitudes défilèrent devant ses yeux, et deux chemins bien nets émergèrent, deux issues pour quitter ce mouvement de toupie : il pouvait prendre la direction de Truro, se rendre directement au poste de police, tout raconter et ce serait fini. Ou bien, il pouvait faire demi-tour et essayer de réparer les dégâts, de tout arranger. Il fit deux fois le tour, puis il prit la direction de Saint Ives.

Il était fatigué, son dos et ses genoux protestaient. Cela faisait un bon moment qu'il nettoyait. Sous l'évier de la cuisine, il avait déniché un seau, des gants en caoutchouc, un chiffon à poussière, une éponge et un flacon de Zest. Armé de ces outils, il avait entrepris d'effacer méthodiquement toutes les traces qu'il avait laissées dans la maison. Il reprit le chemin qu'il avait suivi précédemment, pour se faire disparaître. Il songea que c'était, d'une certaine façon, ce qu'il essayait de faire depuis son départ de Saint Ives, vingt ans plus tôt : supprimer les traces qu'il avait laissées dans cet endroit, et celles de cet endroit en lui. Il était torse nu, ayant utilisé son T-shirt pour s'envelopper les mains en entrant dans la maison ; il l'avait maintenant noué autour de son cou, ce qui lui donnait l'apparence d'un tzigane ventripotent. Le calme et la détermination du cambrioleur aguerri qu'il avait affichés auparavant avaient disparu depuis longtemps ; chaque murmure le traquait, chaque soupir le hantait. Quand il descendit furtivement dans la cave, il se faisait l'impression d'être un Oreste transpirant.

Il avait gardé le sous-sol pour la fin car il savait que ses nerfs ne résisteraient pas longtemps. Maintenant, debout face au pire, il respirait difficilement entre ses dents dévoilées par une étrange grimace, qu'il était certain de conserver quand tout cela serait terminé : une expression qu'il n'avait encore jamais utilisée venait de s'ajouter à son répertoire. À quelle occasion l'utiliserait-il de nouveau ? Une bière qui avait un drôle de goût ? L'odeur de Josh le matin ? Une blague raciste ? Quel usage ferait-il de ce rictus inédit qu'il découvrait sur son visage ? Il ferma les yeux un instant, puis il prit l'éponge dans le seau et, penché en avant, il effaça ses empreintes dans le sang. Ensuite il s'attaqua à la flaque de vomi, presque ronde, qui semblait faire bande à part telle une petite pizza un peu snob. Mélangé à l'eau, le sang se liquéfia et coula autour de ses pieds en dessinant sur le sol de jolies volutes de crème glacée. Pizza et glace : son menu préféré. Mais le sang qui coulait partout, ce n'était pas bon. Ses baskets étaient trempées. Il fallait qu'il monte sur quelque chose pour nettoyer ses traces de pas sans en laisser de nouvelles.

Il regarda autour de lui… Que pouvait-il utiliser ? Avec une esquisse de sourire macabre, il jeta un regard au carton : il pouvait se servir de *Superman numéro un*, évidemment. Parfait. Il pouvait se servir de ce trésor inestimable dont il rêvait depuis si longtemps pour éponger le sang. Cette bande dessinée le sauverait du désastre. En gloussant, il se dirigea vers le carton, puis s'arrêta, interloqué. Le *Superman numéro un* avait disparu.

Harvey lutta contre l'évidence pendant un instant. Il regarda derrière le carton. Puis il examina les autres objets qu'il contenait: des rideaux ornés d'images de trains, un grand bout de circuit électrique, des chaussures (il y avait dans cette maison plus de chaussures qu'il n'en avait jamais vu), plusieurs boîtes de vieux jouets en plastique, un couvre-lit orange... Ne pouvant sortir aucun de ces objets sans le maculer de sang, Harvey se pencha à l'intérieur du carton, presque au point d'y disparaître. Mais la bande dessinée n'y était pas. Il avait beau avancer à tâtons dans l'illogisme de cette situation, il n'en voyait pas la moindre trace. Il se redressa et resta immobile, plongé dans ses pensées. Si elle n'était pas là, bien qu'il l'ait déposée dans le carton, assurément, alors... Alors, quoi?

Mécaniquement, il continua à nettoyer. Au dernier moment, il pensa à passer un coup de chiffon dans le cou de Mrs Odd. «Ça veut dire, évidemment, que quelqu'un l'a prise.» Harvey parla à voix haute en ramassant le couteau à manche rouge posé à côté du cadavre et en s'asseyant sur la première marche de l'escalier pour ôter ses chaussures imbibées de sang. Il les enveloppa soigneusement dans le T-shirt noué autour de son cou. Sur ce, en chaussettes, il remonta avec prudence.

Arrêté sur le petit palier, il jeta un dernier coup d'œil en bas. Avait-il effacé toutes les empreintes? Il avait mal à la tête et ses genoux l'élançaient comme s'il avait prié pendant plusieurs jours. Il hocha la tête; il ne voyait pas à quels autres endroits il avait pu poser les mains. Il gravit les dernières marches, éteignit la lumière et marcha prudemment sur le tapis humide pour regagner la cuisine. Il vida le seau et le rinça. Il essuya le couteau de cuisine, longuement, avec le chiffon, puis le rangea dans le sac en plastique. Après avoir emballé l'éponge et le chiffon avec ses chaussures, il ôta les gants en caoutchouc et les remit soigneusement sous l'évier.

Il sortit dans le jardin et referma la porte derrière lui en se servant de son T-shirt pour tourner la poignée. La nuit sentait la campagne et la mer. Il se figea un instant, en chaussettes, presque trop las pour retourner au milieu des orties et des ronces, puis il leva la tête. Une lueur bleutée encadrait le soir et les étoiles encore ternes semblaient attendre que les vestiges du jour meurent pour faire leur entrée.

Harvey inspira une bouffée d'air pur et alors qu'il s'apprêtait à pénétrer dans la jungle, il entendit un bruit derrière lui, étouffé, le bruit d'une porte qui se ferme. Alors, il ne pénétra pas dans la jungle. Il s'y rua comme un malade.

9

– C'est toi, mon chéri ?

La voix semblait provenir d'un rêve, dans un autre monde, dans une autre vie qu'il avait eue jadis.

– Non, c'est ton amant secret.

Sa propre voix lui paraissait irréelle.

Sa mère gazouilla :

– Viens donc bavarder un peu avec moi, Harvey. Je suis en train de préparer du thé.

– J'arrive tout de suite.

Il gravit l'escalier en courant. Un blouson en jean boutonné sur un torse nu, ce n'était pas une vision convenable pour sa mère. Pas plus que ses chaussettes trempées. Ou le paquet ensanglanté qu'il tenait dans ses bras.

– Ne t'enfuis pas, trésor. On a envie de te voir.

– Non, non, maman. Je prends juste une douche vite fait.

Généralement, ça marchait.

– Oh, bonne idée, mon chéri. Je vais brancher le chauffe-eau électrique. Il faudra peut-être que tu attendes que ça chauffe, mais si tu en as juste pour quelques minutes, ça peut aller. Je ne sais pas si ton père…

Harvey laissa cette litanie se poursuivre toute seule et entra dans sa chambre. Le paquet, il le fourra dans un sac en plastique, qu'il déposa au pied de son lit. Puis il s'assit au bord du matelas et se prit la tête à deux mains.

– Putain de bon Dieu de merde, lâcha-t-il en détachant chaque syllabe.

Délicatement, il ôta son blouson et l'étendit sur le plancher. Il retira ses lunettes, les mit dans le sac en plastique et glissa celui-ci sous le lit. Finalement, il se rendit dans la salle de bains et fit couler l'eau de la douche. Elle était froide, mais il resta sous le jet malgré tout et se récura de la tête aux pieds en insistant sur les ongles. Une fois propre, il retourna dans la chambre, verrouilla la porte et alluma une cigarette : la première depuis que ce cauchemar avait débuté. Jamais dans toute l'histoire de l'humanité, ce mélange particulier de substances cancérigènes et de nicotine n'avait paru si bon. Il inspira la fumée dans ses poumons comme s'il s'en nourrissait, comme s'il avalait un aliment. Au bout d'un moment, il ouvrit les tiroirs de la commode et trouva un autre T-shirt noir que seul un expert dans le domaine de l'imagerie de bande dessinée pourrait différencier du précédent et il s'habilla.

– Alors, qu'as-tu fait aujourd'hui ? Rien de louche, j'espère ?

Son père était d'humeur joviale et Harvey n'était pas sûr de pouvoir le supporter.

– Non, je suis allé jeter un petit coup d'œil à droite et à gauche.

– Tu as tout oublié, je parie. Ça fait longtemps que tu n'es pas descendu.

– Hmm.

Harvey avait pris le journal et il faisait semblant de lire, mais comme toujours avec son père, cette tactique semblait incapable de contrer les tentatives de conversation indésirable.

– J'espère que tu as laissé ma voiture dans l'état où tu l'as trouvée ?

Devant l'indifférence de Harvey, son père aborda des sujets plus généraux.

– Tu as vu la nouvelle résidence en bord de mer ? Ils sont en train de construire vingt-deux appartements. Pour la commune, c'est formidable.

À l'instar de la plupart des gens de la campagne, les parents de Harvey accueillaient avec enthousiasme tout ce qui enlaidissait leur décor ou détruisait leur environnement.

– Oh, oui, ils seront juste au bord de la mer, renchérit Ann Briscow. Ça va faire un bien fou à la ville.

– Hmm.

Le journal était une feuille de chou locale qui consacrait sa une à un jamboree de boy-scouts. Harvey ne put s'empêcher de songer que l'édition du lendemain serait sans doute un peu plus accrocheuse.

– Tu t'es juste promené dans le coin ? Tu n'as pas rencontré tes amis peu fréquentables, j'espère ?

– Donald ! Je suis sûr que les amis de Harvey ne sont pas des personnes louches… enfin… pas toutes.

– Ce Jack Cranshaw a une très mauvaise réputation. C'était déjà le cas quand il était jeune, ça n'a pas changé. Il a trempé dans des histoires de drogue et tout ça, pas vrai, Harvey ?

– Euh… oui, je crois.

– C'est un véritable bon à rien. Il revient de temps en temps, plusieurs fois par an, pour vivre aux crochets de ses parents. Il devrait être père lui-même à son âge, mais au lieu de ça, il vit comme un adolescent irresponsable avec une fille, au pays de Galles.

À l'instar de la plupart des habitants de la campagne, les parents de Harvey étaient également de vieux réacs. Harvey poussa son soupir et il trouva cela étonnamment agréable. Si discuter avec ses parents était déplaisant, au moins il n'était pas en train de nettoyer du sang séché sur un tapis avec un cadavre dans la cave et sans doute un tueur psychopathe dans la maison. Et franchement, c'était réconfortant. Ce bruit ne l'avait pas quitté. L'avait-il réellement entendu ? Le jardin était sombre… et il se livrait à de sombres activités. Peut-être avait-il imaginé ce déclic d'une porte qui se ferme. Peut-être que le vent en entrant par la porte de la cuisine… sauf qu'il n'y avait pas de vent. Il remua nerveusement sur sa chaise et prit son paquet de cigarettes.

– Encore une ? Tu fais vivre Marlboro à toi tout seul, ma parole !

Harvey ne prit même pas la peine de lever la tête.

– Fous-moi la paix, papa.

– Tu vas te tuer avec ça.

– Ton père a raison, Harvey. Je lisais justement un article sur ce sujet dans le journal, l'autre jour. Il existe un tas de moyens pour arrêter maintenant. Un tas de méthodes différentes. C'est pas si dur que ça.

– Il veut pas arrêter. S'il voulait arrêter, il arrêterait demain. C'est pas difficile, il suffit d'un peu de volonté. Mais il veut pas arrêter. Il veut se suicider…

– Ne dis pas ça, Donald. Tu sais, Harvey, ils vendent

une sorte de truc que tu te colles sur le bras. Ça ressemble à un cataplasme et c'est comme si on t'injectait de la fumée dans le bras. C'est pas très cher…

– D'accord. Merci.

Harvey posa le journal et se leva.

– Oh ! Tu sors, mon chéri ?

– Oui. (Harvey se surprit lui-même.) Ce n'était pas prévu, mais apparemment, c'est la seule façon d'avoir un peu la paix et d'échapper aux conversations débiles.

– Charmant ! gloussa sa mère. Prends ton blouson. Il fait frisquet dehors. Il ne fait pas aussi chaud qu'à Londres ici.

– C'est vrai, maman, vous avez un climat différent dans les Cornouailles.

– Il n'a même pas de vrai blouson. Du jean, c'est pas un vrai blouson. Un blouson, ça ? C'est pas imperméable, ni même doublé. Et ça te couvre pas le bas du dos. C'est pas un blouson. Si tu veux un blouson, Harvey, je te prête un des miens. Y en a un suspendu dans l'entrée. Au moins, ça te tiendra chaud quand tu seras en vadrouille.

– Merci, papa. Si je veux avoir l'air de sortir d'une boutique de fringues d'occasion pour les nécessiteux, je t'emprunterai un blouson.

Harvey prit ses cigarettes, quitta la pièce, enfila son blouson et s'aventura dans la nuit.

– Bonsoir, mon chéri. Ne rentre pas trop tard.

Il entendait encore cette voix qui s'adressait à lui alors qu'il s'éloignait sur la route.

10

Harvey s'inquiétait de ses réactions. La façon dont il avait réagi depuis son retour chez lui dénotait une sorte de calme étudié. Il s'était assis sur son lit et il s'était assis dans le fauteuil. Il n'avait pas tremblé, il n'avait été sujet à aucune crise de panique. Était-ce vraiment aussi facile que cela de commettre des crimes? Peut-être que oui. Peut-être que l'image qu'il avait toujours eue des criminels, des êtres abandonnés vivant en marge du monde civilisé, était totalement fausse. Peut-être qu'ils étaient exactement comme lui: ils surgissaient pour accomplir des actes horribles dans l'après-midi, puis ils rentraient chez eux, à temps pour manger un gratin de macaronis et regarder *Star Trek.*

Il marcha de chez ses parents jusqu'à Trelawney Road, non loin de l'endroit où aurait emménagé Mrs Odd si elle avait vécu plus longtemps. Elle aurait été voisine de ses parents. Peut-être qu'on pourrait rassembler tous les gens étranges au même endroit; cette pensée lui traversa l'esprit, mais il l'ignora et poursuivit sa route. La colline descendait vers le centre-ville, et de là, il apercevait toute l'étendue de la baie; de Porthminster Point jusqu'au nord de la ville, du front de mer de Saint Ives jusqu'au port, puis jusqu'à The Island au sud. Même si, à ses yeux, Saint Ives représentait la répression, la misère, les valeurs bourgeoises et le traditionalisme creux, elle conservait un certain charme pittoresque. Il était resté absent assez longtemps pour en avoir conscience. La ville était soigneusement blottie entre les bras de la baie qui l'enserrait avec un amour maternel. Comme elle l'avait enserré, lui aussi. L'espace d'un instant, il s'aperçut qu'il s'était toujours senti protégé ici. Voilà pourquoi il avait voulu partir, évidemment. Mais maintenant? Éprouvait-il toujours le même sentiment?

Il descendit Church Road, passa devant l'église où, enfant, il allait au catéchisme et où il avait appris à fumer; il passa ensuite devant le petit parking avec le grand mur blanc sur lequel, un jour, il avait tagué le symbole de Batman à la peinture dorée, puis il bifurqua dans la rue principale où Rob, Jack et lui pratiquaient le vol à l'étalage le samedi après-midi. «Ma vie de criminel», marmonna Harvey. C'était ironique de penser, maintenant qu'il avait le temps de penser, que le plus grand acte criminel qu'il avait commis s'était déroulé dans cette petite ville paisible. Pas plus tard que cet après-midi. Il avait besoin de boire un verre, se dit-il. Plusieurs, même.

Il y avait de nombreux pubs à Saint Ives. La plupart gagnaient de l'argent uniquement en été, mais ils restaient tous ouverts d'un bout à l'autre de l'année. En théorie, l'éventail était large, mais à l'instar de la majeure partie des gens qui vivent dans leur ville natale, Harvey ne pouvait envisager d'en fréquenter qu'un petit nombre. Tous chargés d'histoire. Il y avait le *Lifeboat*, sur le port, où ce soir il y aurait un juke-box et le vendredi un groupe local; c'était là qu'il avait vomi dans des toilettes publiques et tiré timidement sur un joint pour la première fois. Il y avait le *Golden Lion*, qui serait plus calme, mais où se trouveraient certainement un ou deux durs au crâne rasé et tatoués ; c'était là que Rob et lui s'étaient battus, victorieusement, contre deux joueurs de rugby du collège rival. Ou bien, il y avait le *Blue Bar*, qui serait le plus calme de tous, avec juste un peu de musique folk en CD ; c'était là qu'il avait emmené Jill Penhaligon le soir où ses parents s'étaient absentés pour assister à un enterrement ; il avait donc un endroit à retrouver, pour la première fois. Tous ces souvenirs se rattachaient à ces différents endroits ; il devait donc faire le bon choix. Une partie de lui-même sentait qu'il avait besoin de distractions, ou que la meilleure solution serait peut-être de faire front, mais il se rendit au *Blue Bar* car une autre partie de lui-même, plus importante, savait qu'il avait besoin de réfléchir, de se sentir en sécurité et choyé par les gentils fantômes qu'il trouverait là-bas.

Le coin salon du *Blue Bar* avait été redécoré depuis sa dernière visite : les murs étaient peints en vert pâle et le sol recouvert de pin décapé. Les murs s'ornaient de tableaux réalisés par un artiste local, sur lesquels il y avait beaucoup de bleu pour le ciel, beaucoup de bleu pour la mer et une petite bande de jaune pour le sable. Ces plages ne ressemblaient à aucune des plages de Cornouailles que connaissait Harvey ; il les trouvait déprimantes. Le *Blue Bar* avait toujours été plus un bar à vin qu'un pub, et fut un temps, quand il avait dans les seize ans, où Harvey considérait les bars à vin comme le summum de la sophistication. En cette soirée humide de février, il était quasiment désert et paraissait désespéré, déplacé. Les tables et les chaises en bois blanc ressemblaient à des transats disposés sur un paquebot oublié.

Il commanda une pinte de Guinness à un étudiant qui s'ennuyait ferme et alla s'asseoir dans un coin. Il cherchait la tranquillité, il l'avait trouvée. Il songea alors qu'il était possible d'avoir trop de tranquillité car ses pensées l'assaillirent immédiatement. Peut-être allait-on l'arrêter ce soir. Quand il rentrerait chez lui, sa mère serait en pleurs et son père hocherait la tête d'un air entendu. Il y aurait peut-être une brève explication, on lui lirait ses droits (des trucs tirés de *The Bill*)... Puis il monterait à l'arrière d'une voiture et on le conduirait dans une cellule où il passerait la nuit. Et la nuit suivante, et encore la suivante. C'était la réalité. Il pouvait être arrêté pour avoir caché un meurtre... Était-ce un crime ? Il existait certainement un terme plus officiel, mais en gros, c'était bien ça. Il avait caché un meurtre. Pas un quelconque délit de conduite en état d'ivresse, mais un véritable meurtre à l'ancienne, dans le style Agatha Christie, cadavre dans la bibliothèque, on soupçonne le pasteur.

À l'image de la plupart des fans de bandes dessinées, Harvey n'était pas attiré par les authentiques drames. Pendant plusieurs minutes, il analysa l'ampleur de ce qui s'était passé, avec l'aide de son assistante irlandaise. Il comprit qu'il aurait besoin de se saouler sérieusement. Alors, il se leva prestement pour aller chercher une deuxième pinte, et c'est à cet instant qu'il la vit.

– Oh, salut.

Maisie Cooper lui souriait et Harvey se demandait comment elle avait pu se trouver si près de lui sans qu'il sente sa présence.

– Euh… salut. D'où tu sors ? demanda-t-il.

– Je viens d'arriver. Ça fait plaisir de te revoir.

– Oui, moi aussi. Tu es toute seule ?

Harvey s'efforçait de ne pas laisser transparaître ses espoirs.

– Non. Jeff est parti aux toilettes et les autres vont arriver. On vient d'un autre pub, le *Lion*, je crois. On fait la tournée.

Comment, en quelques mots simples, parvenait-elle à exprimer que cette virée était sinistre et que ç'aurait été mille fois mieux si Harvey avait été avec elle ? Il n'en savait rien, mais il était persuadé d'avoir entendu tout ça dans sa voix. Il croisa le regard de l'étudiant derrière le bar.

– Qu'est-ce que tu bois ?

– Oh, non, laisse. Tu profitais d'un instant de tranquillité, apparemment, on va te déranger.

– C'est pas grave. Je suis content que tu me déranges.

C'était maladroit et nul ! Il rougit de sa propre ineptie et rougit de plus belle en se sentant rougir.

Maisie lui sourit.

– Bon, d'accord. Je prendrai un verre de vin blanc, dans ce cas. Merci.

– OK.

Elle comprenait sa gêne. C'était quelqu'un qui comprenait les choses. Il sentit immédiatement que c'était ce dont il avait le plus besoin dans l'immédiat. À cet instant, la porte du pub s'ouvrit et la moitié de son passé fit irruption.

– … mon cul ! C'est une double ou rien, dégonflé… H !

– H !

– H, H, H, H, H, H, H, H !

Ça devint un hymne.

– Euh… salut, les gars.

Curieusement, Harvey se disait que même s'il aurait préféré ne pas patauger dans le sang tout l'après-midi, c'était peut-être mieux que de l'avoir passé avec ses amis.

– Où t'étais, mec ?

Steve noua ses bras autour de ses épaules en titubant et faillit les entraîner au tapis tous les deux.

– Je t'évitais, répondit Harvey en se dégageant. Combien de verres tu as déjà bus ?

– Pas assez. On carbure aux doubles, ce soir, mon petit Harvey. Des pintes et des doubles uniquement. On se bourre la gueule !

Cette dernière affirmation, lancée à plein volume, fut accueillie par les hourras de la vingtaine de participants à la réunion qui venaient d'envahir les lieux à la suite de l'avant-garde.

– On va mettre la ville à sec ! beugla Steve en s'appuyant lourdement contre le comptoir. Hé, bar… bière-man !

– Steve en tient une belle, commenta Rob en rejoignant Harvey et Maisie Cooper. Je crois qu'il ne sort plus très souvent, à cause du troisième gosse. Alors, il se lâche.

– Oui. Ce n'est pas tous les…

Harvey aurait aimé donner un sens à ce bref instant de calme avec Maisie avant que les autres débarquent, mais il avait manqué de temps.

– On a passé un sacré après-midi, ajouta Rob, d'une voix un peu pâteuse lui aussi. Devine avec qui on a bu un coup ? Bleeder Odd en personne ! J'ai trinqué avec Bleeder Odd. Je peux mourir en paix maintenant.

– Tu as vu Bleeder ?

– Ouais. Il était au *Bell*, en costard, et il bavardait avec son portable, comme un véritable être humain. Alors, on lui a tous offert une pinte. Je crois qu'on lui en devait un bon paquet, si tu vois ce que je veux dire. Quand on est partis, il avait une vingtaine de pintes devant lui sur la table. On s'est rachetés de toutes ces années de brimades.

Il gloussa joyeusement.

– Tu remets ça, Briscow? Tu ne peux pas laisser ma femme tranquille, hein?

Jeff Cooper apparut au milieu de la foule, en souriant un peu moins que la dernière fois qu'il avait lancé cette plaisanterie.

– Je croyais que tu boudais dans ton coin quand on est entrés. Y a que les pauvres types qui boivent tout seuls, mon vieux. C'est un peu ce que tu es, non? Regarde-toi, tu as l'air d'un détraqué. Pourquoi tu te laisses pas un peu pousser les cheveux et que tu t'achètes pas autre chose que des fringues d'ados?

– Euh… oui. D'accord, papa.

Harvey voulut prendre son verre, mais s'aperçut qu'il n'en avait pas. Pour une fois, c'était une bonne chose; ça voulait dire qu'il pouvait se concentrer sur ça, plutôt que sur Jeff.

– Une pinte de Guinness et un verre de vin blanc quand vous aurez une minute! lança-t-il au barman, avant de se tourner vers son petit groupe. Vous buvez quelque chose?

Harvey, Maisie et Rob, rejoints par Steve, s'assirent dans le coin. Jeff avait sa chaise à leur table, mais il passa presque toute la soirée dans l'encadrement de la porte avec les supporters de rugby, à brailler et parfois même à chanter, d'une manière qui, de l'avis de Harvey, ne pouvait pas conduire au bonheur conjugal. Toutefois, il ne s'intéressa presque pas à Jeff, ni à personne d'autre, à part elle. Chris et Rob parlaient politique, football, bière et musique ; c'était une conversation qu'il aurait pu réciter par cœur avant même qu'elle commence.

Alors, il bavarda avec Maisie Cooper. Quand il y repensa par la suite, il trouva cela étrange : alors qu'en début de soirée, il croyait que rien, sauf un tremblement de terre, ne pourrait lui faire oublier les événements de l'après-midi, ce souvenir dut s'imposer à lui de force, tant il était absorbé par Maisie.

De quoi parlèrent-ils ? En rentrant chez lui à pied, Harvey se posa la question, mais aucune réponse ne lui vint à l'esprit. Aucune, du moins, qui puisse rendre compte du plaisir qu'il avait eu à lui parler. Et à l'écouter. Elle était intéressante, elle connaissait des choses. Pas uniquement sur la bière, le sport ou la musique, mais sur les gens et les idées, des choses qu'il jugeait importantes jadis, mais qui, d'une manière ou d'une autre, s'étaient égarées dans la boutique de bandes dessinées, à mesure qu'il vieillissait, sans obtenir ce qu'il voulait, ni même savoir ce qu'il voulait. Quand, à l'occasion, Rob ou Steve avaient tenté de se joindre à leur conversation, généralement pendant que l'un des deux titubait jusqu'au bar ou jusqu'aux toilettes, Maisie s'était montrée sympathique et ouverte, mais elle leur avait bien fait comprendre, aux yeux de Harvey en tout cas, qu'elle avait hâte de reprendre leur tête-à-tête.

Une ou deux fois, Harvey avait surpris une lueur interrogatrice dans l'œil de Steve ou de Rob, souvenir d'un autre siècle, mais il l'avait ignorée. Qu'ils pensent ce qu'ils veulent; il ne pouvait répondre à ces regards car il ne savait pas ce qui était en train de se passer. Alors qu'il remontait Trelawney Road, transi de froid, mais souriant, un peu avant minuit, il songea que les jours qui changent votre vie sont rares. Or à cet instant, il lui semblait fort probable que celui-ci entre dans cette catégorie, pour deux raisons qui n'avaient aucun rapport. Cela le fit sourire et, parce qu'il avait bu un whisky en guise de dernier verre, cela le fit chanter. Et donc, il termina la soirée en entonnant une version solo, plaintive et un peu hésitante du *Reeling in the Years* de Steely Dan (la chanson était passée dans le pub). Alors que quelques heures plus tôt, il aurait parié gros sur le fait qu'il ne chanterait plus jamais.

11

– Haaaarvey ! Debout ! Tu as une fête qui t'attend aujourd'hui.

En cherchant à tâtons ses cigarettes dans le noir, Harvey entendit la voix et ferma les yeux de toutes ses forces. Ça n'allait pas du tout. On aurait dit que quelqu'un s'était introduit dans sa bouche durant la nuit et s'en était servi comme toilettes ; il avait au fond de la gorge une matière inconnue et malodorante, et en même temps, une sorte d'humidité visqueuse et anormale sur la langue. Sa tête semblait avoir été remodelée de telle manière qu'une pointe appuyait maintenant sur la douleur aveuglante entre ses yeux. Son ventre s'étalait autour de lui, gélifié, il pendait sur les côtés, formait un anneau autour de son corps allongé. Depuis une heure si matinale qu'il n'osait pas y penser, son père ne cessait d'aller et venir dans le couloir devant sa chambre en faisant du bruit. C'était une manie familiale, une des nombreuses raisons pour lesquelles Harvey retournait rarement chez lui pendant les vacances.

Aujourd'hui, Donald Briscow avait braillé : « Ann, tu sais où est ma perceuse ? J'en ai besoin. Je veux mettre un crochet dans le mur, pour le tableau. Ça fait une éternité que je veux accrocher ce tableau… »

Sa mère avait répondu en criant elle aussi, puis il y avait eu des chocs, des claquements de porte accompagnant la découverte de la perceuse, et après cela, bien évidemment, les bruits de perceuse elle-même, prolongés. Après quoi, il y avait eu de nouveaux braillements pour que sa mère vienne admirer le tableau…

Allongé sur le dos, Harvey alluma une cigarette, entrouvrit les yeux, puis les referma aussitôt.

– Tu ne dois pas manquer ça, mon chéri, c'est ton dernier jour.

Il essaya de se rappeler ses rêves. Ils étaient peuplés non pas de jolies femmes empressées, dans des bars à vin, qui le trouvaient fascinant, mais de couloirs obscurs et d'ombres. Il courait, il s'en souvenait, il entrait en courant dans… oui, c'était bien ça, dans sa propre boutique. Mais les lumières étaient éteintes et il ne voyait presque rien. Il flottait un sentiment de malaise. Quelque chose clochait. Il y avait là des gens qui n'avaient rien à y faire. Une chose affreuse s'était produite. Soudain, tout lui revint en mémoire, d'un seul coup. « Merde. » L'air était froid sur ses bras nus ; il se blottit sous l'édredon, en s'efforçant de ne pas faire d'autres trous de cigarette dans le couvre-lit qui présentait déjà les stigmates d'une couverture de fumeur ivre.

Pendant quelques minutes, il n'eut qu'une seule envie : s'enfoncer plus profondément dans cette caverne sombre, chaude et un peu puante, qu'il s'était fabriquée et y rester jusqu'à ce que tout disparaisse. Mais une bouffée d'adrénaline l'obligea à s'asseoir dans le lit ; il poussa un cri lorsque la pointe frontale de son crâne percuta le jour et il se mit debout péniblement. Il fallait qu'il sache ce qui se passait. Jamais dans toute son existence il n'avait prié si intensément pour si peu. Tout ce qu'il voulait, c'était qu'il ne se passe absolument rien.

Le cerveau humain rassemble et stocke des informations avec une profusion extraordinaire, juste au cas où, par hasard, elles pourraient servir. Harvey n'aurait jamais pu supposer qu'il savait à quelle heure le *St Ives Chronicle* était livré chez ses parents chaque matin. De fait, il aurait affirmé avoir toujours refusé de s'intéresser au journal local, d'un amateurisme bordélique. Pourtant, à 10 heures tapantes, il attendait sur le paillasson et il ne fut pas déçu. Horrifié, certes, mais pas déçu. Le meurtre s'étalait sur trois colonnes en première page et présentait autant de fautes grammaticales que de spéculations erronées. Harvey se demanda, vaguement, avec quoi ils auraient fait leur une s'ils n'avaient pas eu cette info à temps. Sans doute quelque inauguration ou réfection de clocher, songeait-il avec regret.

L'article s'accompagnait d'une photo assez floue de la maison de Bleeder, qui ressemblait de manière inquiétante à toutes les scènes de crime que Harvey avait vues à la télé. La police avait été appelée sur place à 18 h 30 par le fils de la défunte, Charles Odd. Sa mère avait été assassinée avec un couteau de cuisine. Il y avait des signes d'effraction et la police recherchait un intrus. Le mobile du meurtre n'avait pas encore été établi. Le meurtrier s'était donné beaucoup de mal pour effacer ses traces, mais la police pouvait affirmer que des indices avaient été découverts sur les lieux du crime…

Bon Dieu. Harvey serra le journal contre lui et sentit une vague de nausée submerger sa gueule de bois et la porter à un niveau supérieur. Plié en deux, il s'accrocha au mur, puis il se redressa, les yeux fermés, le souffle coupé.

– Hé, froisse pas mon journal !

Donald Briscow se précipita dans le couloir pour lui arracher des mains le *Chronicle*; il fit la grimace et le défroissa soigneusement.

– Il y en a qui veulent savoir ce qui se passe dans le monde.

Harvey s'obligea à maîtriser sa respiration.

– Ann ! Ann ! Regarde ça ! (Briscow senior était consterné.) « L'Angleterre écrasée au Pakistan… » C'est honteux !

Il repartit, traînant les pieds et marmonnant, et Harvey s'appuya contre le mur, le temps que la vague de nausée passe ; il la laissa retomber et refluer.

– Je t'ai préparé du bacon, des saucisses et des œufs, Harvey. Avec des rognons et un peu de pudding au boudin noir de la semaine dernière. Viens donc manger, ça te fera du bien et ça te préparera pour la fête.

Harvey se rendit dans la cuisine et s'assit tout doucement à table. Sa mère déposa devant lui cet étal de boucherie et il le contempla avec dans la tête l'image de la gorge de Mrs Odd.

– Un meurtre a été commis, Harvey.

– Oui, les Pakistanais nous ont massacrés.

Son père vint s'asseoir à côté de Harvey.

– Je te sers une tasse de thé, Donald. Oh, une dénommée Odd, O.D.D., vers les nouveaux lotissements près de Trehendricks, assassinée par un intrus. C'est affreux, n'est-ce pas ? (La mère de Harvey fit claquer ses lèvres sous l'effet de l'excitation.) On se croirait à Londres.

– Tu amènes les ennuis avec toi, Harvey, pas vrai ? Si c'est pour faire ce genre de choses, je préfère que tu fasses ça là-bas, en ville.

Mr Briscow ricanait.

– Allons, ce n'est pas drôle, dit Mrs Briscow en ricanant elle aussi. Cette pauvre femme assassinée dans son lit…

– Dans son lit ?

Harvey, qui continuait à regarder fixement son petit déjeuner, sortit de sa torpeur l'espace d'un instant.

– Ou je ne sais où.

– Dans la cave. (M. Briscow avait le journal.) Le meurtrier l'a égorgée dans la cave. C'est le mal à l'état pur. Je comprends pas comment tu peux dire qu'il mérite pas d'être zigouillé pour ça, Harvey. Il faudrait le tuer comme une bête, voilà tout. Ça éviterait que ce genre de choses se reproduise en permanence. Mais non, les belles âmes veulent lui offrir une aide psychologique et le relâcher au bout de vingt minutes pour qu'il puisse recommencer. Ces individus sont des monstres, Harvey, il faudrait mettre fin à leurs souffrances.

– Oh, bon sang.

Harvey mit dans sa bouche un rognon de mouton mal cuit et essaya de mâcher. Ça avait un goût de viande ; il sentait le sang couler sur sa langue. Une grimace remplie de fatigue traversa son visage. Il ne s'était pas aperçu qu'il était à ce point fatigué.

– Qu'est-ce qui ne te plaît pas, Harvey ? (Sa mère était scandalisée.) C'est de la bonne nourriture saine. Tu devrais tout manger, tu en as besoin.

– Oui, c'est pas ces conneries végétariennes qu'on trouve à Londres. Les germes de luzerne et les pousses de soja !

Chose rarissime, Harvey se concentra sur ce que disaient ses parents. Il avait essayé parfois de se représenter Londres telle qu'ils la voyaient : un lieu de violences permanentes où les gens ne mangeaient que de minuscules portions de légumes, avant d'aller voir des films pornographiques et de consommer de la drogue. En fait, ce n'était pas si éloigné de sa propre expérience de la capitale. Il essaya de sourire, mais grimaça de nouveau car cela lui donnait mal à la tête. Il enfourna un morceau de pudding au boudin noir et puis, comprenant trop tard qu'il s'agissait d'un défi bien plus redoutable qu'il ne l'imaginait, il se mit à mâcher.

– Il est écrit que le fils, Charles Odd, trente-cinq ans… Pourquoi est-ce qu'ils nous donnent toujours l'âge des gens ? Qu'est-ce que ça peut nous faire quel âge il a ?… est allé à Trehendricks… Hé, Harvey, ça voudrait dire qu'il était dans ta section.

Mr Briscow regarda son fils avec un véritable intérêt, pour la première fois autant que Harvey s'en souvienne, et Mrs Briscow se leva d'un bond et se colla derrière son mari pour vérifier cette information par-dessus son épaule.

– Oui, certainement. Charles Odd, Harvey. Tu dois le connaître. Attends, laisse-moi réfléchir… Est-ce qu'on connaît un Charles… Il y avait un Charles dans ton équipe de foot ? Non, c'était un Christopher, hein ? Charles ? Charles ? Tu le connais, Harvey ? Oui, c'est forcé !

Accablé par l'expérience du pudding au boudin noir et troublé par l'enthousiasme de ses parents, Harvey hocha la tête.

– Oui, parvint-il à articuler, en continuant à se débattre avec des morceaux de peau coincés entre ses dents. Je le connaissais, mais je ne l'ai jamais vraiment fréquenté. Mais oui. Je l'ai revu à la réunion samedi…

– Tu l'as vu à la réunion ! (Ses deux parents se jetèrent telles des mouettes affamées sur ce petit bout d'information.) Tu l'as vu samedi, et le dimanche sa mère a été assassinée ! déclara Mrs Briscow triomphalement.

Harvey fronça les sourcils.

– Et alors ? demanda-t-il. Tout le monde l'a vu. C'est pas un crime de l'avoir vu.

– Ne sois pas sur la défensive comme ça, Harvey. Ça ne fera qu'attirer davantage les soupçons.

– Fais pas chier, papa.

– Si c'est toi qui as fait le coup, tu ferais mieux d'avouer.

– Écoutez. Peut-être que vous trouvez ça drôle…

– La police voudra peut-être t'interroger, Harvey.

Les yeux de Mrs Briscow brillaient.

– Bordel de…

– Harvey !

– Surveille ton langage, tu n'es pas à Londres ici.

– Pourquoi est-ce que la police voudrait m'interroger, bon Dieu ? Je l'ai juste entraperçu à la réunion. On a à peine échangé deux mots. Alors, bordel de…

– Tu lui as parlé ! Je croyais que tu disais que tu ne le connaissais pas. Tu lui as parlé, et le lendemain, sa mère est assassinée.

– Nom de Dieu…

Harvey avait l'impression que ça ne s'arrêterait jamais. Pourquoi avait-il assisté à cette insupportable réunion dans cette petite ville merdique, pour se retrouver avec ces gens affreux qui lui posaient des questions impossibles au petit déjeuner et lui faisaient manger des choses épouvantables qui avaient le goût de la mort? Il frémit de la tête aux pieds.

– Mange ton petit déjeuner, mon chéri, ça te fera du bien et ça te préparera pour la fête. En attendant, parle-nous de Charles Odd. De quoi vous avez discuté à la réunion?

Harvey remplit sa bouche de pudding. Ça lui semblait être la meilleure façon de s'empêcher d'éclater en sanglots.

12

Ce qu'il y a de pire quand on vieillit, c'est les habitudes qui deviennent des traditions. La fête du déjeuner en était une de plus désormais: après chaque réunion, ils allaient chez Steve et ils restaient debout dans son salon, à boire trop tôt, mal à l'aise. À cette gêne s'ajoutait généralement, pour Harvey, le fait que Steve avait deux enfants, et maintenant trois; or il n'était pas doué avec les enfants. Même si ses centres d'intérêt étaient, de son propre aveu, presque exclusivement juvéniles, il n'aimait pas les partager avec... des enfants, justement. En outre, il détestait ces saloperies de Pokemon, ce qui créait toujours un clash. Pourtant, aujourd'hui, il pensait à peine aux enfants. À vrai dire, il était disposé à faire semblant d'être un train, à construire n'importe quoi avec des rouleaux de papier toilette et même à regarder des animaux miniatures japonais si on le lui demandait. Il éprouvait un puissant et ardent désir de normalité. Il voulait s'ennuyer.

Rétrospectivement, en pensant à cette petite fête, Harvey eut beaucoup de mal à analyser ses réactions émotionnelles. Il était arrivé avec un tas de sujets de préoccupations en tête, bien plus qu'il n'en avait jamais eu, pourtant il avait passé presque toute la première partie du déjeuner à parler de sexe avec des types encore moins experts que lui dans ce domaine, et ce n'est pourtant pas facile à trouver.

Comment en était-on arrivé là? Ce n'était pas très clair. Il avait débarqué en quête d'ennui et de banalité, et il en avait trouvé en abondance tout d'abord. Puis quelqu'un parla du meurtre. Débuta alors une discussion sur Bleeder et sa mère, et Harvey ressentit soudain le terrible besoin d'y mettre fin, comme si les anciens de l'école, entre eux, allaient élucider le crime et le montrer du doigt. Aussi souligna-t-il, un peu au hasard, qu'il s'agissait peut-être d'un crime sexuel, et que la presse locale se montrait discrète pour ne pas blesser Bleeder. Cette remarque entraîna une expression de doute généralisée: qui pouvait souhaiter avoir des rapports sexuels avec la vieille Mrs Bleeder? Harvey, mû par le désir d'entraîner la conversation vers d'autres sujets ou par quelque obscur relent de galanterie, se sentit obligé de défendre les personnages âgées, en tant que cibles sexuelles potentielles. Ce qui provoqua une remarque de Steve, comme quoi Harvey aimait peut-être «les vieux pots». À partir de là, la discussion prit un tour personnel, et Harvey, sur la défensive, se surprit à rougir. «Non, baiser les vieilles, c'est pas mon truc, pauvre connard.» Telles étaient exactement les paroles qu'il était en train de prononcer dans une pièce silencieuse où se trouvaient, entre autres, deux enfants de six et trois ans, ainsi qu'un bébé, quand Maisie Cooper arriva. Il y eut un long silence, traversé par quelques ricanements émanant des hommes regroupés autour de Harvey.

– C'est bon à savoir, Harvey. (Jeff Cooper venait d'arriver, lui aussi.) Mais ta mère doit être effondrée.

Nombre de fumeurs pestent contre les interdictions qui entourent leur vice. Harvey, lui, les avait toujours bien accueillies. Faire partie d'une minorité rejetée, être opprimé, c'était une chose dont il avait rêvé secrètement durant presque toute sa vie d'adulte. Rien de trop dur, évidemment, ni racisme ni violation des droits de l'homme, mais les petites injustices dont souffrait le fumeur dans un monde non fumeur, ça lui convenait très bien. Voilà pourquoi il nourrissait une rancœur injuste, mais réelle, envers Steve qui était suffisamment large d'esprit pour disposer des cendriers dans tous les coins de son salon. Il ne pensait pas à la santé de ses enfants, ou quoi? À Londres, personne n'aurait eu l'idée de se comporter de manière aussi décadente.

Harvey brûlait d'envie de sortir dans le jardin calme, de relever le col de sa veste afin de se protéger du froid, en gémissant peut-être un peu, en poussant son soupir certainement, pour aller fumer tristement. Au lieu de cela, il était coincé au milieu d'un groupe de types qui parlaient de fétichisme sexuel.

– Et les aspirateurs? Ce que j'aimerais savoir, c'est qui a découvert ça, disait Rob, au moment où Maisie les rejoignit. (Il s'interrompit.) Bonjour, Maisie. On parlait des activités sexuelles avec des ustensiles ménagers, expliqua-t-il. Au cas où ce genre de choses t'intéresserait.

Cela déclencha un regard lubrique collectif auquel Harvey refusa obstinément de se joindre.

Maisie sourit.

– Non, à vrai dire, je préfère les outils de jardin. As-tu visité le jardin, Harvey?

– Euh… non, mentit-il d'une voix forte pour masquer les soupirs mélodramatiques qui émanaient du cercle autour de lui.

– Vas-y doucement avec H, Maisie. Il débute. Peut-être qu'il n'est pas encore prêt pour la tondeuse. Limite-toi au sécateur…

Harvey la suivit dehors par la porte-fenêtre ouverte.

Le temps avait viré à la pluie et un crachin assombrissait par endroits son blouson en jean. Ils firent le tour de la maison et trouvèrent un abri sous un saule dépouillé. Elle lui prit une cigarette et il dut mettre ses mains en coupe pour la protéger du vent. Pendant un instant, ce fut comme s'il lui tenait les mains, comme s'il la protégeait.

– Merci.

Elle le regarda et il baissa les yeux, concentré pour allumer sa cigarette. Puis il releva la tête et croisa son regard. Il frissonna. C'était la première fois qu'il la voyait à l'extérieur ; le vent dérangeait ses cheveux roux sagement coiffés et dessinait un cadre plus sauvage pour son visage. C'était comme si elle se débarrassait de son côté civilisé, l'espace d'un court instant, pour devenir plus animale. Il grogna.

– Bon sang, ce que tu es jolie.

Jamais il n'avait dit une chose pareille et Maisie parut troublée, mais il ne le retira pas.

– Merci. Mais tu ne devrais pas dire ça.

Il se demanda s'il avait trop parlé, ou trop tôt, mais en vérité, il s'en fichait. Ce n'était pas une journée où on se souciait de ce genre de subtilités.

– Il te le dit, lui aussi ? Je parle de Jeff. Il devrait te le dire toutes les heures. Si tu étais avec moi, je te le dirais toutes les heures.

Rétrospectivement, Harvey avait du mal à imaginer qu'il ait pu dire ces mots-là à un autre être humain. Il était bien forcé de se demander si le fait d'avoir été impliqué dans un crime grave avait provoqué en lui une sorte de réaction chimique: il était devenu l'amant intrépide et irrésistible qu'il avait toujours rêvé d'être. Dans ce cas, le prix à payer était terrible, mais à ce moment-là, il ne le regrettait pas.

– Non, il ne me le dit pas, et tu ne devrais pas le dire, non plus.

Cela ressemblait à une critique, mais Harvey perçut le désir dans la voix de Maisie et il sentit son estomac se nouer. Soudain, il découvrait combien il avait envie d'elle. Il ne se souvenait pas d'avoir désiré autant quelque chose. Sauf, bien entendu, le *Superman numéro un*. Il grimaça et tourna la tête pour se retrouver face à une émotion bien différente: il revoyait la couverture plastifiée, maculée d'empreintes de doigts sanglantes.

– C'est drôle, j'ai accompagné Jeff à contrecœur. Je pensais que j'allais détester ça.

– Et ce n'est pas le cas?

Il n'avait pas nettoyé les empreintes sur la BD car elle n'était plus là. Il sentit revenir la nausée et la certitude soudaine que les choses n'allaient pas bien se passer.

– Non, pas totalement. Pas totalement.

Harvey se retourna et constata que Maisie ne le regardait plus. Elle aussi s'était retournée, si bien que pendant un instant, ils avaient été dos à dos. Il savait que c'était le moment, mais aussi que ça n'était pas du tout un bon moment. S'il trouvait les mots justes maintenant, il pourrait peut-être obtenir cette chose dont il venait de s'apercevoir qu'il la désirait plus que tout le reste. Y compris *ça*.

Surtout *ça*. Merde. Il avait eu du sang plein les mains. Il le sentait encore sur ses doigts, il sentait encore cette matière collante et dégoulinante, comme du poulet KFC, quand il s'était lavé. Il secoua la tête de droite à gauche, indifférent à la nausée qui enveloppait son cerveau comme un rideau de tulle, comme ce rideau de tulle gris. Merde, merde, merde.

– Oh, bon Dieu, Maisie, je ne sais pas quoi faire.

C'était sorti sans qu'il s'y attende, comme un cri étranglé, dans lequel il percevait des sanglots. Il était au bord des larmes, alors qu'il ne pleurait jamais, sauf devant *ET*, jamais pour des choses vraies, et voilà qu'il allait pleurer devant une femme qu'il voulait absolument impressionner.

– Oh, nom de Dieu.

De manière totalement inattendue, là encore, l'horreur du sang et de la mort œuvra merveilleusement en sa faveur. Moins d'une seconde plus tard, Maisie était dans ses bras.

– Oh, Harvey!

Harvey lui-même avait conscience qu'il aurait sans doute pu porter un meilleur prénom à cet instant, et il voyait bien ce qui lui avait manqué durant toutes ces années, dans ses rapports avec les femmes: de la profondeur. Or il venait d'en acquérir une quantité énorme, tout à fait par hasard et du jour au lendemain.

– Oh, bon sang, tu es merveilleuse!

En outre, il était en âge de savoir que, quelles que soient les circonstances, dans des moments comme celui-ci, un total abandon était la seule ligne de conduite possible. Alors, il se perdit dans les cheveux extraordinaires de Maisie. Elle sentait le miel chaud et il remercia un dieu en qui il n'avait jamais cru d'avoir pris une douche ce matin-là. À partir de ce moment, il oublia tout et il la laissa s'accrocher à lui comme s'il était un obstacle à tous les tourments du monde. Et peut-être qu'il la serra contre lui pour la même raison. Toujours est-il qu'ils restèrent longuement accrochés l'un à l'autre, tels deux combattants qui avaient jeté leurs épées et placé toute leur confiance dans leurs boucliers, simplement. C'est ainsi que les découvrit Jeff Cooper, évidemment, quand il sortit pour chercher sa femme.

Ce fut une scène effroyable, aggravée par le fait que tous les amis de Harvey sortirent par les portes-fenêtres et firent le tour de la maison pour y assister. Jeff fonça vers Harvey avec une véritable violence et celui-ci, à sa grande honte, oubliant son rôle protecteur, s'enfuit. Il courut dans le jardin tel un gros labrador pataud, en évitant les arbres et se servant de la cabane, à un moment, comme d'une barrière : il courait dans un sens, Jeff dans l'autre.

– Espèce d'infâme salopard !

Quand il était en colère, Jeff avait une façon bien à lui de parler, d'un ton grave et hargneux, même quand il courait, et Harvey perçut dans sa voix les échos de sa propre souffrance. Il avait conscience du silence qui l'entourait. Pourquoi est-ce que personne ne criait : « Allons, Jeff, laisse tomber. Il n'en vaut pas la peine… », ce genre de choses ? Et elle, pourquoi elle ne disait rien ? Tous semblaient rendus muets par la véhémence et la légitimité de la colère de Jeff.

Harvey comprit alors, soudainement, que Jeff rêvait de cela depuis longtemps, et bien qu'ils aient fait semblant d'être amis à une époque parce qu'ils étaient tous les deux populaires à l'école, Harvey grâce aux bandes dessinées, Jeff grâce au rugby, ils se détestaient en réalité, les plaisanteries cachaient le mépris. Et voilà que Jeff avait trouvé la meilleure des excuses pour faire ce qu'il mourait d'envie de faire.

D'ailleurs, si Harvey avait eu le temps de s'interroger, sans doute se serait-il rangé du côté de Jeff. Il avait des principes très stricts au sujet des types qui volaient les femmes de leurs copains ; c'était comme ne pas payer sa tournée au pub ou coucher avec des filles ivres. Mais il n'eut pas l'occasion de s'attarder sur la question ; il était occupé à fuir. Il eut le temps néanmoins de se dire, brièvement, qu'il passait quelques journées extraordinaires et de se demander si tous les événements dramatiques qui bouleversent une vie allaient lui arriver au cours de ce week-end prolongé. Après quoi, de manière aussi horrible qu'inévitable, il se fit prendre.

Cela arriva au moment où il repassait à toute vitesse devant le saule. Il avait vaguement formé le projet de courir le long de la maison, pour atteindre le jardin de devant, puis la route. Alors, il avait foncé derrière la cabane de nouveau pour tromper Jeff et une fois hors de vue, Harvey s'était élancé sur la pelouse, le souffle coupé, sous les branches du saule (ce n'était pas facile de sprinter plié en deux, mais il essaya quand même) et il était ressorti de l'autre côté. Hélas, Jeff occupait le poste de troisième ligne au rugby et il était habitué à traquer l'adversaire. Il ne s'était pas laissé prendre par le coup de la cabane et il réapparut très rapidement. Il choisit une manœuvre simple qui consistait à courir le long du mur de la maison, en évitant ainsi les branches, et comme il n'avait pas besoin de se plier en deux, il attrapa Harvey au moment où celui-ci émergeait de son abri. Il le frappa violemment à l'estomac et Harvey, qui suffoquait déjà comme un asthmatique dans une partouze, eut l'impression d'avoir été placé soudain à l'intérieur d'une bulle sans air, un vide en forme de ballon qui allait l'élever dans le ciel et l'emporter loin de cette terrible scène.

Alors qu'il se pliait en deux, Jeff le frappa de nouveau, au visage cette fois, et il l'atteignit à l'œil droit. Harvey sentit à peine ce deuxième coup. Tout son corps essayait de se rappeler comment on respirait. Quand il s'écroula au sol, l'herbe lui chatouilla le nez, et l'espace d'un instant, il se retrouva sur la route près de la maison de Bleeder, il avait posé ses doigts pleins de sang sur la bande dessinée, puis la bande dessinée s'était volatilisée. Comment des choses peuvent-elles se volatiliser? Peut-être comme ça…

La bulle le faisait dériver dans le vide, le sol était doux comme un oreiller, il avait l'impression de s'y enfoncer. Peut-être que la bulle allait descendre au lieu de monter, aspirée et avalée par la terre. Il savait qu'il avait reçu un coup de pied et qu'après cela, galvanisés sans doute par l'idée que deux meurtres c'était trop pour une seule réunion, les autres invités étaient intervenus pour entraîner Jeff à l'écart. Au loin, il entendait Maisie qui disait: «Je te déteste, c'est fini…», des trucs dans ce genre. Un instant, il se demanda si elle s'adressait à lui, puis il comprit que non et il s'en réjouit.

13

La chambre d'amis de Steve était d'une propreté étrange que Harvey trouvait reposante. Il y avait des penderies encastrées, blanches, avec des poignées dorées. Et une coiffeuse assortie, dont les pieds s'ornaient de fioritures que Harvey qualifia, après réflexion, de style Barbie. Les murs couleur pêche étaient égayés par des pastels représentant des souris en costumes victoriens.

Une des personnes de la bande, Jessica, qui avait épousé Bob, un gars de Bristol qui travaillait dans l'immobilier, avait suivi une formation d'infirmière. Gentille et douce, elle posa tendrement ses mains sur le visage de Harvey, sur son ventre, sur ses côtes, là où il avait reçu un coup de pied. Harvey eut une demi-érection malgré lui ; il espéra que ça ne se voyait pas. Puis elle le laissa seul un instant et il resta allongé sur le dos, à contempler le plafond rose pâle. Il songea que c'était peut-être de cette façon que les gens faisaient face pendant les guerres : il leur arrivait tellement de choses inquiétantes, en si peu de temps, que leurs cerveaux finissaient par tout mélanger. L'esprit ne se donnait plus la peine de réagir ; il laissait les événements se dérouler. C'était ce qu'il ressentait : il avait franchi un pas décisif au-delà duquel plus rien ne comptait, il avait atteint un endroit de quiétude zen. La dernière chose que lui avait demandée Jessica l'infirmière en sortant était: « Ça va ? » et il avait répondu vaguement, par l'affirmative, dans un murmure. Mais en vérité, il ne savait pas si ça allait ou pas. L'impression d'être à l'intérieur d'une bulle et de flotter s'était prolongée après qu'il avait retrouvé son souffle. Il avait un sentiment de douleur potentielle. Tôt ou tard, son œil, son ventre et ses côtes allaient vraiment lui faire mal. Mais pour l'instant, il était encalminé, il dérivait sur une mer rose et pêche, puis il s'enfonça dans un sommeil profond et paisible.

Ce fut Steve qui le réveilla deux heures plus tard environ.

– Ça va, H ?

Debout près du lit, il paraissait inquiet et pendant un instant, Harvey se demanda ce qui l'inquiétait ainsi. Peut-être était-ce lié à ces effroyables travaux de perceuse auxquels s'était livré son père sous le lit et qui semblaient l'avoir transpercé sur le côté. Puis le rêve s'enfuit, Harvey se redressa et beugla. Merde. Trois raisons différentes d'être extrêmement inquiet lui vinrent immédiatement à l'esprit, ce qui chassa pour de bon le rêve.

– Merde. Steve, où est Bleeder, bordel ?

– Hein ?

– Merde. Je voulais dire: où est Maisie, bordel ?

– Elle est partie. Juste après la bagarre. Jeff aussi. Je crois qu'ils ont eu une scène. (Steve s'assit au bord du lit.) J'espère que ça ne veut pas dire que tu ne reviendras pas, H. J'espère que ça ne t'a pas gâché nos petites fêtes. On les attend toujours avec impatience, sincèrement…

– Hein ? Écoute, Steve… Elle est partie quand ? Où est-elle allée ? J'aurais dû… faire quelque chose.

– Genre te prendre encore quelques coups de pied ? (Steve ricana discrètement.) Ne t'en fais, Maisie est capable de prendre soin d'elle-même. Ils ont dû rentrer chez eux pour discuter. Comment tu te sens ?

– Moi ? Oh, super. (Le papier peint et la décoration inspirèrent Harvey.) J'ai une super-pêche et je vois la vie en rose, Steve. Et toi, vieux, ça va ?

– Oh, moi, ça va très bien. Mais toi, tu es vraiment un connard.

– Hein ?

– Essayer de piquer la nana de Jeff Cooper. À croire que tu es complètement givré. Dix sur dix pour le courage, mec, mais zéro pointé question jugeote. Si on ne l'avait pas arrêté, il t'aurait tué.

– Oui, je sais.

Harvey chercha ses cigarettes, et voyant que son blouson était sur la chaise blanche et dorée à côté du lit, il tendit le bras et hurla de nouveau.

– Faudra que tu me donnes le nom de ton décorateur, murmura-t-il en bougeant beaucoup plus lentement. Qu'est-ce qui se passe en bas ? D'autres drames ?

– Euh, oui et non, en fait. C'est pour ça que je suis monté.

– Quoi ?

Steve baissa la voix.

– Bleeder est ici.

– Quoi ?

– Bleeder Odd, tu sais bien, Charles Odd, comme il veut qu'on l'appelle. Il est en bas.

– Mais sa mère vient d'être assassinée.

En fouillant dans ses poches de blouson, Harvey avait réussi à sortir et à allumer une cigarette terriblement écrasée, qui resta collée à sa lèvre inférieure sèche quand il regarda Steve bouche bée.

– Oui, je sais. Je me demande ce qu'il fout ici.

– Tu l'as invité ?

Harvey se servit d'un pot-pourri décoratif posé sur la commode en guise de cendrier.

– Oui. On est tombés sur lui hier, à l'heure du déjeuner, quand on se bourrait la gueule. J'étais déjà un peu beurré et j'ai peur d'avoir été légèrement grossier.

– Pourquoi ? Qu'est-ce que tu lui as dit ?

– Que j'étais navré qu'il ait pas pu se joindre à nous la veille au soir parce qu'il était trop zarbi, mais que s'il voulait venir aujourd'hui, on serait très heureux de le recevoir. Un truc dans ce genre.

– Sympa.

Harvey enfouit son visage dans ses mains et faillit se brûler. Ses poumons s'enflammèrent quand il tira sur sa cigarette ; il grimaça, mais ne la retira pas de sa bouche.

– J'ai pensé que… vu que tu le connaissais mieux que nous, tu pourrais peut-être descendre. C'est un peu gênant qu'il soit là, faut bien le dire. Je ne sais pas de quoi lui parler.

– Comment ça, je le connaissais mieux ? Je ne le connaissais pas mieux que… Oh, salut, Blee… Charles.

Bleeder venait d'entrer dans la chambre et il marchait à grands pas vers le lit.

– Oh, ça va, vieux ?

Steve se leva d'un bond et fonça vers la porte en croisant Bleeder. Il tenta de lui donner une petite tape dans le dos au passage, sans conviction, loupa son coup et s'en alla.

– Je te laisse un moment, H. Descends quand tu te sentiras mieux, OK?

– Non, attends ! Je me sens mieux…

Mais Steve était déjà parti et la porte s'était refermée.

– Ça va? demanda-t-il d'une toute petite voix.

– Hmm. Oui, ça.

– Tant mieux. Bien. Euh… j'ai appris pour ta mère…

– Oui ?

– Dur.

– Oui.

Harvey n'avait pas l'intention de dire ça. Il aurait voulu dire autre chose, mais l'image de la gorge tranchée de Mrs Odd avait fait irruption de nouveau dans son esprit. Il ne voulait pas parler de ce sujet. Il n'avait guère eu le temps de cogiter depuis la veille au soir, mais il savait que le meurtrier avait dû s'introduire dans la maison sans commettre d'effraction. Il n'y avait aucune trace de dégradation quand il était arrivé. Par conséquent, le suspect numéro un se trouvait un peu trop près du lit à son goût. Harvey recula sous les couvertures.

– C'est moche, je voulais dire. Tu dois être en état de choc et tout ça. D'ailleurs, je m'étonne que tu sois venu.

– Il fallait que je sorte de cette maison.

– Oh. Oui, bien sûr.

Harvey comprenait très bien. C'était une maison qui produisait cet effet.

– La police a une piste ?

C'était une question parfaitement naturelle ; il n'avait donc aucune raison de rougir et de s'agiter nerveusement en la posant. C'est pourtant ce qu'il fit.

– Ils cherchent un meurtrier.

La voix de Bleeder paraissait lointaine aujourd'hui, avec

une pointe malicieuse, et Harvey reconnut la voix du passé. Malgré son costume et sa cravate, sa coupe de cheveux qui avait sans doute coûté plus cher que les dernières vacances de Harvey, le vieux Bleeder était de retour.

– Ils compilent les indices.

« Compiler » était-il le bon mot ? Harvey n'en était pas sûr.

– Tu as l'air bizarre, dit-il, puis il s'empressa d'ajouter : Non, non, pas vraiment bizarre, plutôt perturbé. Tu dois être perturbé. Tu as grandement de quoi l'être, j'imagine. Parfois, j'aimerais bien que quelqu'un assassine mes parents, mais évidemment, en vérité, je serais très… perturbé.

– Oui. Ça m'a fait un choc. (L'espace d'un instant, le Bleeder nouveau, le Charles, ainsi que l'appelait Harvey maintenant, réapparut.) Ça a été un sacré choc.

Il s'assit au bord du lit, exactement comme l'avait fait Steve. Mais Harvey ressentit de manière très différente cette nouvelle intrusion dans ce qui était, somme toute, son espace personnel. Il s'éloigna légèrement en glissant sur le matelas.

– Il paraît que tu t'es battu.

– Euh, oui. Si on veut. C'était pas vraiment une bagarre, plutôt une sorte de combat de catch. Avec Jeff Cooper.

– Tu as embrassé sa femme.

– Non, pas vraiment. C'était plutôt…

– Du catch ? (Le nouveau Charles était de retour, souriant.) Visiblement, tu es un fan de catch.

– Non, pas vraiment, c'est juste que… C'était curieux, ces quelques jours.

– Mmmm. C'est vrai. (Bleeder plissa le front.) Je

regrette franchement d'être venu. Ça faisait des années que je n'avais pas mis les pieds ici et je ne sais pas pourquoi je suis revenu.

– Non… Dieu seul sait pourquoi on revient. Sans doute qu'il faut bien revenir de temps en temps, mais c'est sûr, je comprends que tu aurais préféré ne pas être là quand c'est arrivé.

Harvey observa Bleeder, mais celui-ci se contenta de hocher la tête.

– Mmmm? Oui. C'est vrai. J'aurais préféré rester à Londres. Ça ne sert pas à grand-chose de revenir…

Bleeder sembla voir dans le miroir cerclé d'or, sur la coiffeuse, une chose qui le tracassait car il secoua la tête et se retourna vers Harvey.

– Ma mère n'était pas une femme facile, déclara-t-il.

Bon, évidemment, les rumeurs à son sujet n'avaient pas toujours dit ça, mais Harvey ne le fit pas remarquer. Au lieu de cela, il se pencha vers le cendrier improvisé. Un spasme lui déchira les côtes une fois de plus et il gémit. Bleeder sembla ne rien entendre.

– À bien des égards, on était loin l'un de l'autre. Elle avait des problèmes; ça n'allait pas très bien dans sa tête. Il m'a fallu du temps pour m'en rendre compte. Et pour m'éloigner d'elle, pour quitter véritablement Saint Ives. En fait, je crois qu'il m'a fallu des années.

– Et te voilà de retour, dit Harvey, avec obligeance.

– Oui. Me voilà de retour. Mais elle n'est plus là. (Bleeder marqua une longue pause.) Je veux savoir maintenant. Je crois que je veux tout savoir maintenant.

– Tu veux savoir? Tu veux savoir quoi? Et d'abord, pourquoi me demander à moi? Qu'est-ce que j'ai à voir là-dedans? Je ne sais rien du tout.

Il se félicitait que Bleeder ne soit pas de la police, car en s'écoutant parler, même lui avait l'impression de paraître affreusement coupable.

– Tu y étais, dit Bleeder. Tu sais forcément.

– Je n'y étais pas. Je ne comprends pas ce que tu veux dire… Comment tu sais que j'y étais? Et toi, où tu étais? J'aimerais bien le savoir: où tu étais?

Harvey entendait sa voix qui montait vers des sommets de terreur qu'elle n'avait jamais encore atteints. Il croyait se connaître, connaître sa voix, et voilà que tout à coup, un inconnu braillait à l'intérieur de sa tête.

À cet instant, la porte de la chambre s'ouvrit et Jessica l'infirmière revint.

– Alors, on se sent mieux? chantonna-t-elle. Steve m'a dit que tu étais réveillé. Il a appelé tes parents, H. Il a pensé que tu aurais besoin qu'on te ramène chez toi. Ton père va venir te chercher.

– Oh. Bien, très bien.

Harvey rappela sa voix, comme s'il appelait un furet au fond d'un terrier. Alors qu'il prononçait ces mots, alors qu'il repoussait la panique au prix d'un gros effort de volonté, il parvint à sentir un léger regret à l'idée que son père vienne le chercher. Pourquoi n'était-il pas absent? Il savait mieux gérer sa mère.

Bleeder s'était levé et il regardait par la fenêtre sans rien voir.

– Bon, je… dit Harvey. On reparlera de tout ça, Charles.

Il se leva en laissant Jessica l'aider, même s'il pouvait se débrouiller tout seul. Elle sentait le savon et elle avait des mains si douces… Bleeder ne répondit pas.

– Je crois que… je vais descendre et… Je vais dire au revoir aux autres…

Une fois debout, Harvey se dirigea rapidement vers la porte. En passant, il se vit dans le miroir ovale.

– Bon Dieu, regarde ça! (Il examina les prémices d'un œil au beurre noir.) J'ai l'air d'un vrai boxeur.

Tout en essayant de contrôler la fierté qui remplaçait la panique, il repartit en direction de la porte.

– Bon… euh… À la prochaine, Charles, OK?

– Oui. Oui. À la prochaine, H… Harvey. Faut qu'on se parle. Je suis sûr qu'on va… se reparler.

– Euh… oui.

Harvey se jeta sur la poignée et s'enfuit.

– Une bagarre? (Mrs Briscow regarda Harvey avec la plus grande réprobation.) Tu es invité à une fête et tu te bats?

L'alcool et les bleus du début de l'après-midi commençaient à se faire sentir. Harvey n'avait qu'une envie: se rendormir.

– En fait, dit-il, on a juste chahuté. Pas la peine de revenir là-dessus.

Le coquard était assez joli et Harvey l'examinait dans le miroir de l'entrée. Il avait essayé d'expliquer à son père qu'il était tombé dans l'escalier, mais malheureusement, Steve lui avait tout raconté au téléphone.

– Mentir ou se battre, je ne sais pas ce qui est pire.

Harvey se regarda grimacer. Il avait vraiment cette tête-là quand il faisait ça? Il recommença plusieurs fois. Bon Dieu, il avait l'air d'avoir cinquante ans.

– Franchement, tu n'as plus l'âge de nous imposer ça, Harvey.

La voix de sa mère l'arracha tristement au miroir.

– Oui, désolé, maman. J'ai reçu des coups de poing au visage et des coups de pied dans les reins, mais c'est vous qui souffrez le plus, pas vrai ? Bon sang, ce que je peux être égoïste !

– Des coups de pied dans les reins ? Tu disais que c'était juste pour chahuter. Je ferais mieux de t'emmener chez le médecin, peut-être que tu saignes à l'intérieur.

– Non, je ne saigne pas à l'intérieur. Peut-être que je pleure à l'intérieur, mais ne t'inquiète pas pour ça.

– Ressaisis-toi, mon gars. (Son père lisait le journal maintenant.) Quand on se bat, il faut en accepter les conséquences ; ça ne sert à rien de chialer ensuite.

– Merci, papa. Tu es une grande perte pour le corps médical.

– Ton père conduisait les ambulances à l'armée, lui rappela sa mère.

– Oui, je sais, maman. On s'est déjà rencontrés, si tu te souviens. Ce qui compte, c'est que je sois en vie et je propose qu'on débouche le champagne au lieu de faire comme si j'étais un gamin de neuf ans qui s'est mal conduit. Sur ce, je vais monter dans ma chambre et y rester un long moment. J'ai reçu un choc et j'ai besoin de repos. Je ne veux pas qu'on me dérange. S'il y a des trous à percer dans les murs ou d'autres corvées à effectuer juste devant ma chambre, je vous prie d'avoir la gentillesse d'attendre que je quitte ce lazaret, demain à la première heure. OK ?

– À la première heure ? répéta Mr Briscow, l'œil brillant. À demain alors, fiston, à la première heure.

– Et puis, merde.

Harvey secoua la tête et sentit plus que jamais le poids de la fatigue.

– Et ne mets plus de cochonneries sous ton lit, s'il te plaît.

Sa mère était revenue dans la cuisine et elle fredonnait gaiement après avoir donné sa directive. Harvey était parvenu au milieu de l'escalier quand cette remarque atteignit son cerveau. Il redescendit prudemment.

– Pardon ?

– J'ai trouvé un sac de vêtements sous ton lit, tout sales. Je n'ose même pas imaginer ce que tu fabriques parfois. J'ai tout mis dans la machine à laver, deux fois, en même temps que tes tennis. Elles sont comme neuves maintenant.

– Euh… super. Merci, maman.

Il se mit au lit à 20 h 30, comme s'il avait neuf ans. La journée avait été très longue et pour une fois, juste une fois, c'était bon.

14

Pourquoi les parents aiment-ils attendre dans les gares? S'ils ont quelque chose à dire, ils peuvent le faire dans la voiture, ou bien avant de partir de la maison. Toujours est-il que les parents de Harvey poireautaient avec lui sur le quai de Penzance, dans un silence gêné, guettant un train qui avait dix minutes de retard.

– Vous pouvez y aller, si vous voulez. Pas de problème.

J'ai trente-cinq ans, nom d'un chien! Mais il ne pouvait pas leur dire ça car il avait une règle: ne jamais partir sur une note désagréable. Vous ne voulez pas que les dernières paroles échangées avec vos parents jusqu'au prochain Noël soient des paroles méchantes.

– Non, mon chéri, on reste avec toi. On veut te regarder partir. On te voit si peu qu'on profite de chaque minute.

La sensiblerie de sa mère l'atteignait au plus profond; il crut même détecter les prémices de quelques larmes.

– Bon, d'accord. C'est chouette d'avoir de la compagnie, en fait.

Pas la vôtre, évidemment, mais...

– Tu devrais maigrir un peu, Harvey.

Comme Harvey l'avait appris à ses dépens, son père

n'était pas sensible aux mêmes préoccupations concernant les départs. Il avait conservé un souvenir vivace du jour où il était parti à l'université (c'était la première fois qu'il quittait véritablement la maison) et des dernières paroles de son père : « Tu ne pourras pas faire moins bien là-bas qu'ici à l'école, hein ? » La moitié de son voyage en avait été gâchée. Qu'étaient-ce donc que ces adieux, alors que votre fils unique quitte la maison pour toujours ? Ne devrait-il pas y avoir une sorte de rite initiatique, une transmission de sagesse entre le père et le fils, plutôt qu'une insulte gratuite ? Où était le cérémonial ? Où était la passion ? Bon Dieu.

– Je t'emmerde.

Après tout, les règles étaient faites pour être brisées.

– Allons, Harvey, sois poli avec ton père.

– Il m'a traité de gros.

– Non. Il a dit que tu devrais maigrir un peu. Ce n'est pas la même…

– Il est gros.

– Fous-moi la paix. Tu n'es pas vraiment le symbole du grand-père qui fait rêver.

– Il n'est pas grand-père, Harvey. J'aimerais beaucoup, mais il n'est pas…

– Oh, putain ! Tu ne vas pas recommencer avec ça…

Et donc, les adieux dégénérèrent en insultes, comme presque toujours à vrai dire, règle ou pas.

Harvey avait attendu avec impatience ce long trajet de retour. Son père l'avait réveillé à 6 heures et demie en toussant derrière sa porte et en faisant les cent pas sur le palier. Harvey, qui se levait rarement avant 9 heures, accusait un peu le coup. Ce trajet, pensait-il, serait reposant. Il pourrait réfléchir clairement et posément. Il avait besoin d'analyser tout ce qui s'était passé. De prendre de la distance, au sens propre comme au sens figuré. De passer à autre chose. Mais au lieu de cela, il se retrouva, presque aussitôt, en train de tourner en rond. En décrivant des cercles de culpabilité. «J'aurais dû aller à la police immédiatement», «j'aurais dû trouver où elle logeait et lui téléphoner», «j'aurais dû rester et discuter de tout ça avec Bleeder». S'il avait eu un peu plus de courage, il aurait peut-être pu découvrir ce que savait Bleeder. Mais non, il avait laissé la porte ouverte à l'espoir et à la peur, à parts égales. Malgré tous ses efforts, au nom de son être futur, il avait fini par le laisser tomber et il s'en voulait. «Et si je ne sais jamais ce qui s'est passé?» C'était une des craintes qui l'assaillaient. Il était probable que la presse nationale ne couvre pas un meurtre commis dans les Cornouailles. Il pourrait difficilement appeler ses parents plus d'une fois par semaine sans éveiller leurs soupçons. Il était possible qu'il n'apprenne jamais rien de plus sur le meurtre de Mrs Odd. C'était très bien ainsi, évidemment, mais son sommeil en pâtirait à coup sûr.

Le trajet entre Penzance et Londres dure plus de six heures et il y a une limite à la dose de campagne anglaise que l'on peut endurer. Harvey avait un livre dans son sac, une biographie d'une rock star des années 1970. Mais bizarrement, les orgies de groupies et de drogues lui paraissaient un peu insipides; comparées aux dernières journées qu'il avait passées au bord de la mer, elles ressemblaient à une cure de sommeil. Alors, pour combattre les bouffées d'angoisse qui menaçaient de l'envoyer vomir dans les minuscules toilettes du train, il but plusieurs boîtes de bière Watneyss, outrageusement chères, tièdes et poisseuses, mais bonnes pour la mémoire. Il avait commencé peu de temps après le départ, à 10h15, et il sirotait sa dernière bière quand il arriva à Paddington à 16h30. À ce moment-là, il avait presque tout oublié.

Il avait emporté peu de choses à la réunion, et pourtant, son sac à dos lui paraissait lourd et encombrant. Trébuchant légèrement et glissant sur la surface lisse du quai, il envisagea d'abandonner son sac sur un chariot à bagages qui passait. Toutefois, sur quelques notes de *Should I Stay or Should I Go*, des Clash, qui jouait dans sa tête, il décida finalement de le garder. C'était le sien, après tout. Les gens le regardaient, constata-t-il, alors qu'il se dirigeait vers le métro et il leur sourit aimablement.

– Salut! lança-t-il gentiment. Je n'ai rien fait, au cas où vous vous poseriez la question. Je suis totalement innocent. Enfin, non... rectifia-t-il, pas totalement innocent, mais pas coupable non plus. J'ai brisé une fenêtre, nom d'un chien.

Il balança sur son épaule le sac qui pendait au bout de son bras, donnant sans le vouloir un coup à la vieille dame qui se trouvait derrière lui.

– Ah, faut pas marcher si près. *Don't Stand so Close to Me.*

Il chantonna une ou deux mesures de Sting en se retournant pour lui sourire, mais elle n'était plus là.

– Salut. Fait chier.

Il trébucha de nouveau et se dirigea vers un banc.

– Faut que je m'assoie.

Il resta là un moment, conscient de deux choses. Première chose : il avait réussi à se débarrasser des pensées qui tournaient en rond dans sa tête, elles avaient complètement disparu ; même si maintenant, c'était tout le reste qui semblait tourner. Deuxième chose : la gare était enjolivée par une sorte de fac-similé en plastique d'un pub anglais traditionnel, qui s'ouvrait sur le hall. Harvey avait l'impression d'avoir déjà bu dans cet endroit et il décida de revisiter cette époque. Cette poussée de nostalgie l'accompagna durant deux pintes, jusqu'à ce qu'il se sente prêt à repartir.

– Ciao ! lança-t-il à un homme un peu malodorant, mais très sympathique, dont il avait fait la connaissance. Bois-en une autre à ma santé.

Il lui tendit un billet de cinq livres et reçut en échange un large sourire.

– Merci, chef !

Sur ce, avec un sourire destiné à englober tous les autres clients du pub et même, à vrai dire, la race humaine dans son ensemble, il repartit vers le métro.

C'est en achetant un billet qu'il s'aperçut qu'il voulait se rendre à sa boutique au lieu de rentrer chez lui. Il voulait voir la seule chose, quand on regardait en face la cruelle vérité, qu'il avait réussie dans sa vie. Il voulait la toucher. Sentir qu'il était réellement de retour en ville. Accompagné par un court extrait de *Mack the Knife*, il se dirigea vers les tourniquets. Il avait confié la boutique à Josh durant ses quatre jours d'absence et Josh n'était pas digne de confiance. Il n'avait pas l'étoffe d'un patron. Un bon patron devait gérer son stock. Un bon patron faisait passer son travail avant sa vie personnelle. Alors, au lieu de prendre la ligne Bakerloo jusqu'à Charing Cross, Harvey prit la Circle Line jusqu'à Moorgate et il remonta à pied Charing Cross jusqu'à *Inaction Comix*, sous un léger crachin.

La boutique était plongée dans l'obscurité et il mit un certain temps à sortir ses clés. Comme la plupart des commerces du coin, un rideau de fer masquait la vitrine et la porte de haut en bas et Harvey essaya longuement d'introduire la clé dans la serrure située au niveau du sol, avant de s'apercevoir qu'il se servait des clés de chez lui. En ricanant et en lâchant un long pet explosif, il trouva enfin la bonne clé. Avec un grognement de satisfaction, il ouvrit le cadenas et souleva le rideau de fer. Il avait toujours aimé la façon dont le métal s'enroulait sur lui-même, et ce soir-là, il le fit deux fois avant de déverrouiller la porte. Il abaissa l'interrupteur et cligna des yeux dans la lumière aveuglante et douloureuse des rampes de néons. Délicatement, il referma la porte et regarda autour de lui.

Tout semblait en ordre. Personne n'avait volé la marchandise ni mis le feu à la caisse.

Il n'y avait aucune trace d'inondation ni d'invasion d'insectes. En gloussant de nouveau, Harvey contourna le comptoir pour se rendre dans l'arrière-boutique. Il n'était pas rare, quand il était ivre, qu'il dorme sur le grand canapé gris et crasseux qui occupait presque tout un mur. Il envisagea sérieusement cette possibilité. Était-il assez ivre pour passer la nuit ici ? C'était toujours un choix délicat. Le canapé était synonyme de repos immédiat, ce qui lui paraissait terriblement attirant tout à coup, mais ça voulait dire aussi se réveiller en ayant froid, tout habillé, en présence de Josh généralement, qui le toisait d'un air bienveillant. Comme beaucoup de choses dans sa vie, il y avait des avantages et des inconvénients.

Il prit la pile de courrier que Josh avait déposée sur le bureau, des factures principalement, et s'assit sur le canapé. C'était très inconfortable. Non, il ne voulait pas aller voir la collection de bandes dessinées d'un gamin de quinze ans; non il ne voulait pas un abonnement au câble; non, il n'avait pas besoin de quatre cartes de crédit supplémentaires; non, il n'était pas l'heureux gagnant de la tombola d'un million de livres. Josh ne s'était pas donné la peine de trier le courrier, parce qu'il savait qu'il n'avait pas le droit de l'ouvrir et que ça lui restait en travers de la gorge. Toutefois, pour l'empêcher de glisser et de tomber par terre, il avait empilé les enveloppes par taille en plaçant les plus grandes dessous. Par conséquent, l'enveloppe A4 en papier kraft, renforcée, servait de fondations à l'ensemble.

Harvey bâilla, habité par le sentiment qu'un tas de décisions se prenaient toutes seules, en vérité. Adossé contre les coussins du canapé qui empestaient le tabac, il déchira cette dernière enveloppe puis, après une légère lutte, il parvint à en extraire le contenu. Après quoi, il demeura assis longuement pour contempler ce qu'il tenait entre les mains. Un exemplaire en parfait état du *Superman numéro Un*, dans une pochette en plastique. Et sur la pochette en plastique, il y avait des empreintes digitales, rouges et étalées.

Harvey tint la bande dessinée dans ses mains pendant plusieurs minutes qui semblèrent l'aspirer, comme si le temps le vidait de tout l'alcool et de toute sa foi. Enfin, il se leva et retourna vers le bureau d'un pas mal assuré. Il prit ses clés sur le dessus et cette fois, il trouva la bonne immédiatement. Il ouvrit le tiroir du bas, là où se trouvait une petite caisse, il souleva la boîte en métal noir à l'intérieur, glissa le *Superman numéro un* dessous, remit la boîte à sa place, referma et verrouilla le tiroir. Puis il regagna le canapé à reculons, en reproduisant très exactement, et inconsciemment, ses mouvements précédents et se laissa tomber lourdement sur son assise impitoyable. Il resta couché là un long moment, éveillé, mais sans penser, sans réagir. Vide. Enfin, il sombra avec bonheur dans une obscurité totale.

15

– Tu as laissé la porte ouverte…

La voix de Josh semblait provenir du tiroir fermé à clé en bas du bureau, qui, curieusement, était enfoui sous des ronces dans le jardin de Bleeder.

– … toute la nuit, avec le rideau de fer levé.

Il y avait de la stupéfaction dans son ton, teintée d'une sorte de respect accordé à contrecœur.

– … J'arrive pas à croire que tu as fait ça.

Harvey se dépêtra de son T-shirt qui s'était entortillé autour de son cou, repoussa le coussin qui l'étouffait, chassa le rêve qui continuait à tournoyer dans sa tête et se mit assis. Puis il pesta. Contre tout.

– Touche pas à ça ! lança-t-il à Josh qui, pour tenter de se percher sur le bord du bureau, déplaçait la pile de courrier ouvert. Je vais m'en occuper.

Il se frictionna le visage pour effacer les rêves qui avaient envahi le néant profond, sombre et merveilleux de son sommeil alcoolisé, après quoi, en prenant appui sur le canapé comme un vieillard, il courut, jambes arquées, vers les toilettes. Josh crut entendre une cascade se déverser dans la boutique. Un long moment s'écoula avant que la chasse d'eau retentisse, bientôt remplacée par le bruit des robinets. Harvey réapparut, en s'essuyant le visage avec l'essuie-mains sale qui se trouvait dans les toilettes tout aussi sales.

– C'est une première, même pour toi, reprit Josh comme si Harvey ne l'avait pas quitté un seul instant. Toute la nuit ! N'importe qui aurait pu entrer, piquer tout le stock ou te buter. On peut dire que tu es verni.

– Verni ?

Le visage de Harvey émergea de l'essuie-mains.

Sous sa barbe naissante, la peau rose était marbrée de gris ; sa tête scintillait de gouttelettes. Il considéra ce mot pendant un moment, comme s'il examinait un manga pornographique rarissime.

– Je suis verni, tu dis ?

– Tu aurais pu te faire agresser.

– Oui, j'aurais pu.

Il regagna le canapé et s'y assit pour allumer une cigarette.

– Qu'est-ce qui s'est passé, au fait ?

– Hein ?

– Ton œil. Tu t'es battu, c'est ça ? Ou bien, tu es tombé ?

– Oh, oui. Quelques petites chamailleries, rien de grave.

– Ah. Joli. Tu veux un McBreakfast ?

Josh se comportait comme s'il avait affaire à un malade.

– Ouais. OK.

Harvey s'aperçut que Josh avait raison ; il avait besoin d'un McBreakfast.

– Un Big Breakfast ?

– Ouais.

– Combien ?

– Deux.

– Tu es sûr ?

– Oui… Non. Trois.

– OK. Je peux prendre cinq livres dans la petite caisse ? Je suis un peu raide.

– Oui, oui.

Harvey cherchait ses allumettes, qui étaient tombées du canapé durant la nuit. Le plus délicat était de poser la main sur le plancher sans se pencher en avant car cela lui faisait venir le sang à la tête, et la douleur surtout. Josh joua un instant avec ses clés, puis il commença à ouvrir le tiroir du bas du bureau. Mais il en fut empêché par Harvey qui le plaqua à la manière d'un rugbyman et le projeta au sol.

– Bordel ! Qu'est-ce que…

– Merde. Désolé. (Harvey se releva, ferma le tiroir et se massa l'épaule.) Putain, ça fait mal.

Il toisa Josh, couché sur le dos. D'un air distrait, il tendit la main pour le relever.

– Désolé. C'était juste… pour jouer.

– Tu as failli me bousiller le dos, espèce de taré ! (Josh se leva lentement et actionna ses membres pour évaluer les dégâts.) Tu aurais pu me tuer.

– Désolé.

– Qu'est-ce qui t'arrive, bordel ? Maintenant que tu t'es battu, là-bas dans les Cornouailles, tu te comportes comme un… débile.

Un débile ? Harvey réprima un ricanement malvenu qui avait pris naissance dans la réserve d'hystérie qu'il sentait quelque part au fond de son estomac.

– Écoute, Josh… Je suis navré… (Il fouilla dans ses

poches et trouva un billet de dix livres.) Tiens, va nous chercher des petits déjeuners, d'accord? Prends-toi des pancakes avec du sirop d'érable, c'est ce que tu préfères. Et un bon milk-shake.

Mais Josh n'était pas disposé à se calmer. Tout d'abord il refusa d'obtempérer, puis il prit l'argent et, sans un mot, il s'en alla d'un pas décidé et claqua la porte de la boutique en sortant.

Dès qu'il fut parti, Harvey se jeta sur le tiroir du bas. Il y avait encore une chance, s'il priait avec ferveur, pour qu'il ait été victime simplement d'une hallucination d'ivrogne. C'est ce qu'il avait trouvé de mieux pour le moment. Il savait que ce n'était pas un très bon plan, et qu'il avait peu de chances de réussir. Et bien évidemment, le *Superman numéro un* était toujours là, soigneusement posé sous la caisse. Harvey le sortit et le regarda intensément pendant plusieurs minutes. Son ancien désir avait totalement disparu. Il ne ressentait aucun plaisir, il n'avait même pas envie d'ouvrir la pochette, son contenu le laissait indifférent. Cette bande dessinée ne représentait que souffrance et malheur. Et mystère.

Bien qu'un sommeil d'ivrogne ait rarement le même effet qu'un bon sommeil à jeun, il avait quand même permis de clarifier certaines choses. Harvey était désormais convaincu, ainsi qu'il l'avait vaguement deviné déjà, qu'on l'avait piégé. Quelqu'un essayait de s'en prendre à lui. Il sentit monter la panique, venir la crise d'angoisse, une douleur lancinante naître dans sa tête; sa bouche était comme un sol recouvert de sciure et il percevait le goût du vomi au fond de son palais. Alors qu'il tenait entre ses mains la bande dessinée tachée de sang séché, il prit conscience d'autre chose: celui qui faisait ça avait réussi son coup. Jamais dans sa vie il ne s'était senti aussi coincé que maintenant. Que faire de cette preuve? Il avait lu Edgar Allan Poe, mais il l'avait toujours pris pour un idiot. Cacher quelque chose à la vue de tous, ça marchait dans les romans, mais s'il laissait un authentique *Superman numéro un* sur la cheminée, Josh en mouillerait son pantalon. Il aurait peut-être pu le brûler, mais si Josh le surprenait en train de mettre le feu à une bande dessinée d'une valeur inestimable, à 10h30 du matin, ça risquait d'être la fin. D'ailleurs, Harvey se demandait si ce n'était pas déjà la fin car quand Josh revint, il refusa de parler et emporta ses pancakes et son sirop d'érable pour s'installer derrière le comptoir, où il fit des bruits de mastication écœurants.

Après avoir remis le *Superman numéro un* dans le tiroir de la caisse, Harvey alla chercher, sans se plaindre, ses trois Big Breakfasts sur le comptoir où Josh les avait abandonnés. En vérité, le mépris silencieux, c'était exactement ce dont il avait besoin.

Mentalement, il énuméra les faits. Les gens savaient qu'il convoitait le *Superman numéro un*. Il avait raconté son histoire bien des fois. Ses anciens copains d'école savaient. Josh savait. On aurait dit que tout le monde savait. À l'exception de ses parents, évidemment. Il ne leur disait jamais rien. Et les gens en parlaient à d'autres gens: à une époque, le ressentiment provoqué par le *Superman numéro un* était devenu ce qu'il y avait de plus intéressant dans sa personnalité. Quand les gens parlaient de lui, ils évoquaient souvent ce sujet. Dans ses heures les plus sombres, Harvey imaginait qu'on faisait référence à lui en disant: «Tu sais, ce raseur qui a perdu la bande dessinée», ou bien: « Ce type bizarre qui aurait pu être riche... tu te souviens? » Par conséquent, certaines personnes présentes à la réunion savaient combien ses retrouvailles avec Bleeder étaient importantes. Mais nul n'avait rien dit, bien entendu. Parce que les gens étaient comme ça. Ils étaient polis ou discrets, mais surtout, à en juger par son expérience, ça ne les intéressait pas suffisamment pour qu'ils en parlent. Évidemment, une de ces autres personnes s'y intéressait peut-être plus qu'il le croyait. Ce n'était pas parce qu'il rêvait du *Superman numéro un* depuis tant d'années qu'il possédait un droit d'exclusivité. Quiconque fantasmait sur deux cent mille livres avait pu se pointer chez Bleeder pour tenter sa chance.

Harvey imagina la scène... Curieusement, Jeff Cooper jouait le rôle du cambrioleur. Mrs Odd rentre des commissions juste au moment où Jeff sort la bande dessinée du carton, au sous-sol. Mrs Odd entend du bruit, elle avance à pas feutrés dans le couloir jusqu'à la porte de la cave (« Non, ne faites pas ça, Mrs Odd! »), elle jette un coup d'œil en bas, mais on ne voit pas l'intérieur de la cave du haut de l'escalier, alors elle descend silencieusement, pas à pas (« Remontez, Mrs Odd! ») et elle continue à descendre. Jeff a pris un couteau dans la cuisine pour ouvrir le carton, c'est un gros couteau à découper avec un manche en plastique rouge. Il s'en empare en entendant un craquement dans l'escalier (« Ne fais pas ça, Jeff! »); Mrs Odd se jette sur lui pour tenter de l'arrêter; ils se battent, il la retourne et lui tranche la gorge (« Oh, mon Dieu, qu'ai-je fait? »). Pris de panique, il s'enfuit de la maison, il abandonne le couteau, ou peut-être qu'il le nettoie avant... Lui aussi doit être couvert de sang... Bref, il s'enfuit, mais soudain, il s'aperçoit que sous l'effet de la peur, il a oublié la bande dessinée. Alors, il rebrousse chemin avec l'intention de la reprendre, mais au moment où il va rentrer dans la maison, il aperçoit Harvey Briscow, son vieil ennemi, son rival sexuel, en train de rôder dans le jardin. Alors, il élabore un plan cruel, non, pervers. Il attend dehors, dans un buisson ou ailleurs, puis il voit Harvey ressortir en courant de la maison, paniqué, laissant derrière lui un tas d'empreintes compromettantes. Il se faufile à l'intérieur et vole le *Superman numéro un*, sans savoir que Harvey va revenir lui aussi pour effacer gentiment tous les indices à sa place. Parfait. Diaboliquement simple.

Harvey hocha la tête, sûr de sa théorie. C'était Jeff qui avait fait le coup. Puis il demanda à voix haute: «Mais alors, pourquoi il m'a envoyé ça, bordel?»

Bah, ça pouvait presque se comprendre. Harvey avait retrouvé son canapé. Il se coucha dans sa position préférée: sur le dos, crachant des jets de fumée bien nets vers le plafond.

Le problème quand on travaillait dans le monde de la bande dessinée, c'était qu'on devenait un idéaliste de la narration. Contrairement aux romans modernes ou à l'art postmoderne, la bande dessinée possédait une logique linéaire parfaite. Aussi complexe que soit l'intrigue, les bons l'emportaient toujours à la fin et les méchants se faisaient prendre, par les bons généralement, vêtus de combinaisons moulantes qui mettaient en valeur leurs muscles, avec des masques et des capes super-chouettes. Impossible de s'exposer à ce genre de narration pendant très longtemps sans finir par attendre des issues logiques et des élucidations bien claires dans votre vie quotidienne. Voilà pourquoi le rêve éveillé de Harvey, sensé et raisonné jusqu'à présent, ne s'acheva pas à ce stade. Toute une histoire se développa à partir de là: Harvey retournait dans les Cornouailles, il suivait la piste des indices jusqu'à leur dénouement évident, capturait Jeff, lui faisait deux yeux au beurre noir, le livrait à la police locale et fichait le camp avec sa femme. Ce dernier épisode se prolongea et Harvey était sur le point de rouler sur le ventre quand Josh entra.

– Téléphone, dit-il, et il ressortit.

Harvey lutta avec son érection pendant quelques instants avant de réussir à se mettre debout. S'était-il rendormi? En regardant sa montre, il découvrit qu'il était 12h10. Bon Dieu, l'heure du déjeuner. Il avait encore des morceaux de Macmachin entre les dents et aussi (il s'en aperçut en posant sa main sur son crâne) dans les cheveux. Il les enleva un par un tout en retournant dans la boutique.

– Merci, Josh, dit-il en insistant bien, mais il n'obtint aucune réponse.

Il prit le téléphone.

– Allô?

– Harvey? C'est Maisie Cooper.

Son cœur s'emballa.

– Salut, Maisie, dit-il d'un ton si mielleux que son érection réaffirma sa présence, avec sans doute la certitude que le sexe serait à l'ordre du jour.

Josh lui jeta un regard intéressé, malgré lui. Aucune femme n'avait appelé Harvey depuis pas mal de temps et Josh raffolait des ragots. Attends un peu de savoir qu'elle a épousé mon ancien copain d'école et qu'il m'a filé ce coquard, pensa Harvey. Si ça n'arrange pas les choses entre nous, c'est à désespérer. Il reporta son attention sur le téléphone.

16

– Tu peux parler ?

– Euh, oui.

Harvey jeta un coup d'œil à Josh, qui tenait à la main un paquet de boules de gomme. Il ne les avait pas quand il était revenu avec les McBreakfasts et Harvey se demanda vaguement comment il avait pu aller les acheter sans laisser la boutique sans surveillance.

– Oui, pas de problème, dit-il.

– Écoute… je ne sais pas par où commencer, c'est difficile. Mais j'ai pensé que tu n'avais pas mon numéro…

Josh était-il capable de partir se balader en abandonnant la boutique ?

– Harvey ?

– Oui. Je veux dire… non. Je ne l'ai pas. Sinon, je t'aurais appelée.

– Alors, vu que je n'avais pas de tes nouvelles après cette bagarre ridicule… Bon sang, se battre comme deux gamins, c'était pathétique. Je suppose que ça va ?

Laisser la boutique sans surveillance était strictement interdit.

– Oh, oui, oui, ça va. Je n'ai pas vraiment brillé, mais j'ai quand même gagné un coquard.

– Oh, je t'en prie. Rien que de penser que Jeff t'a agressé… Cette réunion l'a fait retomber en enfance, j'imagine. Bien qu'il ne s'en soit jamais beaucoup éloigné.

– Visiblement, il était très en colère. Faut dire que je te serrais dans mes bras.

Bon, d'accord, lui-même avait laissé la boutique ouverte toute la nuit, mais c'était différent. Dans le monde de Harvey, l'ébriété avait toujours été considérée comme une excuse valable quand on faisait des conneries, mais Josh ne buvait pas une goutte.

– Oui, en effet, et je crois qu'on devrait en parler justement.

Il avait dû aller jusqu'au kiosque. C'est-à-dire plus loin que le McDo.

– Ouais, d'accord.

– Je sens que tu n'as pas envie d'en parler. Les hommes ne veulent jamais parler de rien.

Dix minutes au minimum.

– Hmmm ? Comme tu le disais, c'est dur.

– Oui. Mais je pense qu'il faudrait clarifier ce qui s'est passé et savoir où on en est. Pour ta gouverne, sache que Jeff et moi, on a rompu. Je l'ai plaqué.

Quinze minutes même si c'était cette fille, Shanaz, qui tenait le kiosque. Josh devenait tout rouge, il riait bêtement et restait figé chaque fois qu'elle était là.

– C'est moche. (Il réfléchit.) Ou plutôt, c'est bien… Euh, tu es où ?

– Ici. Je vais m'installer chez mon ancienne copine de lycée, Lisa. C'est bizarre, tout tourne autour de l'école, on dirait, autour du passé…

Quinze minutes ! Ils auraient pu être dévalisés. Harvey

balaya la boutique d'un œil critique. Et si la moitié du stock avait disparu? Il inspectait mentalement les rayonnages quand il s'aperçut qu'il y avait un silence à remplir.

– Tu es à Londres?

– Oui.

– Super. On peut faire un truc.

– Tu as envie de faire un truc?

– Bah, oui. Évidemment.

– Je viens de te dire que je ne savais pas trop où on en était. Je suis arrivée il y a un quart d'heure. Je ne sais plus où j'en suis, ni ce que je fais. Je me dis que, peut-être, j'ai envie d'être seule pendant quelque temps, pour faire le point.

– Ouais, normal. Tu dois être paumée. Alors peut-être qu'en allant boire un verre ou autre chose… tu te sentiras mieux.

Apparemment, tout était normal.

– Tu m'écoutes, Harvey? Je suis *complètement* paumée. Je ne sais pas ce que je vais faire.

– Oh, d'accord. Pas de problème. Un dîner, alors? Une pizza?

– Bon Dieu. Tu ne renonces jamais, hein? OK, un verre peut-être…

– Cool.

L'idée de boire lui donnait la nausée, mais il se connaissait suffisamment bien pour savoir que le soir venu, cette sensation aurait mystérieusement disparu, remplacée par une soif blême, comme si seuls la bière et les alcools pouvaient détartrer sa langue.

– Où veux-tu qu'on se retrouve? Je suis à Croydon, j'ai l'impression d'avoir atterri sur une autre planète.

Nom de Dieu.

– Euh… Tu peux revenir sur Terre ? On pourrait peut-être se retrouver en ville, non ?

– OK. Où ?

Harvey se concentra enfin. Où emmenait-on une jolie femme qu'on voulait draguer, mais qui voulait vous parler de la vie ? Surtout quand vous avez dormi tout habillé, que vous avez une gueule de bois carabinée et qu'on va très certainement vous accuser de meurtre ? Harvey réfléchit.

– Je te retrouve au *Boot.*

Parfait.

Après avoir donné des tonnes d'indications, Harvey raccrocha et affronta Josh.

– D'où viennent ces boules de gomme ?

Josh l'observa d'un œil froid.

– C'est Mary qui me les a filées.

– Mary te les a filées ?

Harvey fut submergé par une vague de remords. Mary était une Écossaise folle qui vivait dans un des passages couverts donnant dans Old Street. Parfois, quand les affaires marchaient particulièrement bien, ils lui donnaient un billet d'une livre pris dans la caisse et ils la regardaient marcher jusqu'à l'épicerie de l'autre côté de la rue (où elle avait des ristournes) pour acheter une boîte de Tennants Super. Elle l'ouvrait sur le seuil puis la levait pour porter un toast, à eux et à *Inaction Comix.* Ils aimaient ça. En échange, parce qu'elle était d'une générosité à vous fendre le cœur, comme beaucoup de sans-abri, elle leur faisait des petits cadeaux. Un jour, elle leur avait apporté un exemplaire de *Beano* tout abîmé, trouvé dans une poubelle ; ils l'avaient examiné attentivement et lui avaient dit que s'il avait été en parfait état, il aurait valu une fortune.

– Tu laisses Mary t'acheter des bonbecs?

– Elle les a trouvés dans la rue et elle a pensé que j'aimerais ça.

Mary préférait Josh à Harvey, qu'elle considérait comme un représentant des classes dirigeantes. Mary avait une forte conscience de classe.

– Et tu les manges? Tu manges des bonbons qu'une clocharde a trouvés dans le caniveau?

– Oui. (Josh choisit une boule de gomme rouge qu'il déposa dans sa bouche avec ostentation.) Tu en veux?

– Oui, je veux bien.

Et tout fut pardonné.

– Elle l'a plaqué et elle veut que vous sortiez ce soir?

L'excitation de Josh faisait plaisir à voir. Contrairement à d'autres célibataires hétérosexuels que connaissait Harvey, Josh paraissait rarement jaloux ou amer quand Harvey avait des succès sentimentaux. Au contraire, une sorte de fervente fascination s'emparait de lui et son regard s'illuminait de la même manière que lorsqu'il lisait *Vampirella*. Harvey s'était déjà demandé si cela était dû à une authentique bonté, au désir d'avoir un exemple à suivre ou tout simplement à son caractère bizarre. Il avait choisi – pour des raisons perverses, essentiellement – la dernière explication.

– Et il t'a cogné parce que tu la bécotais?

– Oui, plus ou moins. Il m'a pourchassé et il m'a balancé un marron en pleine gueule.

– Putain!

– Oui, je sais.

– Le vrai danger ! La vache. Aventure et action. Quoi d'autre ?

Ils avaient mangé toutes les boules de gomme et Harvey avait soif. Un des avantages quand on tenait une boutique de bandes dessinées, c'est qu'il y avait rarement foule, vous aviez le temps de vous concentrer sur ce genre de choses.

– J'ai besoin d'un verre.

– C'est de l'eau, qu'il te faut.

Josh alla lui chercher une pinte volée au *Queen's Head*, remplie d'eau du robinet grisâtre.

– Il était propre, ce verre ?

– Évidemment. Alors, qu'est-ce qui s'est passé ?

– Il m'a filé un coup de pompe dans les reins, puis les autres l'ont maîtrisé. Il est costaud, ce salopard, il joue au rugby. J'aurais pu mourir.

– Exact. Putain. (L'intérêt faisait briller les lunettes de Josh.) Alors, hôpital ou pas hôpital ?

– Non. Je suis allé me coucher un petit moment, puis Bleeder est arrivé, alors j'ai dû m'en aller.

Une des raisons pour lesquelles Harvey avait apprécié la bouderie de Josh, c'était qu'elle lui avait permis de retarder cet instant, jusqu'à ce qu'il puisse l'affronter. Il but une grande gorgée d'eau, grimaça à cause du goût, un mélange de poussière, de très vieille bière et d'eau de Londres. Au cours de ces quelques secondes dont il disposait pour réfléchir, il conclut que cette dernière saveur était certainement la moins agréable des trois.

– Bleeder !

La voix de Josh, quand il s'emportait, montait parfois d'une octave comme s'il était ramené à un état prépubère.

– Bleeder était là ?

– Oui. Il a assisté à la réunion et ensuite, il est venu à la fête. On a bavardé.

– Tu as bavardé avec Bleeder !

Harvey ne pouvait qu'aimer Josh. Malgré ses nombreux et divers défauts en tant qu'ami et employé, c'était un excellent public.

– Oui. On a même discuté deux fois, en fait…

– Et… est-ce que… ? Est-ce qu'il…

Malgré lui, Harvey éclata de rire.

– Je ne te le dirai pas, répondit-il en prenant ses cigarettes. La suite au prochain épisode.

Sur ce, poursuivi par un vendeur suppliant et désespéré, il retourna dans le bureau, regagna son canapé et, après une cigarette revigorante, il se rendormit.

17

Elle était en retard. Ce qui n'étonnait pas Harvey, qui sirotait son scotch sans amertume. Ce bar n'était pas facile à trouver et depuis Croydon, ça faisait une trotte.

Tandis qu'il buvait, Harvey sentait que la gueule de bois avec laquelle il s'était réveillé, la prise de conscience horrifiée, puis la longue sieste, le deuxième réveil et la deuxième prise de conscience horrifiée, il sentait que tout cela attendait l'effet du scotch pour ressusciter. Pendant ce temps, il observait son bar préféré avec une affection toute martienne. Le pub était situé sur une autre planète; la planète Gaélique, peut-être. Les murs s'ornaient de photos d'équipes de *hurling* et le sol était recouvert d'une authentique sciure crasseuse. Le barman était ivre et tout le monde lui tenait compagnie. Évidemment, il y a une excellente raison pour laquelle les gens fréquentent les faux pubs irlandais à Londres: pour ne pas être obligés d'aller dans les vrais. Mais pour Harvey, le *Boot* possédait cette authenticité qui, il le savait depuis longtemps, n'émergerait jamais de sa propre identité désorganisée et déplacée. À une époque, il avait même adopté l'accent irlandais, mais ça lui donnait un côté agressif. Alors, maintenant, il essayait juste d'avoir l'air irlandais, ce qui n'était pas très difficile car, venant des Cornouailles, il avait déjà le teint pâle, les cheveux bruns et l'air misérable; bientôt, histoire de compléter le tableau, il serait ivre. Il n'avait jamais essayé de coucher avec quelqu'un sans avoir bu, ça paraissait impossible. Même si l'alcool pouvait inhiber la libido, sans alcool, ça devenait carrément infaisable: un acte mythologique qui se produisait seulement dans les civilisations anciennes, avant Internet.

Pendant qu'il attendait, Harvey passa en revue ses options. Il pouvait raconter à Maisie Cooper tout ce qui s'était passé dans les Cornouailles, c'était une possibilité. Bien que n'étant pas particulièrement porté sur les confidences, Harvey sentait que le fait de partager son problème pourrait l'aider; en parler à voix haute pourrait sans doute empêcher son cerveau de tourner en rond à l'intérieur de son crâne. Mais évidemment, il y avait le risque qu'elle insiste pour aller à la police, ce qui révélerait des différences inconciliables, beaucoup trop prématurément dans leur liaison. Elle pouvait également le soupçonner et là encore, débuter une histoire d'amour dans laquelle un des deux partenaires pensait que l'autre était un meurtrier, bien qu'il n'ait jamais vécu pareille situation, c'était aller droit à l'échec, lui semblait-il.

Finalement, il décida de ne rien faire du tout. C'était une décision qu'il prenait souvent dans sa vie et qui se révélait souvent concluante.

Ce choix était encore frais dans son esprit quand Maisie fit son entrée. Elle portait une longue chose caftanesque, orange, avec des perles et des pompons. Ses cheveux étaient retenus par un foulard et ses pieds chaussés de Doc Martens. Harvey n'était pas certain d'avoir jamais vu une personne aussi belle. Très hippie-rétro, superbe.

– Salut, dit-il avec un grand sourire dont il perçut l'authenticité ; c'était un de ces sourires qui prennent naissance à l'intérieur de soi.

Il détourna la tête pour éviter que Maisie en soit aspergée.

– Salut, toi. (Elle posa sa main sur son bras et il comprit, trop tard, qu'il aurait peut-être pu l'embrasser.) Intéressant comme endroit.

Elle regardait autour d'elle et Harvey sentit qu'elle était sincère. Elle ne maniait pas le sarcasme comme la plupart de ses amis.

Intéressant comme endroit !

Elle était réellement intéressée.

– Tu bois quelque chose ?

– Juste une eau minérale, merci. Lisa et moi, on a passé la nuit à boire du vin et à parler, jusqu'à 3 heures.

Harvey hocha la tête d'un air entendu, en songeant que s'il buvait de l'eau minérale chaque fois qu'il se couchait tard et qu'il était bourré, eh bien… il se porterait sans doute beaucoup mieux.

– C'était une de ces conversations où tu vas au fond des choses. Tu mets tout à plat, tu vois ? Et je crois que je me suis aperçue que ça faisait longtemps que j'étais malheureuse avec Jeff.

Harvey se tourna vers le bar et commanda une eau minérale, ce qui lui valut un regard compatissant de la part du barman, et un autre scotch pour lui. S'ils allaient droit au but, il avait besoin de s'en enfiler un deuxième vite fait.

– Je ne sais même pas si je pourrais expliquer pourquoi je l'ai épousé. C'est comme si quelqu'un d'autre l'avait fait à ma place et qu'à mon réveil, j'avais dû en assumer les conséquences. Tu comprends ce que je veux dire ?

Harvey acquiesça vigoureusement : il comprenait d'autant mieux que cela semblait concerner la plupart des choses qui lui étaient arrivées dans la vie.

– Je crois, reprit-elle, qu'il faut assumer ses décisions, et Jeff fait partie de mes décisions. Il m'a sortie de Bath, c'est là où j'ai grandi ; il m'a permis de m'en éloigner, au moins jusqu'à Bristol.

– C'est à quelle distance ?

Harvey sirotait son whisky en regrettant de ne pas en avoir commandé un double pour mieux se concentrer.

– Une trentaine de kilomètres, avoua-t-elle d'un ton désabusé. Mais au moins, c'était ailleurs. C'était un premier pas vers le départ. Il m'a fallu du temps pour faire le pas suivant.

Harvey s'aperçut alors qu'il ne savait presque rien d'elle.

– Tu n'as pas d'enfants, hein ?

Cette pensée l'inquiétait tout à coup. Dans quoi risquait-il de s'embarquer ? Car il découvrait qu'il avait envie de s'embarquer avec elle. L'idée de laisser filer cette voix, cette présence, de retrouver Josh et le pub à l'heure du déjeuner tous les jours, cette idée était déjà en train de quitter le domaine des options acceptables. Il s'étonnait de la rapidité avec laquelle c'était arrivé. Peut-être parce que la majeure partie du reste de son existence semblait s'être entassée dans ces derniers jours, tout s'accélérait maintenant.

– Non. Jeff n'en a jamais voulu et moi, j'hésitais. Je

crois que j'ai toujours eu le sentiment de ne pas être là pour de bon. Tu n'as jamais eu l'impression d'être toujours à moitié dedans et à moitié dehors?

– Si, toute ma vie. Je suis toujours en train d'aller ailleurs, sur le point de partir. Ce n'est pas très zen, hein?

Elle sourit.

– Non. Ce n'est pas très zen et je pense qu'il est temps que ça cesse, pour moi du moins. Quoi que je fasse désormais, il faut que je le choisisse vraiment. Je ne sais pas encore ce que ce sera, mais je ne dois pas me tromper.

– Oui. (Harvey hocha la tête d'un air pensif.) Je comprends ce que tu veux dire.

– C'est vrai? (Elle l'observa très attentivement et il se cacha dans son verre.) Parmi les choses dont on a parlé avec Lisa, il y a toi, et je me suis aperçue que je ne sais pas qui tu es, en fait, Harvey. Je ne sais pas du tout comment tu vois ça. Tu étais juste ce type qui n'était pas mon mari, un type gentil et attentif... Ça me paraissait tellement improbable, tellement loin de tout. Tous ces gens bizarres, là-bas dans les Cornouailles. Mon couple qui se désintégrait. Et toi, tu étais là, attentif. Tu as une très bonne écoute. (De nouveau, elle posa sa main sur son bras.) Je t'en suis très reconnaissante. Mais maintenant, je replonge dans une sorte de réalité et je crois que je me dis...

Harvey ne voulait pas savoir ce qu'elle se disait. Il n'aimait pas du tout la façon dont elle s'exprimait. Il était persuadé qu'aller boire un verre ensemble marquait un commencement; il s'apercevait maintenant que pour elle, c'était peut-être la fin.

– Je me dis que précipiter les choses, ce serait de la folie...

Elle continuait à prononcer lentement des paroles que Harvey n'était pas prêt à entendre. D'ordinaire, il se serait préparé, il avait suffisamment d'expérience en matière de déceptions amoureuses pour connaître l'importance de l'anticipation, mais là, le temps lui avait manqué. Il était trop ivre, trop préoccupé, trop affecté par la gueule de bois, ou trop occupé à nettoyer des seaux de sang et de vomi. Il avait été obligé de considérer Maisie comme acquise. Maintenant, il secouait violemment la tête.

– Attends, attends ! cria-t-il, ce qui lui valut des regards vitreux mais pénétrants de deux vieux Irlandais qui parlaient du concours de l'Eurovision. Ne me fais pas ça. J'ai besoin de ton aide. J'ai vraiment besoin de ton aide.

Il n'avait pas prévu de dire ça, mais c'était un bon choix. S'il avait dit « je t'aime » ou « j'ai besoin de toi » ou « je sais qu'on est faits l'un pour l'autre », comme il l'aurait dit en temps normal, elle aurait été choquée et légèrement effrayée car ils venaient de se rencontrer ; elle se serait montrée polie, à la fois douce et intraitable. Il venait juste de la rencontrer, mais il sentait soudain qu'il pouvait lire en elle, un peu. Contrairement à lui, il s'en apercevait maintenant, Maisie avait longuement réfléchi, en profondeur. La surprendre était le seul moyen d'empêcher qu'elle lui sourie gentiment.

– Que veux-tu dire ? (Abandonnant son scénario, elle le dévisagea, interloquée par tant de véhémence.) Qu'est-ce qui se passe ?

– Euh…

– Même si tu as été très gentil et si tu as su être là quand j'avais besoin de quelqu'un, il y a tellement de choses que je dois analyser…

– J'ai des ennuis ! De vrais ennuis, et j'ai besoin de ton aide.

– Quel genre d'ennuis ?

Elle continuait à le regarder comme si elle essayait de voir l'intérieur de son visage. Cette fois, il soutint son regard.

– Un meurtre, dit-il d'un ton brusque.

Les autres clients du pub retournèrent à leurs propres affaires. Au *Boot*, le meurtre, c'était privé.

Maisie plissa les yeux.

– De quoi tu parles ? demanda-t-elle, mais Harvey vit qu'elle avait immédiatement compris de quoi il voulait parler.

18

Alors il changea d'avis et il lui raconta. Il lui parla de l'échange et du *Superman numéro un*; Maisie était un peu perdue, elle se montra perplexe: «Personne ne paierait une telle somme pour une bande dessinée!» Il lui parla de Bleeder et elle secoua la tête en murmurant: «C'est tellement cruel.» Alors il lui parla de Jeff et de Bleeder, et elle hocha la tête avec exactement la même expression. Il lui parla de Mrs Odd et de la maison, devant laquelle il passait à vélo autrefois (mais il ne mentionna pas les chansons). Puis, après un autre scotch, double celui-ci, il lui parla des six derniers jours.

Et tandis qu'il lui racontait tout ça, tandis que les paroles se déversaient tel un torrent alimenté en partie par le besoin de les entendre prononcées à voix haute, en partie par la nécessité d'obliger Maisie à rester là, à garder les yeux fixés sur lui, et aussi en partie par le scotch, il prit conscience de ce qu'il était en train de faire. Il lui offrait sa vie en échange de quelques minutes de son temps. Elle pourrait aisément sortir du pub et appeler la police de la cabine située juste devant (en fait, elle ne le pourrait pas car la cabine avait été victime d'actes de vandalisme, comme d'habitude, c'était un pub qui voulait ça, mais la question n'était pas là) et il se retrouverait en prison jusqu'à la fin de ses jours. Il prenait ce risque car il ne voulait pas l'entendre dire qu'une liaison serait prématurée. Il voulait qu'elle l'embrasse et qu'elle accepte l'aspect inévitable de ce drame, qu'elle le ramène chez elle pour lui présenter sa colocataire, la charmante Lisa, il voulait l'embrasser à son tour et lui emprunter sa brosse à dents. Il ne voulait pas s'entendre dire qu'il était très gentil et que c'était elle qui ratait quelque chose. Alors, il misait sur la théorie de la relativité : à côté du pétrin dans lequel il se débattait, elle trouverait insignifiants ses problèmes conjugaux. Il lui demandait de se ressaisir, d'admettre que ce qu'elle allait dire n'avait pas d'importance ; ce qui comptait, c'était le tableau d'ensemble, la vie et la mort.

Et quand il eut fini de lui raconter, avec tous les détails – la brosse à récurer, le chiffon à poussière, le couteau, les ronces (sans évoquer la découverte de la bande dessinée) –, elle le fit. Elle prit la main qu'il lui tendait et quand il l'attira vers lui, elle ne résista pas. Elle sentait encore le miel tiède mélangé à la rosée dans l'herbe et il eut presque aussitôt une érection gênante.

Elle le croyait, c'était le plus important. Elle ne parla pas de prévenir la police, elle ne le regarda pas de travers, elle ne repoussa pas sa main comme si elle touchait les doigts d'un meurtrier. Elle le laissa la serrer dans ses bras, contre sa poitrine car son blouson en jean était ouvert. Et elle émit une sorte de pfffiou ! comme si ce qu'il lui racontait était trop énorme pour qu'elle l'assimile d'un seul coup, elle aurait besoin d'y réfléchir, d'en discuter. C'est à ce moment qu'il sut qu'il avait fait le bon choix, qu'il avait gagné son pari.

C'est seulement après qu'il comprit que la bienveillance dont elle avait fait preuve et le désir qu'il éprouvait pour elle étaient une seule et même chose. Le pari était gagné d'avance.

Toutefois, il ne lui avoua pas qu'il avait trouvé la bande dessinée et il ne lui parla pas du tiroir du bas de son bureau. Même dans la catharsis de la confession, la prudence s'imposait. Chaque chose en son temps. Un seul lot de révélations affreusement troublantes à la fois. La bande dessinée attendrait qu'il ait compris ce que ça signifiait et d'où elle venait, quel rôle elle jouait dans les événements de ce terrible après-midi et pourquoi elle se trouvait dans son tiroir avec la caisse.

Après être restée assise dans un silence bienveillant pendant un moment, Maisie décolla la tête de l'épaule de Harvey et le dévisagea intensément. L'espace d'un instant, il songea à ses yeux sans doute injectés de sang et à son haleine qui sentait certainement le scotch… puis il vit les yeux de Maisie, d'un vert si profond, et il en resta là.

– Dis donc, tu as eu une sacrée semaine, dit-elle d'un air songeur.

Elle approcha sa main de son œil droit et caressa l'hématome noir. Harvey hocha la tête.

– Oui, je sais. (Il cessa de hocher la tête pour la secouer.) À vrai dire, j'ai hâte qu'elle se termine. Je crois que je ne suis pas taillé pour ce genre de choses.

Elle sourit.

– Vraiment ?

– Oh, je ne parle pas de… enfin, tu vois… Je parle de… tout ça… ce bordel…

– Hmm. Je comprends. (Elle tourna la tête pour regarder en direction du bar comme si c'était une source d'inspiration.) Mais je crois qu'un peu de bordel, c'est sans doute ce qu'il me faut en ce moment. Les choses paraissent plus sensées? Tu comprends?

Harvey prit un air entendu, sans avoir la moindre idée de ce qu'elle racontait. Lui, il rêvait d'ordre.

– Avec Jeff, reprit-elle, je crois que tout était devenu trop... Je ne sais pas... trop net, je dirais, trop calculé. Il ne nous restait plus rien à découvrir.

– Ouais, d'accord.

Elle avait tourné la tête et Harvey voulait désespérément que ces yeux verts reviennent plonger dans les siens, même si, soupçonnait-il, ils continuaient à le faire rougir.

– Oui, ça arrive dans les longues relations, ajouta-t-il, on a l'impression d'être paumé... Je comprends ce que tu veux dire.

Il n'avait pas l'habitude de tout ça. Il n'avait pas eu de relation durable depuis huit ans et encore, ça avait été le bordel du début à la fin. Une fois de plus, il secoua la tête et sentit la fatigue qui l'habitait.

– Tu ne crois pas aux relations durables, Harvey?

Elle sourit et autorisa ses yeux à revenir plonger dans les siens. Des yeux de serpent, pensa-t-il, comme les serpents ornés de pierreries dans *Lara Croft*, avec des émeraudes en guise d'iris. Il mit un certain temps à comprendre ce qu'elle avait dit.

– Oh, si. Parfois. C'est juste que... il faut qu'il y ait quelque chose de spécial au départ, non?

– Hmm.

Elle hocha la tête et sourit encore une fois. Les émeraudes pâlirent et se transformèrent en étangs forestiers comme dans *La Créature des marais*.

– Oui, je crois que tu as raison, dit-elle. Entre Jeff et moi, il n'y a jamais rien eu de spécial. On s'amusait bien parfois et on s'entraidait, mais ça n'a jamais été extraordinaire.

Elle aussi secoua la tête ; elle se redressa sur sa chaise et but une gorgée d'eau, pour la première fois depuis un bon moment.

– Mais d'une certaine façon, ça me paraît... Je ne sais pas... Plus tôt dans la journée, j'aurais dit que c'était la chose la plus importante au monde. Maintenant, je me dis que c'est une chose mineure qui peut attendre. Ça permet de garder le sens des proportions, comme on dit. C'est bien. Tu m'as redonné le sens des proportions. Je me sens libérée d'un raisonnement qui m'a obsédée, je m'en aperçois maintenant, pendant... Des années ! Est-ce que je suis bien avec Jeff ? Dois-je continuer ? Dois-je passer à autre chose ? Est-ce qu'on peut construire sur quelque chose qui n'existait pas au départ ? Est-ce que de nouvelles pousses peuvent se développer dans une terre aride ? Etc. Et voilà que je me retrouve dans un bar étrange, dans une ville que je connais à peine, avec un homme que je viens de rencontrer et tout le reste me paraît insignifiant. Tu vois ? Insignifiant. Et j'ai besoin de boire un verre. Ça, c'est de l'eau, Harvey. Tu ne peux pas espérer me raconter tout ça avec de l'eau. Tu aurais dû deviner que j'aurais besoin d'alcool. (Elle rit et se dirigea vers le bar.) Je t'en apporte un autre ? Un double, c'est ça ?

Bon Dieu. Harvey secoua la tête encore une fois, furieusement.

– Euh oui... à la tienne.

Il commençait à être ivre et il avait fait don de sa vie. Ce n'était pas le genre de rencard qu'il avait envisagé. Mais il semblait progresser. On ne sait jamais, ce serait sa nouvelle devise dans la vie, à supposer qu'il lui reste une vie : quand il était question des affaires du cœur, rien n'était jamais sûr.

– Il y a une chose que je ne comprends pas.

Elle était revenue s'asseoir en face de lui et rattrapait son retard au niveau du whisky. Elle n'en avait pas bu autant que Harvey, mais elle avait moins l'habitude. Il le voyait à sa façon de glousser, et puis elle avait ôté son foulard orange de sa tête pour le nouer autour de son cou. Ses cheveux étaient veinés de mèches rousses et auburn, une cascade de couleurs entremêlées. Bien qu'assez âgé pour savoir que c'était le résultat de beaucoup de temps, d'efforts et d'argent, il était encore assez jeune pour trouver cela irrésistible.

– En fait, il y en a tout un tas. Par exemple, je ne comprends pas pourquoi tu as agi aussi stupidement, pour commencer. (Son rire s'acheva par un air sérieux.) Aller voler une bande dessinée… puis y retourner… c'est complètement… ça ne tient pas debout.

Ils étaient revenus sur le terrain du meurtre et curieusement, Harvey se sentait plus en sécurité. Le meurtre avait beau être un sujet nouveau pour lui, il s'y sentait plus à l'aise que dans les relations humaines. Peut-être qu'à une époque, cela l'aurait inquiété, mais il avait bien d'autres préoccupations désormais.

– Qu'est-ce que tu veux dire ? Ou plutôt, dans tout ce que tu ne comprends pas, qu'est-ce que tu ne comprends pas surtout ?

– Le meurtrier… (Elle but une gorgée de scotch soda.) Comment a-t-il fait ? Je veux dire… je vois bien ton rôle dans tout ça, même si ça me paraît fou, mais lui, je ne comprends vraiment pas.

– Ah… Pourquoi ?

– Tu dis que quand tu es entré dans la maison, tous les cartons étaient scotchés. Tu les as tous ouverts, avec le couteau de cuisine, même celui qui était dans la chambre de Bleed… de Charles Odd, pardon.

– Oui, et alors ?

Harvey savait ce qu'elle allait dire.

– Pourquoi le meurtrier est-il allé directement dans la cave ? Si c'était la bande dessinée qui l'intéressait, pourquoi est-ce qu'il n'a pas commencé par fouiller la maison, comme toi ? Tu aurais commencé par la chambre de Charles, non ? D'ailleurs, c'est ce que tu as fait. Comme n'importe qui. C'est l'évidence même. Je ne vois pas comment il pouvait s'intéresser à cette bande dessinée. Ce n'était qu'une diversion. Elle a sans doute été jetée à la poubelle depuis des années. Soit par Charles Odd lui-même, ce qui me paraît le plus probable, soit par quelqu'un d'autre, pour une raison quelconque. Peut-être que quelqu'un a tout simplement décidé de cambrioler cette maison… Ou peut-être que quelqu'un haïssait Mrs Odd…

Maisie s'interrompit et Harvey admira la façon dont son nez se plissait quand elle réfléchissait.

– En vérité, ça n'a aucun sens, dit-il. D'après moi, si ce n'est pas Blee… Charles Odd qui a fait le coup, c'est quelqu'un à qui il a parlé lors de la réunion. Peut-être qu'il a raconté plus de choses à cette personne qu'à moi. Peut-être qu'il lui a dit où se trouvait la bande dessinée. Peut-être que cette personne l'a trouvée et a foutu le camp avec. C'était le mobile du meurtre. Peut-être que Charl…

et merde !... Bleeder savait où elle était, mais il ne m'a rien dit. Peut-être qu'il s'en est souvenu en me parlant... Quand il y a trop de coïncidences, ça finit par former un schéma d'ensemble. C'était le jour de la réunion, Bleeder y assistait pour la première fois, sa mère allait déménager, toutes ses affaires étaient dans des cartons, elle a été assassinée. Si on additionne tout ça, ça doit avoir un sens.

– Oui, et c'est là que survient Harvey Briscow. Tu es en train de me dire que tu ne fais pas partie du schéma d'ensemble ?

– Hé ! C'est déloyal. (Il la regarda d'un air véritablement blessé.) Je pensais que tu me croyais.

– Oh, je te crois, Harvey, sincèrement. Personne ne pourrait inventer une histoire pareille. Et qui s'en donnerait la peine ? Je pense juste que tu fais peut-être partie du tableau, de la logique de la chose, au même titre que Charles, sa mère et cette mystérieuse autre personne, si elle existe.

– Mais comment quelqu'un aurait-il pu savoir que j'allais faire ce que j'ai fait ? Je veux dire... « l'autre » devait forcément penser que je foncerais chez les flics, directo. Personne ne pouvait imaginer que je me comporterais de manière aussi...

– Stupide ?

– Euh, disons... oui, sans doute.

– C'est vrai. Mais tu joues forcément un rôle dans tout ça. Comme tu le disais : ça fait trop de coïncidences.

Harvey n'utilisa pas la brosse à dents de Maisie, ce soir-là. Son corps était partant – même si les fins de soirée, après avoir picolé, n'avaient jamais été le moment qu'il préférait pour se livrer à des activités sexuelles –, mais son esprit donnait des signes de faiblesse. Elle allait peut-être dire oui. Il ne la connaissait pas suffisamment bien pour savoir et c'était pour ça, évidemment, qu'il était si intéressant de poser la question. Mais il n'insista pas et quand elle dit que c'était peut-être prématuré, il se contenta de hocher la tête en prenant un air déçu, espérait-il, il l'embrassa en y mettant le maximum de conviction, puis rentra chez lui d'un pas trébuchant pour se coucher et s'offrir douze heures de sommeil profond.

Maisie quitta Harvey avec le sentiment d'avoir traversé quelque chose d'inattendu, auquel elle n'était pas préparée. Qu'attendait-elle quand elle l'avait appelé pour organiser ce rendez-vous ? Dans le dernier métro aérien au départ de London Bridge, elle réfléchissait et en contemplant les ténèbres, elle surprit sur son visage reflété dans la vitre une expression inhabituelle. Il avait quelque chose de contemplatif, la réflexion retroussait son nez, mais ses yeux étaient affreusement vifs. Avait-elle vraiment eu l'intention de dire adieu à Harvey ce soir ? Ou était-ce uniquement une solution de remplacement au cas où il n'aurait plus été le même à Londres, maintenant qu'elle était célibataire ?

De nouveau, elle observa son reflet, mais cette expression s'était envolée, remplacée par son habituel visage de miroir : joli et guindé, c'était du moins ainsi qu'elle le caractérisait ce soir. Même cela pouvait être reconsidéré. C'était ça le truc avec les changements de vie : même votre apparence dans une vitre assombrie pouvait être repensée. Le tissu orange de sa robe semblait terne dans l'obscurité mais paraissait un peu tape-à-l'œil sur le fond bleu crasseux du siège. Elle datait d'un voyage au Maroc avec

Jeff. Dans une autre vie, avant que les choses tournent mal. Aimait-il cette robe à ce moment-là ou bien la lui avait-il achetée pour lui faire plaisir ? Elle avait bien compris, avec cette perception intuitive devenue le pivot de leur relation, qu'elle ne pourrait jamais la porter quand ils seraient de retour en Angleterre. Jeff aurait émis ce rire dépourvu de toute complicité, il aurait plaisanté sur les joints et les communautés, toutes ces choses qu'il détestait. Jeff aurait eu honte d'elle. C'était donc le vêtement idéal pour rencontrer un autre homme. Harvey n'avait fait aucun commentaire. Aucune remarque.

Elle s'attarda là-dessus un instant, puis elle repensa au meurtre. Il y avait des choses qu'elle ne comprenait pas. À vrai dire, il y avait plusieurs choses qui ne collaient pas. Elle plissa le front, puis sourit. C'était bizarre de se dire qu'un meurtre pouvait la réjouir. Mais ça signifiait qu'ils pourraient être ensemble. Elle le sentait. Harvey avait raison, même si elle ne le savait pas. Nous sommes tous les jouets du dieu de la relativité : cette histoire était tout simplement trop énorme pour que l'un ou l'autre puisse en sortir.

19

Le jeudi, c'était jour de livraison chez *Inaction Comix*, la journée préférée de Josh. Durant la semaine, de nouveaux stocks arrivaient dans diverses camionnettes et voitures particulières, de toutes provenances et même les plus ahurissantes. Le jeudi, c'était le jour où du camion de leur principal fournisseur, les rayonnages se remplissaient d'anciens numéros de *comics* qu'ils avaient épuisés contre toute attente.

Le plus excitant, vers la fin du mois, c'était la sortie des nouveaux numéros et Harvey et Josh seraient les premiers, dans tout le pays peut-être, à les lire. Ce métier possédait peu d'avantages, mais ce sentiment de devancer d'une courte tête les autres obsédés de la BD en était un, assurément. Et donc, autrefois, le jeudi était également le jour préféré de Harvey. Mais cette semaine, il se serait volontiers offert une journée de congé et un peu de temps pour réfléchir. Hélas, prendre un jour de congé, cela voulait dire laisser Josh aux commandes et ils essayaient encore de débarrasser la boutique des produits spécialisés que Josh avait décidé de tester la dernière fois qu'il s'était retrouvé seul un jeudi.

– *Quand les amazones régneront sur le monde*, ça te dit

quelque chose, Josh ? demanda Harvey quand son assistant laissa entendre pour la troisième fois qu'il pouvait se débrouiller seul. Non ? Et *Le Parfum de l'invisible*, édition européenne ? Ça t'évoque des souvenirs ?

– Manara est un génie, marmonna Josh. D'ailleurs, on les a tous vendus, non ?

– Oui. Et pendant des semaines, on a vu débarquer d'étranges vieux bonshommes qui traînaient dans la section romans graphiques. Mais il nous reste un *Flot silencieux des larmes : une histoire illustrée de la douleur.* Je ne pense pas être pudibond, Josh, mais tu mets ma largesse d'esprit à rude épreuve.

– C'est un excellent livre. Personnellement, je l'achèterais, si je l'avais pas déjà lu.

– Parfait. Dans ce cas, on n'a plus qu'à trouver quelqu'un qui te ressemble. Ça ne devrait pas être très difficile, hein ? Peut-être qu'on pourrait commencer par la prison de Broadmoor.

Harvey débitait ce genre de choses depuis l'ouverture et Josh était déjà abattu.

– Tu n'es qu'un pauvre salopard, dit-il pas pour la première fois. Tout ce que tu sais faire, c'est critiquer. Pourtant, toi aussi, tu achètes des trucs zarbis. Si on parlait un peu du *Fouet du marquis* ? C'est toi qui as acheté ça. Franchement, j'ai de la peine pour Maisie, je te le dis. Tu n'es qu'un pauvre sadique grincheux. Elle serait mieux avec Jeff.

– Tu sais quoi, Josh ? Tu as raison. Oh, au fait…

– Quoi ?

– Va te faire foutre.

Sur ce, Harvey se rendit dans l'arrière-boutique en martelant des pieds et sortit la petite caisse du tiroir. *Superman numéro un* était toujours couché dessous et il se demanda vaguement où il avait mis l'enveloppe car la bande dessinée paraissait nue et compromettante ainsi. Après avoir jeté un coup d'œil dans la boutique pour s'assurer qu'on ne l'observait pas, Harvey trouva une enveloppe neuve au format A4, glissa la BD à l'intérieur, la scella et referma le tiroir à clé.

– Harv! lança Josh au moment où Harvey ouvrait la caisse.

– Quoi?

Il avait mis un peu d'agressivité dans son ton. Quand il se rendait dans l'arrière-boutique pour bouder, il espérait qu'on lui fiche la paix. Telle était la loi d'*Inaction Comix*. Ce n'était pas un employeur terriblement exigeant, ni très généreux à vrai dire, mais c'était l'unique règle qu'il entendait faire respecter.

– Euh… c'est la police.

– Ouais, d'accord. Arrête tes conneries, je suis occupé. (Harvey se leva et retourna dans la boutique d'un air hautain.) Ce ne serait pas Mary, par hasard?

– Non. C'est la police, répéta Josh, avec un peu plus d'insistance et un accent américain légèrement accentué.

Deux types en costume se tenaient devant le comptoir, droits comme des piquets. Au milieu des bandes dessinées et des affiches, ils paraissaient autant à leur place qu'une assistante sociale dans une partouze et Harvey sentit sa tête se détacher de ses épaules, faire le tour de la pièce et revenir à sa place juste à temps pour dire:

– Aaaah. OK. Pourquoi tu le disais pas? Un problème, messieurs? Y a une bousculade devant le magasin? Vous avez arrêté un voleur à l'étalage? (Il se tut, passa sa main sur les cheveux ras qui parsemaient son crâne et prit deux grandes inspirations.) Je vous en prie, allons dans le fond.

Il avança pour soulever l'abattant qui les séparait du reste du monde, Josh et lui, et il eut l'impression de faire entrer des animaux sauvages dans sa maison, le diable dans son foyer. Cela lui rappelait un film d'horreur, mais pas moyen de se souvenir lequel.

– Vous êtes Mr Briscow?

Ce fut le plus petit, le plus propret, celui qui paraissait le plus sympathique qui s'adressa à Harvey une fois qu'ils furent tous assis dans l'arrière-boutique.

– Oui, c'est bien moi.

Il avait envie de dire: «Je m'appelle Briscow», mais ça sonnait bizarrement dans sa tête, genre: «Je m'appelle Batman.» Alors, il hocha la tête et sourit simplement.

– Je suis l'inspecteur chef Jarvin et voici l'inspecteur Allen. Nous faisons partie de l'équipe de policiers qui enquête sur la mort de Mrs Hilda Odd de Saint Ives dans les Cornouailles. On me dit que vous vous trouviez à Saint Ives quand elle est morte et que vous l'avez peut-être connue. Est-ce exact?

Évidemment, Harvey ne s'attendait pas à une histoire de contravention impayée ou de chien perdu, mais quand même, c'était un choc d'entendre ces paroles prononcées à voix haute. Cet homme était un authentique policier, pas une de ces créatures maléfiques, noires et grondantes, qui avaient hanté ses rêves, mais un vrai policier, gentil, venu ici sous le ridicule prétexte qu'il enquêtait sur un meurtre. Les manières douces de l'officier de police mirent immédiatement Harvey en confiance. S'il suffisait d'avouer le meurtre pour permettre à ce chic type de poursuivre en douceur son travail important, alors ce n'était pas cher payé. Il s'abstint néanmoins. Mais de justesse.

Au lieu de cela, il dit :

– Oui. Oui, j'étais là-bas quand ça s'est passé. Je suis rentré avant-hier seulement. Je n'avais pas vu Hilda depuis de nombreuses années, depuis l'école en fait. D'ailleurs, jusqu'à aujourd'hui, je ne savais même pas qu'elle s'appelait Hilda.

À vrai dire, cela lui en bouchait un coin. La mère de Bleeder Odd avait un prénom. Un prénom en H, qui plus est. C'était l'une d'entre nous.

– Puis-je vous demander ce que vous êtes allé faire à Saint Ives, Mr Briscow ?

Tant de politesse, de gentillesse. Harvey était sous le charme.

– Bien sûr.

Il sourit joyeusement et attendit que cet homme si sympathique lui pose une autre question. Puis il fronça les sourcils.

– Oh, oui. J'y suis allé pour la réunion, à l'école. On se retrouve régulièrement depuis vingt ans. Quand je descends là-bas, j'en profite pour voir ma mère et mon père, des retrouvailles familiales.

Les policiers aimaient la famille, il le sentait.

– Avez-vous vu le fils de Mrs Odd, Charles, à cette réunion ?

Harvey avoua que oui.

– Nous avons reçu des informations au sujet desquelles nous nous interrogeons. Cela concerne une bande dessinée que Mr Odd aurait possédée. Un… (là, il consulta ses notes) *Superman numéro un* ?

– Oh, oui.

Harvey regarda le mur, le plafond et la porte, pour ne surtout pas regarder le tiroir du bas de son bureau.

– Le *Superman numéro un*. Le fameux *Superman numéro un*.

Il sentit que son sourire se transformait en rictus et il s'obligea à ne plus sourire. Il poussa son soupir.

– Quelqu'un vous a parlé du *Superman numéro un*.

Jeff Cooper. Forcément. Sale mouchard.

– Vous pourriez peut-être nous en parler, vous aussi, Mr Briscow ?

Toujours aussi gentil.

– Oui, d'accord. C'était juste une BD. J'ai fait un échange avec Charles Odd il y a très longtemps, on avait douze ans. Quand elle était à moi, elle ne valait pas grand-chose, mais depuis elle a pris de la valeur et elle est devenue plutôt rare. Je crois qu'elle vaut assez cher aujourd'hui.

– Cher comment ? Vous avez une idée ?

– Je ne sais pas trop... Je dirais qu'elle vaut dans les deux cent mille livres, si elle est en parfait état.

Jarvin haussa les sourcils, dans une vague tentative pour paraître impressionné.

– Tant que ça ?

– Seulement si elle est en parfait état, souligna Harvey.

– Mr Odd le savait ?

– Aucune idée. (Dieu sait combien de fois il s'était posé la question.) Mais ça m'étonnerait. Je ne pense pas qu'il s'intéressait à la bande dessinée.

– Vous avez parlé de bandes dessinées à la réunion ?

Que leur avait raconté Bleeder ?

– Euh, oui. Je crois que le sujet a été évoqué. Il me semble que j'ai fait allusion à cet échange, en évoquant le passé. À dire vrai, je n'avais pas revu Charles depuis des années et du temps de l'école, on se connaissait à peine, alors... on n'avait pas grand-chose à se dire à part ça.

– Une ou deux personnes que nous avons interrogées affirment qu'il était le souffre-douleur à l'école. Vous avez gardé ce souvenir également ?

– Euh, oui. Ça se peut. Je ne sais pas. Il était différent, il me semble, et vous savez comment sont les gamins entre eux.

L'inspecteur Jarvin lui faisait l'impression d'être un homme qui appréciait l'amitié virile.

– Certaines de ces personnes ont laissé entendre que vous faisiez partie de ceux qui persécutaient Mr Odd.

– Quoi ?

Ça, c'était injuste. Harvey avait toujours considéré qu'il était plus sympa avec Bleeder que la plupart des autres, il faisait partie de ceux qui lui avaient laissé une chance.

– Jamais de la vie ! (Il était véritablement meurtri.) Ce n'était pas moi qui m'en prenais à lui, c'étaient les autres, surtout les joueurs de rugby, ils n'arrêtaient pas de lui filer des coups de pied, tous les jours. Moi, j'ai jamais été comme ça.

L'inspecteur Jarvin aimait-il le rugby ?

– Mr Odd lui-même suggère que vous étiez cruel envers lui. Et que le jour de l'échange, vous l'avez traité de taré. C'est exact ?

L'inspecteur chef observait attentivement Harvey. Celui-ci n'aimait pas trop ça.

– Bleeder a dit ça ? (Il plaqua sa main sur sa bouche.) Je veux dire… Charles a dit ça ? Je trouve que c'est injuste… Tout le monde le traitait de taré à l'époque, en permanence…

Il sentait s'envoler sa belle amitié avec l'inspecteur chef Jarvin. Comment pouviez-vous affirmer que vous n'aviez pas persécuté quelqu'un vingt ans plus tôt, alors que cette personne affirmait le contraire? Surtout quand vous l'appeliez Bleeder.

– Bleeder.

L'inspecteur chef nota quelque chose dans son carnet et Harvey s'aperçut que le deuxième policier, Allen, prenait des notes lui aussi, en silence, depuis le début, il enregistrait ses paroles. Merde.

– C'est ainsi que vous l'appeliez, n'est-ce pas? C'était son surnom?

– Oui. Bleeder. Bleeder Odd. Mais moi, je ne l'appelais pas comme ça.

– Vous venez de le faire.

– Non… je veux dire… ce n'est pas moi qui ai inventé ce nom. On l'appelait tous comme ça. Moi, on m'appelait « H ». Tout le monde a un surnom.

– On vous appelait « H » ?

– Oui. Mais rien à voir avec la drogue! J'ai jamais pris d'héroïne, jamais, même si j'ai souvent pensé essayer, juste une fois, vous voyez… Non, vous ne voyez pas, évidemment, mais j'en n'ai jamais pris et j'en prendrai jamais.

Bon Dieu.

– Pourquoi l'appelait-on Bleeder? Vous le savez?

– Euh. Non, je ne crois pas. Peut-être à cause des saignements de nez, et parce qu'il avait un tas de croûtes et tout ça. Il saignait tout le temps. C'était son signe caractéristique.

– Oui. Mais ce n'était pas très gentil, hein?

Cette phrase avait été prononcée sur le ton d'une question, mais Harvey la prit pour l'affirmation qu'elle était.

– Non, reconnut-il piteusement. C'était pas très gentil. Mais les enfants ne sont pas gentils, hein? Ou plutôt, ils peuvent être… euh…

L'inspecteur Jarvin avait-il des enfants?

–... Ils peuvent ne pas être gentils, si vous voyez ce que je veux dire. Et on ne l'était pas. Disons que moi je l'étais, mais pas eux. Les autres.

– Oui, je vois. (L'inspecteur chef Jarvin téta le bout de son stylo pendant un moment.) Donc, vous avez échangé avec lui cette bande dessinée, ce *Superman numéro un*? Que vous a-t-il donné en échange?

– Oh, bon sang, j'en sais rien. Un morceau de corde ou un truc comme ça, un bout de plastique qu'il trimbalait. Je crois que j'avais pitié de lui. (Je suis gentil, je suis gentil, je suis gentil!) Alors, je lui ai filé la bande dessinée, même si elle valait beaucoup plus que ce qu'il m'a donné, ce bout de plastique. En vérité, j'aurais pas dû faire l'échange. C'était un acte de charité avant tout.

– Donc, vous aviez peut-être le sentiment que cette bande dessinée vous appartenait, plus qu'à Charles Odd, même après l'échange?

Bon Dieu, oui.

– Non, non, absolument pas. Un échange, c'est un échange.

– Quand même, ça devait être dur à digérer. Le fait qu'il possède cette bande dessinée qui prenait de plus en plus de valeur?

– Non, pas vraiment. J'y pensais à peine. On avait fait un échange, non? On ne revient pas sur un échange.

– Même quand il vaut deux cent mille livres sterling?

– Non, non. (Harvey sentait ses cheveux se hérisser sur sa nuque et le chatouiller, comme s'ils essayaient de le réconforter dans ce moment difficile.) Non. Je n'y ai jamais repensé. C'est de l'histoire ancienne.

– Certes, mais plusieurs personnes que nous avons

interrogées nous ont indiqué que vous y attachiez beaucoup d'importance, bien que ce soit de l'histoire ancienne. Et on ne l'a pas retrouvée sur place. Pour le moment, Mr Odd ne sait plus très bien si cette bande dessinée était encore là-bas ou si elle a été détruite il y a longtemps. Mais si elle était là-bas et qu'on l'ait volée... Vous voyez le lien ?

– Oui, je vois. (Harvey sentait la sueur couler sur son visage. Quel cliché ! Transpirer pendant un interrogatoire.) Par contre, je ne vois pas le lien avec moi. D'accord, OK, j'en ai parlé quelquefois aux gens, mais ce n'est pas pour autant que j'allais la voler et... Si c'est ce que vous voulez dire...

– Non. On ne vous accuse de rien du tout, évidemment. Mais certaines personnes ont laissé entendre que vous n'auriez pas seulement évoqué cette bande dessinée. Ce serait devenu quasiment une obsession pour vous, vous ne parliez pratiquement de rien d'autre.

Qui avait dit ça, bordel ? Qui l'avait mouchardé ? La liste potentielle, constata-t-il, était désagréablement longue.

– C'est faux. Je parlais d'un tas de choses, tout le temps. Évidemment, cette bande dessinée m'intéressait, en tant que collectionneur. Mais il n'a jamais été question que je commette le moindre crime.

– Non, non, j'en suis sûr.

L'inspecteur chef parlait d'une voix douce, dénuée de sarcasme. Harvey le regarda avec espoir.

– Et bien entendu, vous tenez une boutique de bandes dessinées, ce qui est aussi une coïncidence. Si vous aviez ce *Superman numéro un*, vous sauriez quoi en faire, comment le vendre, etc. ?

– Oui, bien sûr. Mais je ne l'ai pas.

Harvey avait le bout du nez qui le démangeait. Était-il en train de s'allonger? se demanda-t-il. Se transformait-il lui-même en personnage de bande dessinée?

– C'était ma question suivante.

– Est-ce que j'ai le *Superman numéro un*?

Harvey était outré. Allaient-ils l'accuser de meurtre?

– Oui. Ou en avez-vous entendu parler? Si cette bande dessinée a été volée par un cambrioleur, admettons, peut-être a-t-il établi le même rapprochement et tenté de vous contacter?

– Non. Oh, non. J'aurais prévenu immédiatement la police. Pas question d'accepter de la marchandise volée.

Harvey songea avec inquiétude au coffret complet de *Batman Returns* qu'il avait acheté douze livres il y a quinze jours seulement… mais il le chassa de son esprit. Ces policiers n'appartenaient pas à la brigade des BD.

– Avez-vous autre chose à nous dire au sujet de votre séjour dans les Cornouailles? Un détail qui vous aurait frappé?

À part le fait de récurer le sang sur le sol pendant une heure ou deux? Non, pas vraiment.

– Non, je ne vois pas. C'était une réunion typique, avec la même bande. Rien de spécial.

– Je regardais votre œil, dit l'inspecteur chef Jarvin en indiquant son propre œil droit. Vous vous êtes blessé, on dirait.

– Oh, oui. Exact.

– Que s'est-il passé?

– Je suis tombé. (Étaient-ils déjà au courant?) J'ai un peu chahuté dans une fête.

– Je me demandais si vous n'aviez pas reçu un coup de poing. Ça ressemble à un vilain bleu.

– Un coup de poing ? Non, non. C'est juste une bêtise. Aucun problème.

– Très bien. (L'inspecteur chef regarda longuement l'hématome en se levant.) Bon, je crois qu'on a fait le tour. Vous permettez qu'on vous recontacte si jamais on a d'autres questions à vous poser, Mr Briscow ?

– Bien sûr. Passez quand vous voulez.

Harvey les raccompagna à la porte puis retourna s'asseoir calmement dans son bureau. Aussi calmement que possible, alors qu'un assistant hystérique, aux yeux exorbités, vous bombarde de questions.

20

– Eh bien, que faut-il penser de ce Mr Briscow?

Sigvard Jarvin se tourna vers l'inspecteur Allen, alors que celui-ci engageait leur voiture banalisée dans la masse de voitures regroupées à l'heure du déjeuner, telle une nuée de libellules, autour des marécages de la station d'Old Street.

– Je sais pas.

Allen était doté d'un caractère lugubre que Jarvin trouvait très relaxant.

– Jusqu'à ce qu'on y aille, je croyais que c'était la routine, ajouta-t-il. Mais maintenant…

– Maintenant… ?

– Je sais pas.

– Vous pensez qu'il nous cache quelque chose ?

– Il faut qu'il apprenne à mentir, s'il veut réussir en tant que criminel.

Comme toujours, Jarvin constata que l'opinion d'Allen reflétait ses propres pensées, dont il n'avait pas conscience.

– Il a fait quelque chose dont il n'est pas fier, reprit Allen. Ça se sent. Il s'est passé un truc.

– Un meurtre ?

– Un truc.

– Je me demande ce qu'on aurait pu trouver là-bas. Peut-être qu'il fait de vilaines choses qui n'ont rien à voir avec ce... Je ne sais pas. Mais je suis d'accord : il y a un truc. J'aimerais bien examiner d'un peu plus près cette boutique.

– Excellent endroit pour cacher une bande dessinée.

– Oui, c'est aussi mon avis.

Les prostituées de Commercial Road exerçaient leur activité de la mi-journée sur des trottoirs mouchetés de soleil, tandis que les deux hommes roulaient vers Whitechapel. Jarvin les regardait avec une expression de contentement sur ses traits doux. Il possédait un visage sur lequel on imaginait mal une marque de colère. Les commissures de ses lèvres légèrement retroussées lui conféraient une apparence de dauphin, impression renforcée par ses cheveux noirs soigneusement peignés en arrière et ses yeux bleu-vert. S'y ajoutait une authentique joie provoquée par son humeur du moment. On lui avait confié une affaire qui l'intéressait et ces trois jours dans les Cornouailles lui avaient rappelé pourquoi il était policier. Londres vous donnait parfois l'impression que la guerre contre le crime était inutile : tout le monde semblait préférer ceux qui transgressaient la loi à ceux chargés de la faire respecter. Mais Saint Ives l'avait ramené dans un monde où les crimes graves étaient pris au sérieux et où l'indignation d'une petite communauté face à une telle atrocité commise en son sein, bien que non dénuée d'une certaine délectation, était sincère. Il y avait plusieurs personnes à aller voir à Londres. La plupart des participants à la réunion venaient de la capitale, mais jusqu'à présent, aucun n'avait paru particulièrement impliqué. Toutefois, à force de sillonner méthodiquement le schéma mental qu'il avait dessiné, Allen entendait revenir encore et encore le nom de Harvey Briscow. C'était lui qui parlait toujours de Charles Odd et de sa bande dessinée. C'était lui qui s'était battu avec Mr Cooper lors du déjeuner. C'était à lui que Charles Odd, alias Bleeder Odd, avait parlé. Quelle idée de surnommer ainsi un enfant: Bleeder Odd.

Jarvin pensa à son propre fils; il était à l'école aujourd'hui. Quelqu'un était-il en train de lui attribuer un sobriquet dont il ne pourrait jamais se défaire, qui le hanterait toute sa vie comme une ombre de cruauté? Ou peut-être était-ce lui qui donnait un surnom à un autre enfant, plus maladif, moins sûr de lui? Cette hypothèse paraissait plus probable. Jarvin secoua la tête et regarda un poivrot s'avancer sur la chaussée d'un pas titubant, puis revenir vers le trottoir en chancelant et s'y asseoir pour injurier la circulation et le monde qui allait avec. Jarvin se dit qu'il aurait une discussion avec Jack ce soir, sur la nécessité de se démarquer de la masse et d'être bon plutôt que cruel. Peut-être ferait-il bien d'avoir une petite discussion avec lui-même également: « Méfie-toi des préjugés à l'encontre de Harvey Briscow, garde l'esprit ouvert. » Ce n'est pas parce que vous avez persécuté quelqu'un quand il était enfant que vous tuez sa mère vingt ans plus tard. Il serait plus logique que cette personne vous tue. Mais il y avait cette bande dessinée ridicule. Quelqu'un était-il capable de tuer pour une bande dessinée? Uniquement quelqu'un qui adorait les bandes dessinées, qui s'intéressait aux bandes dessinées… Retour à Harvey Briscow, une fois de plus. Il se tourna vers Allen qui conduisait avec ce même savoir-faire tranquille et détaché qu'il appliquait dans tout son travail, laissant à son supérieur le soin de penser.

– Allen, quand doit-on aller voir Mrs Cooper, vous vous en souvenez ?

– Mrs Cooper à Croydon, monsieur ? Je crois que nous avons décidé d'attendre demain.

– Cela vous ennuierait-il de bousculer un peu notre programme ? Je pense que nous devrions aller lui parler aujourd'hui.

Allen hocha la tête d'un air méditatif.

– C'est elle qui était la cause de cette bagarre, n'est-ce pas ?

– Oui. Je suis curieux de rencontrer la femme pour qui Mr Briscow a accepté de se battre. Il ne m'a pas fait l'impression d'être un bagarreur.

Allen, qui mesurait plus d'un mètre quatre-vingt-dix et était bâti comme un boxeur, secoua la tête.

– En effet, monsieur. C'est plus un cérébral qu'un actif, je dirais.

– Exactement. Et j'aimerais bien savoir aussi pourquoi il a menti au sujet de cette bagarre. Drôle de manière de chahuter.

– Oui, monsieur. Vous voulez que nous y allions immédiatement ? Je suis sûr que Rob Calderwood peut attendre. J'avais pensé faire un saut à sa boutique – il vend des articles de sport apparemment, et non pas des bandes dessinées –, mais nous pouvons tout aussi bien y aller demain.

– Parfait. Essayons donc de trouver cette femme. On risque de faire un long trajet pour rien, mais je me dis que je préfère la rencontrer sans qu'elle soit prévenue.

– Bien, monsieur.

Sans aucune rancœur, Allen effectua un demi-tour impeccable, en trois manœuvres, au milieu de la circulation et repartit à toute allure… pendant au moins quarante mètres avant de se retrouver pris dans les embouteillages incessants qui composent le système routier londonien.

Croydon n'est pas un bel endroit. Cette circonscription possède quelques avantages en termes de connexions et de liaisons ferroviaires avec la City, et la nuit, elle ressemble un peu à Manhattan, si Manhattan était beaucoup plus petit et rempli de types au crâne rasé, tatoués, conduisant des Ford Puma customisées. Le seul véritable attrait de Croydon, c'est le réseau de tramway, assez décoratif, même s'il relie le centre à des endroits où personne n'aurait jamais l'idée d'aller. Comme Wimbledon. Mais si on cherche l'évasion et la sécurité, il y a un certain nombre d'avantages. Le premier d'entre eux, pour Maisie Cooper, était l'anonymat. Nulle part, il était possible d'être plus anonyme qu'à Croydon. Cet endroit semblait presque construit pour offrir une sécurité sans visage ni personnalité. Elle trouvait cela apaisant. Elle aimait se promener dans les larges rues piétonnes avec ce côté tape-à-l'œil familier, commun à toutes les rues principales. En outre, elle était tombée amoureuse de la laideur suprême du centre commercial. Elle adorait l'altérité proche de ces visages qui passaient sans jamais croiser son regard. Elle voyait comme il était facile, pour elle et pour n'importe qui, de trouver sa place dans ce lieu, d'en faire partie, et de ce fait, de n'être plus rien : une absence, un non-être. Et bien qu'elle n'ait pas besoin de se cacher –

elle était restée en contact avec son mari, elle lui avait même dit où elle allait –, il lui semblait bon d'avoir opté pour un endroit où le choix de sa prochaine identité pouvait attendre. Elle pouvait faire une pause, rester dans les limbes et vivre sans personnalité pour l'instant, en étant vide. Elle ne resterait pas ici, ce n'était pas son intention. Mais c'était l'endroit qu'il fallait pour attendre et traîner, pour se préparer.

Vivre ici lui paraissait idéal, ce matin plus particulièrement. Elle s'était réveillée tard, elle avait pris son petit déjeuner, puis sa douche, et elle était sortie se promener au milieu de toute cette splendeur impersonnelle. Elle s'était rendue à l'épicerie du coin et une fois de plus, elle n'avait pas réussi à se faire saluer par l'Indien, poli mais inaccessible, derrière le comptoir; elle avait acheté du pain cuit à l'autre bout de la ville, du lait provenant d'un autre comté, des muffins d'un autre pays. Puis elle avait déambulé dans la superficialité généralisée de la mini-ville avec un réel sentiment de contentement, en prenant son temps, utilisant des observations immédiates pour soulager tout désir d'analyser sa situation de manière plus approfondie.

Elle marchait dans Cherry Orchard Road où soufflait un petit vent frais, mais aussi un soupçon de printemps dans la manière dont il chassait les nuages. Les éclairs bleus et vert citron qui ourlaient les ailes des nuages évoquaient tous les possibles, la nouveauté. La météo elle-même l'entraînait vers cette incertitude dont elle avait besoin: elle ouvrait, elle dégageait son chemin. Maisie secoua la tête dans le vent; elle aimait sentir ses cheveux fouetter son visage. Alors qu'elle cherchait ses clés dans son sac, elle aurait pu ne pas voir les deux hommes appuyés contre la voiture de couleur sombre, discrète, garée devant l'immeuble de Lisa. Elle les remarqua quand ils marchèrent vers elle. Bien que récemment conquise par Croydon, elle n'ignorait pas ses dangers. Elle recula et regarda vivement autour d'elle. Y avait-il dans les parages quelques-unes de ces non-personnes sans visage qu'elle pourrait faire exister un instant, si jamais ces hommes essayaient de lui faire du mal ?

– Mrs Maisie Cooper ?

Elle émit littéralement un hoquet de soulagement et sentit aussitôt monter la colère. Au lieu de parler, elle fit la grimace à l'homme qui avait parlé, un homme brun assez beau. L'expression de Maisie disait : je vous interdis de me faire peur comme ça.

Il y réagit immédiatement.

– Je suis désolé, je ne voulais pas vous faire sursauter. Je n'étais pas sûr que ce soit vous.

Il sourit et Maisie se surprit à sourire en retour ; toutes ses craintes s'étaient envolées.

Dans la cuisine, elle tria ses courses à la recherche du café fraîchement moulu et de la crème. Chaque jour, elle essayait de trouver quelque chose pour Lisa, pour lui souhaiter la bienvenue quand elle rentrait chez elle après une journée à la City, pour la remercier de l'héberger ainsi, sans payer de loyer, sans limite de temps. Hier, c'était la vidéo de *The Pillow Book*; aujourd'hui, un excellent moka destiné à la cafetière poussiéreuse qu'elle avait découverte sous l'évier. Elle ouvrit le paquet sans remords. Lisa comprendrait.

– Vous venez au sujet du meurtre ?

Elle dénicha un plateau, en plastique rose, mais utile pour limiter les allers et retours et éviter que leur visite se transforme en une sorte de réception, et elle en hôtesse.

– Oui, exactement, répondit le brun, Jarvin. (Maisie se demandait quel était son prénom.) Vous étiez à Saint Ives lorsque ça s'est produit, si je ne m'abuse ?

Elle répondit franchement et clairement aux questions posées par Jarvin, alors que son compagnon silencieux prenait des notes, mais elle n'ajouta rien de plus. C'est seulement lorsqu'il lui demanda la raison de son séjour là-bas qu'elle réagit.

– J'y suis allée avec mon mari. Pour lui tenir compagnie.

– Mais vous n'êtes plus avec votre mari ?

Les yeux vert clair de Jarvin ne la quittaient pas et Maisie s'aperçut qu'ils devaient être assortis aux siens. Pendant ce temps, les yeux sombres de l'inspecteur Allen virevoltaient de l'un à l'autre et elle se demanda s'il avait remarqué, lui aussi, cette symétrie rare.

– Non. On s'est séparés, l'autre jour. On vit chacun de notre côté désormais.

C'était une réponse simple, là encore, aussi fut-elle étonnée de sentir ses yeux se remplir de larmes.

– Merde. Ça sort d'où, ça ?

Elle fit cette remarque à voix haute, en souriant, puis elle rit en sentant ses joues devenues sensibles à l'air frais du matin qui entrait par la fenêtre ouverte. Elle se leva pour courir chercher de l'essuie-tout dans la cuisine.

– Pardonnez-moi.

– C'est tout à fait naturel.

De toute évidence, Jarvin était un homme parfaitement à l'aise avec les larmes.

Le visage dissimulé derrière une serviette en papier à fleurs, elle revint s'asseoir.

– Je ne m'attendais pas à ça, avoua-t-elle. Si longtemps

j'ai dit: «Je suis mariée», que ça me fait bizarre maintenant de dire autre chose.

Elle se tamponna les yeux de manière efficace.

– Oui, ce doit être très dur.

Elle perçut dans la voix de Jarvin les échos de la compréhension et elle lui sourit. Il en fit autant. Même Allen souriait. Maisie eut envie d'éclater de rire. L'espèce humaine lui paraissait ridicule, tout à coup.

– Vous avez évoqué la séparation d'avec votre mari. Celle-ci s'est-elle produite après la petite fête organisée chez Steven Weston, lundi dernier?

Jarvin consultait le carnet, qui était apparu comme par magie dans sa main.

– Oui... en quelque sorte. Nous avons eu une grosse dispute après ce déjeuner. Il a agressé un autre homme là... Évidemment, on était au bord de la rupture depuis plusieurs mois. Je l'avais déjà quitté: en octobre dernier. Je suis retournée chez ma mère pendant trois semaines, mais nous nous sommes remis ensemble, principalement à cause des manœuvres de ma mère. Elle ne croit pas au divorce. (Elle sourit de nouveau, mais les larmes continuaient à faire briller ses yeux.) Elle s'est arrangée pour que Jeff vienne pendant qu'elle était sortie et on a décidé de faire une nouvelle tentative. Il espérait, je crois, que les Cornouailles seraient une sorte de solution. Mais c'est l'inverse qui s'est produit. Une chambre d'hôtel, c'est un lieu affreusement intime quand on se retrouve avec quelqu'un qu'on va bientôt quitter. C'est comme avaler du poison, vous sentez bouillonner vos entrailles et vos forces vous abandonnent...

Elle s'interrompit et regarda les deux hommes qui se trouvaient devant elle comme s'ils étaient déguisés en lapins.

– Bon sang, qu'est-ce que je raconte? Désolée. Est-ce que toutes les personnes que vous interrogez déballent leur vie comme ça? Si oui, vous devez avoir un taux de réussite énorme.

Le sourire de Jarvin se figea.

– Parfois, dit-il, ça fait du bien de parler. Et je vous ai interrogée sur votre mari. Est-ce que vous vous souvenez bien de ce déjeuner… et de la rupture?

– Vous voulez parler de « l'incident »?

– Je ne sais pas si…

– Harvey Briscow et moi, dehors sous le saule.

– Oui, nous avons entendu dire…

– Ce n'est pas aussi romantique qu'ont pu le laisser croire, j'en suis sûre, les autres personnes que vous avez interrogées. Harvey s'est montré adorable. Comme toutes les fois où on s'est vus. Il fallait que je sorte de cette pièce épouvantable avec tous ces gens épouvantables, alors je l'ai entraîné dehors pour prendre l'air. Et comme la plupart des hommes, il en a déduit que j'avais envie de le bécoter.

– Ce n'était pas le cas?

Jarvin lui souriait de nouveau, avec dans le regard ce qui ressemblait étrangement à un pétillement. Maisie n'était pas sûre de supporter les regards pétillants, pas maintenant. Elle fronça les sourcils et le sourire de l'inspecteur retrouva son état naturel.

– Non… Je ne crois pas, dit-elle. Mais Harvey était gentil et il m'a simplement prise dans ses bras. Quand Jeff est sorti, il est devenu fou…

– Est-il souvent aussi violent?

– Oh, ça peut lui arriver. Il peut être très violent… (Elle surprit leurs regards et secoua la tête.) Non, pas avec moi, pas vraiment. Mais quand il a bu… Il a arrêté pendant quelque temps, il y a environ deux ans. Il pensait, je crois, que ça permettrait de régler nos « difficultés conjugales ». (Elle symbolisa les guillemets en faisant un geste avec ses doigts.) Mais quand il a vu que ça ne marchait pas, il a recommencé la bière.

– Décririez-vous Mr Briscow comme un homme violent, Mrs Cooper ?

– Harvey ? (Elle faillit éclater de rire, mais se contrôla.) Je ne peux pas imaginer Harvey faisant du mal à qui que ce soit. Même si je ne le connais pas très bien. Il a peut-être un tas de côtés cachés, mais j'ai plutôt l'impression qu'il est doux comme un agneau.

Jarvin essaya, en vain, de se représenter Harvey en agneau.

– Avez-vous revu Mr Briscow depuis ?

– Oui, nous sommes allés boire un verre hier soir. Juste pour parler, rien de plus…

– Du meurtre ?

– Oui…

Elle détourna le regard, vers la porte de la cuisine, et Jarvin se demanda s'il y avait autre chose.

– Oui, reprit-elle. Du meurtre. On est en état de choc tous les deux. Vous avez une piste… vous savez qui a pu faire ça ?

Jarvin la dévisagea et se surprit à souhaiter que ses yeux ne soient pas si brillants, son regard si ardent. Elle ne connaissait pas la victime, elle n'avait jamais rencontré la victime ; et pourtant, ses yeux restèrent fixés un peu trop longtemps sur les siens.

– Non, répondit-il d'un ton mielleux, après un silence bref, mais pesant. Mais nous posons la même question à tout le monde : où étiez-vous au moment du meurtre ? Alors, je suppose que je dois vous demander la même chose…

Une fois de plus, il plongea son regard dans ses yeux vert profond, si semblables aux siens, faisant ressurgir des moments d'années d'adolescence oubliées depuis longtemps, quand il collait son front contre le miroir pour scruter ce qu'il imaginait être son âme. Et son âme était verte.

– Je ne sais pas, dit Maisie. Quelle heure était-il ?

– On évalue l'heure du décès aux alentours de 11 heures, le dimanche.

– Ah. Je ne vois pas. Je crois que nous venions de sortir, Jeff et moi. On est allés se promener, mais pas ensemble. Il est allé en ville pour boire un verre et moi, je suis remontée sur la colline pour regarder la mer. Je suis revenue aux alentours de 12 h 30. On s'est retrouvés pour déjeuner dans un pub miteux qui semblait évoquer des souvenirs à Jeff, mais je ne lui ai pas demandé lesquels. On en était déjà au stade où il valait mieux que je ne sache pas. Bref, je pense que j'étais seule dans la matinée… (Elle regarda l'inspecteur avec un air véritablement surpris.) Ça veut dire que je suis suspecte ?

– Non.

Cette fois, son sourire était rassurant, il lui donnait l'impression d'être une enfant.

– Vous n'êtes pas suspecte. Vous n'avez aucun mobile et aucun élément ne vous relie au crime. Mais…

Il laissa sa phrase en suspens, comme une pince à linge sur un fil et elle la décrocha.

– Mais ?

– Mais je me demande si vous m'avez tout dit au sujet

de Mr Briscow et de votre conversation. J'aimerais en savoir plus, Mrs Cooper.

Il avait dit cela de manière si catégorique que l'espace d'un instant, Maisie fut prise au dépourvue, et il le vit, dans les coins de ses yeux, comme des particules de possibilité. Mais elle s'empressa de secouer la tête.

– Je ne vois pas ce que vous voulez dire… Mais…

Elle essaya elle aussi d'accrocher une pince à linge sur le fil, juste à côté de celle de l'inspecteur, mais il ne réagit pas, alors elle l'ôta elle-même.

– Mais je pense que vous êtes très doué.

21

– Je suis foutu, foutu, foutu de chez foutu !

– Non, je crois pas, Harvey... Ils ne sont pas idiots.

– Je suis foutu, autant voir les choses en face et me trancher la gorge comme ils croient que j'ai tranché la sienne.

Harvey tira sur sa troisième cigarette en dix minutes et se débattit avec son téléphone fixe, un gros truc en plastique rose.

– Non, Harvey, je ne pense pas qu'ils pensent ça. Ils sont obligés de faire une enquête, c'est la routine... Bon Dieu, voilà que je cause comme un flic, moi aussi. Mais c'est la vérité. Ils interrogent tout le monde.

– Oui, mais tout le monde n'a pas passé le week-end à encrasser la machine à laver de sa mère avec du sang, pas vrai ? Tout le monde n'est pas rentré chez lui avec la voiture de son père, recouvert du sang de la vieille Mrs Odd. Tout le monde a la conscience tranquille. Ou presque tout le monde. Je sentais ce salopard, ce salopard de première, qui scrutait mon âme. Comme s'il pouvait voir ma culpabilité gravée dans mes tripes. Tu vois ce que je veux dire ?

Ton âme se trouve dans tes tripes ? Maisie ne posa pas la question. À la place, elle dit :

– Non. Il est malin, je le reconnais. Mais il ne lit pas

dans tes pensées. Moi, je l'ai trouvé plutôt gentil. (Elle repensa à l'effet miroir produit par ces yeux d'un vert profond.) Et très honnête. Si tu lui disais la vérité, il saurait que tu n'as rien fait de mal, à part briser une fenêtre et te comporter en idiot. Non ?

– Oh, bordel !

L'auto-apitoiement avait toujours été une des options les plus disponibles dans le répertoire de Harvey. Une fois de plus il y était revenu, tel l'oiseau migrateur qui rejoint son arbre.

– Il ne verra que des mensonges et de la fourberie, et il devinera le reste. J'aurais dû aller à la police immédiatement, j'aurais dû aller à Truro, directement au poste de police, tout serait terminé maintenant. Bon Dieu de putain de merde.

Il émit un faux sanglot et Maisie soupira.

– Tu peux encore aller les voir.

– Ouais, c'est ça.

Harvey avait facilement recours au sarcasme, aussi, dans les moments difficiles. Il l'utilisait souvent contre lui-même et après un rendez-vous amoureux manqué, il se surprenait à rentrer chez lui en se disant: «Allons, Harvey, cette fille te plaisait pas vraiment, c'est clair.»

– Pourquoi pas? insista Maisie. Rien n'a changé. Tu pourrais tout leur raconter. Je pense que l'inspecteur chef Jarvin apprécierait ta franchise, aussi tardive soit-elle.

– Ne prononce pas ce nom! Je ne veux plus jamais entendre ce nom. Appelle-le Ducon. L'agent de police Ducon, qui débarque dans ma boutique pour me poser ses putains de questions. J'ai bien envie de l'envoyer se faire foutre s'il revient. Va donc chercher un putain de mandat, espèce d'enfoiré de…

– Bon, si c'est tout ce que tu as à dire, Harvey…

– Pardon.

– Arrête de paniquer. L'inspecteur chef Jarvin va mener l'enquête, ils trouveront qui a fait cette chose effroyable et tu continueras à vivre comme avant. Et moi aussi…

Maisie s'aperçut soudain qu'elle ne savait pas vraiment ce que ça signifiait. Elle songea également que l'homme au bout du fil croyait peut-être que leurs deux vies allaient se poursuivre ensemble. Ce concept ne lui paraissait pas aussi invraisemblable qu'elle l'avait supposé.

– J'espère que tu as raison, dit Harvey, mais si ça se trouve, ils vont venir m'arrêter et je passerai le restant de ma vie en prison.

Il voulait ajouter : « Et j'espère que tu seras contente », mais il ne voyait rien qui justifiait cette remarque.

– Alors, qu'est-ce que tu vas faire ? interrogea-t-elle.

– Que veux-tu que je fasse ?

Harvey écrasa sa cigarette dans un cendrier en plastique représentant une paire de seins. Offert pour ses trente ans par un ami très pauvre. Il le regardait maintenant d'un œil neuf.

– Nom de Dieu.

– Quoi ? demanda Maisie avec une véritable tendresse dans la voix et Harvey secoua la tête comme un idiot.

– Rien. Désolé. Je viens de m'apercevoir que je devais mettre de l'ordre dans ma vie.

Il balaya du regard le petit appartement de Deptford qu'il avait acheté quand les prix de l'immobilier étaient encore bas : un bon investissement, un premier logement, avant qu'il gravisse les barreaux de l'échelle sociale. C'était il y a quinze ans. Deptford demeurait outrageusement bon marché et sympathique, et lui demeurait toujours dans cet appartement. Toutefois, l'idée qu'il s'agissait d'une installation temporaire, avant qu'il puisse vivre dans une maison faite pour lui – une demeure victorienne à Camden ou une monstruosité de verre et d'acier dominant la Tamise ou peut-être un cottage à Hampstead, il n'arrivait pas à se décider –, cette idée ne l'avait jamais quitté. Voilà pourquoi il n'avait jamais pris la peine d'entreprendre quoi que ce soit dans cet appartement. Il était toujours mal éclairé par l'ampoule nue qui pendait au plafond, avec les étagères Ikea d'un jaune écœurant et la moquette grise déjà présente quand il avait emménagé. Il y avait ajouté une touche de vernis personnel, essentiellement due à sa tabagie : brûlures sur les étagères, cendres incrustées dans la moquette et traces jaunâtres au plafond. Son regard s'arrêta sur le téléviseur posé directement sur le magnétoscope, à même le sol. Devant se trouvait un gros fauteuil pivotant, vert, déniché dans une benne à ordures. Il poussa un soupir et prit une autre cigarette.

– Tu n'as pas besoin de changer de vie, Harvey, ne sois donc pas si mélodramatique.

Il percevait le sourire patient dans sa voix.

– Tu as juste besoin de régler ce problème, ajouta-t-elle. Assure-toi que la police sache bien ce qui s'est passé, et où tu étais le dimanche matin. Qu'as-tu répondu quand ils t'ont posé la question ?

– Je crois qu'ils me l'ont pas demandé... (Harvey faisait un gros effort de mémoire.) Non, ils me l'ont pas demandé... Hé, attends un peu ! Ils t'ont posé la question à toi ?

– Oui. Ils m'ont dit qu'ils la posaient à tout le monde.

– Pas à moi. Super. Génial. Épatant. Ils me l'ont pas demandé parce que c'était inutile. Ils savent déjà que j'étais chez Bleeder en train d'assassiner sa mère. Je suis foutu, foutu, foutu…

– Non. Ils ont dû oublier, c'est tout. Ils vont certainement t'appeler demain pour te poser la question. Arrête de paniquer… Ils voudront connaître ton alibi. Au fait, tu en as un ?

– Un quoi ? demanda Harvey, mortifié.

– Un alibi pour dimanche.

– Putain, j'en sais rien. Qu'est-ce que j'ai fait ? Je m'en souviens plus. Sans doute que je me suis engueulé avec mes parents et que je suis allé me balader ou un truc comme ça. J'en sais rien. Qu'est-ce qu'on fait le dimanche à Ploucville ? J'ai mis ma cape et je me suis envolé. J'ai tué le temps, je suppose…

– Hmmm. À ta place, je crois que je ne répondrais pas ça à la police. (Maisie semblait perplexe.) Ils pourraient croire que tu as tué quelqu'un plutôt.

22

Une fois les téléphones raccrochés, après un échange de termes affectifs adaptés et venant du cœur, dans le cas de Harvey du moins, il resta assis dans son fauteuil pivotant vert. L'appartement lui semblait différent ce soir. C'était la première fois qu'il s'y trouvait sans être endormi ou ivre depuis son voyage et beaucoup de choses avaient changé. Je suis différent moi aussi, pensa-t-il, je ne suis plus l'homme que j'étais.

Il examina avec un certain dédain le logement de son être plus jeune. Franchement, il n'y avait pas grand-chose. Si vous enleviez les posters de super-héros, les collections de disques et de DVD, vous vous retrouviez chez n'importe qui, n'importe où dans le monde occidental. Un fatras générique de laideur conventionnelle, dénué de sens. Il soupira sans rancœur. Il gardait son grand soupir pour plus tard. Peut-être même qu'il ne serait pas obligé de l'utiliser. Peut-être qu'il allait s'endormir sans se faire de souci. Mais il briserait les habitudes de toute une vie. Alors, il resta assis dans le fauteuil pivotant vert et il repensa aux paroles de Maisie.

Ensuite il se rendit dans la chambre, s'assit sur le lit et contempla la seule vue de l'appartement, qui donnait sur les toits, jusqu'au clocher de l'église Saint-Alfege à Greenwich. Était-ce un changement de vie ? Il avait connu tant de faux départs, tant d'instants qui, sur le coup, paraissaient prometteurs, mais se révélaient être simplement des possibilités passagères qui ne menaient nulle part. Sa vision des choses le rendait parfois philosophe, comme à cet instant. Y avait-il quelque chose qui mène quelque part, en vérité ? En définitive, quoi que vous fassiez, vous finissiez par mourir. Comme Mrs Odd, avec son visage gris déformé, cette terrible immobilité. Voilà comment vous finissiez, et toutes les fausses révélations de la vie ne vous épargnaient pas. Il poussa son soupir, finalement. C'était bon de le pousser pour une chose aussi ordinaire que la mort, cela lui fit rejoindre la majorité l'espace d'une seconde.

Les draps étaient par terre, là où il les avait jetés ce matin-là. Il les ramassa et pour la première fois depuis longtemps, il fit son lit correctement. Après cela, à son grand étonnement, il n'alluma pas une cigarette et il n'alla pas non plus acheter à boire, il prit une douche – pour ôter une crasse qui semblait incrustée – puis il se mit au lit. Il resta nu dans le noir, éveillé, une chose devenue rare à cause de l'alcool ; il pensa à Maisie, et par-dessus la multiplicité de routes, de toits et d'autres vies qui s'étendaient entre Deptford et Croydon, il se demanda si elle pensait à lui, et si ses pensées étaient aussi douces et mélancoliques que les siennes.

Le lendemain matin, le plaisir rare du sommeil non alcoolisé avait fait son effet, comme si le Harvey endormi avait attendu longtemps une occasion de s'exprimer et qu'il avait beaucoup de choses à dire. À côté des images de chevaux excités pourchassant de jeunes femmes dans les arbres, qui emplissaient le souvenir de ses rêves au petit déjeuner, il y avait la conviction qu'il ne pouvait pas rester sans réagir. Son être reposé avait lancé un appel aux armes. Lève-toi, lève-toi, disait-il, et agis ! Facile à dire, pensa Harvey. Cela faisait un certain temps qu'il ne s'était pas senti motivé. Quand le iPod était sorti, il en voulait un à tout prix ; et il avait fait la queue pour la première de *A Scanner Darkly*, mais c'était à peu près tout au cours de ces dernières années. Là, c'était différent, à la fois nouveau et familier. C'était, constata-t-il, l'appel d'un autre Harvey, plus jeune et plus en forme. Bon Dieu, si un seul soir de sobriété produisait un tel effet, que se passerait-il au bout d'une semaine ou d'un mois ? Il se représenta un individu plus mince, athlétique, se rendant au travail en courant, mangeant une salade et s'offrant une coupe de cheveux correcte. Inquiet du tour que prenaient ses pensées, il s'assit et fuma la deuxième cigarette de la journée ; c'était toujours sa préférée, celle d'après le petit déjeuner, plus lente, plus sensuelle, moins désespérée que celle du réveil, qui faisait tousser. Puis il partit travailler.

Tout tournait donc autour de ça? Après être passé devant un Josh en état de choc, horrifié par l'apparition de ce nouvel homme dans sa vie, rasé de près, distingué et à l'heure, Harvey s'était réfugié une fois de plus dans l'arrière-boutique et avait sorti la bande dessinée du tiroir du bas de son bureau. Puis il l'avait longuement observée.

Était-ce vraiment assez pour causer la mort d'une vieille femme ? Harvey n'était pas un sentimental. Il comprenait qu'on puisse tuer quelqu'un pour une bande dessinée; le problème était: comment espérer en tirer des bénéfices? La nouvelle devait déjà circuler sur Internet. Le monde de la BD partagerait son absence de sentiments. Un *Superman numéro un* en parfait état qui disparaissait, c'était ça l'événement. Une vieille femme morte de plus ou de moins, pas de quoi exciter les obsédés du net.

Timidement et avec d'infinies précautions, il ouvrit la pochette en plastique qui contenait la bande dessinée. Il reconnut l'étiquette qui scellait l'emballage, inchangée depuis qu'il l'avait collée en 1982. Elle n'avait jamais été déchirée. Bleeder n'avait jamais lu cette BD. Elle était déjà vieille à cette époque; elle n'avait pas autant de valeur qu'aujourd'hui, mais elle était vieille. Elle avait quarante ans. Harvey se souvenait du lot qu'il avait acheté à la vente de Noël du Conservative Club: des jouets, des articles divers. Douze personnages articulés, dont un Spiderman avec un vélo de course et un tas de bricoles en plastique qui ne valaient pas un clou, et la pile de bandes dessinées, intactes, entreposées au fond d'une vieille caisse dans un grenier quelconque. Les bandes dessinées ne lui plaisaient pas. Il voulait les figurines et les trucs en plastique: des briques de Lego et autres cochonneries. Il avait failli jeter les bandes dessinées. Des *Quatre Fantastiques* et des *Surfeur d'argent* (qui ne se suivaient pas). Mais au lieu de cela, il les avait lues. Allongé par terre dans sa chambre, n'ayant rien d'autre à faire, il les avait lues l'une après l'autre et à un moment donné, il s'était perdu dans ce monde où régnaient la force et le bien, la grâce et la beauté, et un humour parfait. Le Surfeur d'argent avait été son premier amour: si beau, si tragique. Lui aussi se languissait de la femme qu'il avait aimée et qu'il ne pouvait plus voir, dans les régions les plus lointaines de l'infini. Lui aussi avait l'air super cool sur une planche de surf, même si dans les Cornouailles, le surf ça caillait sacrément, et il avait tendance à préférer rester assis sur le sable pour regarder passer les filles.

Ensuite, il avait découvert Spiderman et il avait trouvé son véritable alter ego. Le Surfeur d'argent était trop atteint, trop inaccessible en définitive. L'homme-araignée, lui, était humain : secret, mélancolique, passionné et sarcastique. Aussi humain que pouvait le souhaiter n'importe quel adolescent, bien plus humain même que tous les gens qu'il connaissait. Spiderman possédait un tas de pouvoirs, mais il ne pouvait jamais les utiliser pour s'aider lui-même. Malgré tout ce potentiel, il restait seul. Par ailleurs, il était amoureux de Mary-Jane. Et Harvey commençait juste à découvrir Penny Trayland qui portait un jean moulant avec une fleur peinte au pochoir sur la fesse gauche. Les fleurs jouaient un grand rôle dans les rêves de Harvey à cette époque. Il avait donc découvert les bandes dessinées à cette occasion. Et ses premiers achats avaient formé le début de la collection qui deviendrait un jour la base de cette boutique et, à bien des égards, de toute la vie qu'il avait bâtie sur ces fondations plutôt fragiles. La seule bande dessinée qui ne l'intéressait pas dans ce premier butin historique était le *Superman numéro un*. C'était pour les gamins, il le voyait bien. « Les exploits audacieux du seul et unique Superman. » C'était ridicule. Le dessin était laborieux. L'histoire était insignifiante : on était bien loin des explorations complexes, angoissées et existentielles du Surfeur d'argent, ou même des souffrances banales, mais tragiques, des Quatre Fantastiques. Alors, il l'avait donnée, il l'avait échangée contre presque rien, pour faire preuve de bonté envers un enfant persécuté. Saint Briscow, saint Harvey de Saint Ives de mes deux.

Il feuilleta le *Superman numéro un* d'un air accablé, en prenant soin, instinctivement, de ne pas abîmer les pages. Il ne valait plus rien maintenant, il n'avait plus aucune valeur. Il le savait. Il ne pourrait jamais le vendre sans être accusé de meurtre et même si le meurtre était élucidé, ce n'était pas lui qui pourrait le vendre. Il appartenait à Bleeder. Il devrait le détruire, le balancer dans une benne ou ailleurs en rentrant chez lui. Toutes ces promesses, tout ce pouvoir qu'il tenait dans ses mains, et qui ne représentait plus que des ennuis, la tragédie et sa perte.

Exactement comme Spiderman, en fait.

– Revenir en arrière, encore et encore, en décrivant des cercles de probabilité toujours décroissants.

Sigvard Jarvin était d'humeur poétique et Allen suivait son penchant naturel qui l'incitait à suivre son chef.

– Nous sommes comme qui dirait bloqués sur ce Mr Briscow, n'est-ce pas, monsieur ?

– Oui et je n'aime pas ça. Je ne le vois pas dans la peau d'un meurtrier, bizarrement, et Mrs Cooper est de cet avis.

– En effet, monsieur. Et nous attachons beaucoup d'importance à l'avis de Mrs Cooper ?

Jarvin lui lança un regard noir.

– Pas plus qu'à l'avis de n'importe qui, Allen. Mais ce genre d'intuitions m'intéresse toujours.

– Oui, monsieur. Une femme très séduisante, cette Mrs Cooper.

Allen but une gorgée de thé et s'attendit à être remis à sa place.

– Vous pouvez abandonner ce ton immédiatement, Allen, répondit Jarvin, obligeamment. Je prends toutes les opinions comme elles viennent. Celle de Mrs Cooper est tout aussi valable que celle de n'importe qui.

Il appuya cette affirmation d'un petit hochement de tête, un mouvement caractéristique et viril. Allen hocha la tête lui aussi, mais de manière plus lente et douce.

– Nous voilà revenus à Briscow, dit-il.

– Oui, il faut croire…

Jarvin observa le snack dans lequel ils déjeunaient. C'était le préféré d'Allen, et Jarvin avait cessé depuis longtemps de s'en plaindre. Il y avait des tables en Formica rouge le long de chaque mur, entourées de banquettes, des photos de boxeurs en noir et blanc aux murs, une par table, et, curieusement, du papier tontisse rouge. Les plats du jour étaient inscrits d'une écriture flamboyante, mais imprécise, sur une grande ardoise placée au milieu de l'allée. Jarvin n'avait pas besoin de la consulter pour savoir ce qu'il allait commander. Son collègue également. Côtelettes d'agneau et purée pour Allen, spaghettis carbonara pour lui. Certaines personnes affirmaient qu'un duo de policiers, c'était comme un couple marié, mais Jarvin ne partageait pas cet avis. Il se serait lassé depuis longtemps d'une relation amoureuse aussi prévisible que la leur. Par bien des côtés, il se considérait comme un homme aventureux ; il avait même été qualifié de courageux, à plusieurs reprises, au cours d'une carrière mouvementée dans l'armée et maintenant dans la police. Mais il n'exigeait aucune surprise de la part d'Allen. Et lui-même ne se désolait pas d'en offrir si peu.

– Côtelettes ? dit-il et son collègue acquiesça d'un air méditatif, sans faire de commentaire. Oui, nous voilà revenus à Briscow. Littéralement, je pense. Nous allons retourner le voir. Je veux savoir comment il s'entendait avec Charles Odd. D'ailleurs, j'aimerais qu'on puisse l'interroger, lui aussi.

– Mr Odd a l'intention de rester dans les Cornouailles ?

– Oui, apparemment, pour l'instant. Maintenant que l'enquête médico-légale est terminée, l'enterrement aura lieu mercredi. L'inspecteur Roberts, qui se trouve là-bas, semble assez satisfait. Ce qu'il nous a raconté l'autre jour tient toujours : il s'est rendu à l'église dimanche de bonne heure, un grand nombre de témoins peuvent le confirmer, puis il est allé en ville à pied pour acheter les journaux et il les a lus dans un café. Nul ne se souvient de ce détail, mais pourquoi est-ce que les gens s'en souviendraient ? Ensuite, il est rentré chez lui en faisant un détour, pour visiter la ville. À l'heure du déjeuner, il s'est arrêté pour boire un verre dans un pub, où il a été vu par la plupart des participants à la réunion, à l'exception de Harvey Briscow qui n'était pas avec eux. De retour chez lui, il a supposé que sa mère était sortie. Il est entré par la porte de devant et n'a pas remarqué tout de suite la fenêtre brisée dans la cuisine. Il s'est assis dans le salon, il a lu le journal, puis il est allé faire un tour dans les environs, pour explorer ses racines… jusqu'au promontoire, histoire de prendre l'air… Ils marchent beaucoup, ces gens-là. On dirait que la moitié d'entre eux ont fait une longue promenade ce dimanche-là. Comme par hasard.

– Oui. Mrs Cooper s'est promenée également, n'est-ce pas ?

– En effet. Elle est allée sur les falaises, elle aussi. J'imagine que c'est ce que tout le monde fait au bord de la mer, en hiver, mais j'aurais préféré qu'ils s'installent quelque part où des gens auraient pu les voir. (Il secoua la tête et sourit.) Personne ne pense à nous, la police.

– Non, confirma Allen en souriant lui aussi. Mais où était donc Mr Briscow ?

– Bonne question, Allen. Où était Mr Briscow ?

– Je remarque que vous n'avez pas posé la question quand nous sommes allés le voir.

– Non, en effet. (Jarvin secoua la tête d'un air songeur.) Mais peut-être que je le ferai, qui sait ? Peut-être que Mr Briscow était entouré de vingt personnes ce matin-là à 11 heures. Peut-être que nous pourrons le rayer de notre liste et l'oublier. Qu'en pensez-vous ?

– Je pense qu'il est certainement allé se promener, répondit Allen d'un ton lugubre, avant de s'égayer de manière flagrante. Des côtelettes, dit-il en adressant un grand sourire à la serveuse.

Après avoir passé leur commande, les deux hommes restèrent muets jusqu'à ce que la serveuse revienne avec leurs plats. Jarvin grimaçait à cause de l'odeur familière de cette sauce dont il avait appris à se contenter depuis longtemps, quand Allen demanda de manière fort inattendue :

– Et cette histoire de bande dessinée ? J'y ai un peu réfléchi et je dois avouer que je n'ai jamais entendu dire que quelqu'un ait été assassiné pour une bande dessinée. Ce pourrait être un mobile tout à fait nouveau. Qu'en pensez-vous ? Il pourrait y avoir quelque chose là-dessous ?

– Je ne sais pas. (Jarvin profita de ce prétexte pour épargner une nouvelle bouchée à ses papilles gustatives.) Cette bande dessinée vaut beaucoup d'argent, assurément. Je suis allé jeter un coup d'œil sur Internet, hier soir. Des collectionneurs sont prêts à débourser quatre cent mille dollars pour une édition originale de 1939 de *Superman Comic*. Cette somme me paraît invraisemblable, mais c'est moins que le numéro un d'*Action Comics*, estimé à près d'un million de dollars. Un million de dollars pour une bande dessinée, Allen. Ça ne vous fait pas frémir? *Action Comics,* c'est là où est apparu Superman, évidemment.

– Évidemment, répéta Allen comme si cette information allait de soi. Je ne dépenserais pas deux cent mille livres pour ça.

– Non.

Jarvin ne demanda pas à Allen pour quoi il serait prêt à dépenser cette somme. Des images de vastes terrasses en bois et de hangars aménagés tournoyèrent dans son esprit; il connaissait relativement bien les goûts de son subordonné.

– Mais je ne pense pas qu'on puisse parler de nouveau mobile, ajouta-t-il. La cupidité est vieille comme le monde, n'est-ce pas?

– Exact, monsieur. C'est juste.

Allen introduisit dans sa bouche une fourchette qui contenait tous les groupes alimentaires en même temps, puis il mâcha bruyamment.

– Mais c'est le seul mobile qui aurait un sens dans le cas de Mr Briscow, n'est-ce pas, monsieur? reprit-il. Sinon, pourquoi tuer une vieille dame? Il ne m'a pas l'air d'être un pervers ni un détraqué. Alors…

Il profita qu'il avait la bouche ouverte pour la remplir. Les côtelettes étaient servies avec des épinards presque liquides en plus de la purée et Allen avait créé une jolie substance verte et visqueuse en mélangeant les deux. Jarvin détourna les yeux.

– Je ne sais pas, dit-il. Mais le fait de la tuer me paraît excessif, vous ne croyez pas, même si le mobile de la bande dessinée tient debout? Si la mère d'un ancien camarade d'école vous surprenait chez elle, est-ce que vous l'égorgeriez avec un couteau? Ou est-ce que vous rougiriez en expliquant que vous veniez voir Charles à l'improviste et en vous excusant d'avoir brisé une fenêtre accidentellement… quelque chose comme ça? Certes, ce serait peut-être un peu gênant… je ne sais pas.

Allen pouvait, à l'occasion, devenir biblique, comme à cet instant.

– Supposons qu'il soit en proie au désir, monsieur? Supposons qu'il ait découvert la bande dessinée et que cette femme tente de la lui reprendre…

– La luxure de la bande dessinée? (Jarvin essaya de ne pas rire et il remua ses spaghettis carbonara avec sa fourchette.) Oui, peut-être, mais c'est un peu difficile à imaginer, non? «J'étais tellement submergé par ma passion pour Superman que j'ai perdu toute mesure, monsieur le président du tribunal.» C'est une défense qui pourrait marcher, mais j'ai du mal à le concevoir. J'ai tendance à penser qu'il y a quelque chose derrière cette histoire de persécution. Cela semble être l'unique relation entre eux, exception faite de la bande dessinée, et même ça c'est lié à leur passé. Si Harvey Briscow persécutait Charles Odd et si Mrs Odd le savait… Je me demande s'il n'y a pas quelque chose à ce niveau-là. Bref… (Il revint à ses pâtes avec détermination.) Nous retournerons voir Mr Briscow et peut-être que nous en saurons plus.

Il ferma les yeux et commença à manger, stoïquement.

Que faire, que faire? Harvey avait déjà rangé et ressorti trois fois la bande dessinée avant même que la journée de samedi ait véritablement commencé. C'était étrange de constater combien les cachettes étaient rares dans une pièce quand vous y prêtiez vraiment attention. Peut-être qu'Edgar Allan Poe lui-même ne trouverait pas d'autre endroit pour la planquer. Ce n'était pas comme si tout était bien rangé, pourtant; simplement il n'existait aucun endroit où Josh ne risquait pas d'aller fouiner à un moment ou à un autre. Pendant un instant, Harvey envisagea d'assassiner Josh. Cacher son corps serait sans doute plus facile que de cacher un *Superman numéro un*. Le samedi était le seul jour de la semaine où les clients étaient suffisamment nombreux dans la boutique pour justifier la présence de deux employés. Mais alors même qu'il marchandait le prix d'une série de *Darkman*, tout en observant Josh qui essayait de fourguer un obscur manga à des collectionneurs peu enthousiastes, Harvey pensait au tiroir de son bureau, et combien il serait facile de simplement y retourner avec un briquet pour régler le problème d'un seul coup, ce qu'il n'avait pas osé faire jusqu'à présent, malgré son espoir de trouver une nouvelle motivation. Dès que la maigre affluence de la matinée commença à refluer, il se rendit dans le bureau, la sortit du tiroir une fois de plus, se releva et resta là, immobile, indécis, tel Hamlet… en version bande dessinée éducative.

– Hé, Harv, je peux aller acheter des bananes?

Josh entra nonchalamment dans l'arrière-boutique. Harvey se plia en deux, se retourna brusquement dans une sorte de contorsion de dissimulation.

–Je t'ai dit que je voulais avoir la paix! (Il se redressa en glissant le *Superman numéro un* dans le dos de son pantalon.) Ça veut dire que tu dois me laisser tranquille, Josh. Tu ne dois pas faire irruption comme ça pour me parler de bananes. Qu'est-ce que tu veux foutre avec des bananes, d'abord ?

– Je pourrais faire une crème anglaise à la banane.

Josh n'était nullement déstabilisé par la colère de Harvey. Josh était soit profondément vexé soit indifférent. Cela faisait longtemps que Harvey rêvait de trouver un assistant entre les deux.

– On a une boîte de crème anglaise en poudre dans le placard, je l'ai vue hier en faisant du rangement, et je me suis dit que je pourrais faire une crème à la banane, histoire de changer de l'ordinaire. Un truc différent.

Il regardait Harvey avec ferveur à travers ses lunettes qui brillaient d'une lueur d'impatience. Harvey ferma les yeux et inspira à fond.

– Oui, Josh, une crème à la banane, ce serait super. Si tu crois que tu peux faire fonctionner le réchaud à gaz, si tu crois que tu peux trouver une casserole qui ne soit pas rouillée et s'il y a deux bols pour la manger, alors oui, je pense que tu peux profiter du jour où on a le plus de clients pour préparer une crème à la banane.

– Chouette ! (Josh se précipita vers la petite caisse, puis s'arrêta soudain et dévisagea Harvey.) Tu vas pas m'agresser comme la dernière fois, hein ?

– Non. Pourquoi ?

– J'ai besoin de fric pour acheter les bananes. Pas de plaquage, hein ?

– Non, non. Pas de plaquage.

Harvey regarda patiemment Josh prendre deux pièces d'une livre dans la boîte en métal et noter soigneusement ce retrait dans le registre qui se trouvait à l'intérieur.

– OK, dit-il, rayonnant. C'est parti pour la crème à la banane !

Dès qu'il fut parti, Harvey sortit le *Superman numéro un* de son pantalon, le posa sur le bureau, s'assit dans son fauteuil et contempla la bande dessinée une fois de plus. De manière aussi soudaine qu'inattendue, il eut envie de pleurer. Il sentit un énorme sanglot se former au fond de sa gorge et monter telle une bulle dans un bain. Il reconnaissait ce sentiment. C'était celui d'être puni pour une faute qu'il n'avait pas commise. Depuis quand n'avait-il pas éprouvé cette sensation, qui semblait se répandre dans son organisme, comme si les larmes se mêlaient au sang, le rendant à la fois tout mou et frénétique ? C'était à l'école, la fois où on l'avait accusé d'avoir volé l'argent d'une vente de charité. Quelqu'un avait fauché la recette et on l'avait soupçonné. Il se souvenait maintenant de ce sentiment où se mélangeaient l'impuissance, l'indignation vertueuse et le désespoir. Il avait failli être renvoyé, alors qu'il était totalement innocent. Le coupable n'avait jamais été découvert, mais il avait des soupçons : ces foutus joueurs de rugby avaient rigolé comme des bossus. Carl Butcher et ses potes, parmi lesquels ce salopard de Jeff Cooper. Harvey se trouva projeté dans le passé : il attendait devant la porte du proviseur, assis sur cet épouvantable canapé vert, sachant que sa mère et son père allaient arriver et sachant également, avec une certitude terrible pour quelqu'un d'aussi jeune, qu'ils se rangeraient du côté du proviseur et réclameraient une sanction plus sévère encore. C'était un sentiment d'isolement, l'impression d'être impliqué dans quelque chose de beaucoup trop énorme, trop grave, pour quelqu'un d'aussi petit. Quel âge avait-il, alors ? Onze ans ? Douze, peut-être… Aujourd'hui, il était adulte, évidemment, et pourtant c'était ce même sentiment qui ressurgissait de là où il se trouvait, bien rangé pour servir en cas de besoin. Harvey enfouit son visage dans ses mains et sentit les larmes mouiller ses paumes.

Assis dans le fauteuil, il se balança d'avant en arrière, en pestant contre une adversité impitoyable.

– Oh, merde, merde, merde, merde, répéta-t-il lentement dans une sorte de murmure sinistre. Qu'est-ce que je vais faire, bordel ?

– Hello ?

Josh avait laissé la porte du bureau ouverte et dans la boutique, quelqu'un se penchait au-dessus du comptoir pour regarder par l'encadrement.

– Oh, bonjour, inspecteur. (Harvey se leva d'un bond et marcha vers la porte.) Ça va ?

23

– Tout va bien, Mr Briscow?

Jarvin et Allen le regardèrent l'un et l'autre d'un air inquiet. Harvey se moucha avec son T-shirt Sepultura à manches longues.

– Euh… oui, oui. C'est juste un petit rhume.

Debout dans l'encadrement de la porte, il sentait ses yeux se mouiller de larmes. Il sentait également le *Superman numéro un,* posé sur le bureau derrière lui, qui brûlait l'arrière de son pantalon.

– Nous avions dans l'idée de bavarder un peu avec vous. Mais si le moment est mal choisi…

La gentillesse de Jarvin obligea Harvey à fermer les yeux pour repousser l'envie de tout lui raconter. Cela eut pour effet de faire déborder les larmes, qui coulèrent doucement sur ses joues. Il rouvrit les yeux et secoua la tête.

– Non, pas de problème, dit-il en reniflant. Laissez-moi juste faire un peu de rangement. C'est la pagaille, ici. Ah, c'est Josh qui revient?

Il regarda par-dessus l'épaule de Jarvin, puis, tandis que les deux policiers se retournaient, il recula prestement dans l'arrière-boutique et claqua la porte.

– OK. Ressaisis-toi, Briscow, murmura-t-il.

Il se précipita vers le bureau, se jeta sur la bande dessinée, la fourra dans le tiroir, le referma brutalement et le verrouilla.

– Mr Briscow?

La voix de Jarvin lui parvint de la boutique, étonnamment claire.

– Ouiiiii? chantonna Harvey en essayant désespérément d'empêcher les clés de tinter.

Puis il alla chercher la serviette éponge sale, étendue sur le dossier du canapé, et se frictionna le visage. Sur ce, il revint en courant vers la porte et l'ouvrit.

– Me voici!

Il leur adressa un grand sourire. Son visage était marbré d'un mélange de larmes, de morve et de peluches grises provenant de la serviette.

– Je croyais avoir entendu Josh revenir, mais non. Entrez, entrez.

– Seulement si vous êtes sûr que... (Jarvin avança lentement). Si vous voulez ranger un peu...

– C'est fait, répondit Harvey en souriant de plus belle. J'ai terminé, c'est rangé. Pas de problème. Entrez, entrez.

Une fois de plus, il souleva l'abattant du comptoir pour qu'ils puissent pénétrer dans l'arrière-boutique, et une fois de plus, il eut le sentiment d'inviter une chose assez imposante et inattendue dans son espace vital, comme si on faisait entrer un morse dans une Ford Cortina. Mais aujourd'hui, il se sentait davantage maître de la situation.

– Vous avez oublié de me demander quelque chose la dernière fois, hein?

Il souriait encore, avec des yeux brillants, quand ils eurent tous repris leur place respective: lui au bureau, mais lui tournant le dos pour faire face à la pièce, Jarvin dans le canapé et Allen sur la chaise en bois franchement dangereuse installée derrière la porte.

– On a oublié quelque chose ? s'étonna Jarvin.

– Où j'étais. Vous demandez à toutes les personnes où elles étaient le jour du meurtre, le dimanche matin, aux alentours de 11 heures. Mais vous avez oublié de me poser la question.

– Vraiment ? Oui, peut-être. Vous voudriez qu'on vous le demande ?

Jarvin souriait, lui aussi.

– Si vous voulez, vous pouvez. De toute façon, je vous le dirai.

Harvey éprouvait soudain l'envie de le leur dire, ou plutôt, il aurait aimé qu'ils le lui demandent.

– J'étais parti me promener, dit-il, et Jarvin réussit à ne pas regarder Allen. J'ai essayé de reconstituer ma matinée pour vous aider. (« Merci », dit poliment Jarvin.) Et voici ce que j'ai trouvé...

Harvey marqua un temps d'arrêt de manière théâtrale, puis il renifla, conscient que ses larmes, repoussées sans ménagement, essayaient maintenant de s'échapper par ses narines.

– Je me suis levé vers 8 h 30, c'est plus tôt que d'habitude, mais c'est mon père qui m'a réveillé. J'ai pris une douche. Je suis descendu, j'ai pris mon petit déj. Puis je suis allé me promener aux alentours de 9 h 30. Après ça, je suis allé en ville, j'ai regardé les boutiques, puis je suis allé sur la plage et j'ai marché le long du rivage. Ensuite, j'ai fait demi-tour et je suis arrivé chez moi vers 12 h 15. On a déjeuné à 13 heures.

Il sourit aux deux policiers, en ayant l'air d'attendre quelque chose. Jarvin hocha la tête et fit deux observations. La première, pour lui-même, était que la lecture intensive des bandes dessinées ne servait nullement à améliorer votre style narratif. La seconde, il la formula à voix haute :

– Et après cela, qu'avez-vous fait, Mr Briscow ?

– Après ? (Harvey le regardait d'un air hébété.) Elle est morte à 11 heures. Qu'est-ce que ça peut faire, ce que j'ai fait après ?

– Je me demandais... (Jarvin observait attentivement Harvey.) J'aimerais savoir ce que vous avez fait dans l'après-midi.

– Bon sang, j'en sais rien !

La surprise et la terreur se mêlaient à l'agacement. En quoi ça pouvait intéresser Jarvin où il était l'après-midi ? Il venait de lui dire la vérité complète et sans mélange, nom d'un chien ! Il aurait aimé qu'on lui accorde un minimum de crédit.

– J'étais chez moi, répondit-il sans trop de conviction. Je crois. À moins que je sois sorti ? Faut que je réfléchisse. Mais je crois que je suis resté chez moi un petit moment, et peut-être que je suis allé faire un tour avec la voiture de mon père. Je ne sais plus.

– Vous étiez chez vous avec votre mère et votre père.

– Oui... Non... Je ne me souviens plus. Ils étaient certainement là, mais je ne sais plus si j'étais avec eux. Peut-être que je suis resté dans ma chambre.

– Combien de temps ?

– Je ne sais pas trop. Presque tout l'après-midi, je suppose.

– Ça fait long, tout seul dans une chambre. Vous aviez sans doute envie de passer un peu de temps avec votre famille...

Jarvin essayait de l'aider.

– Vous ne les connaissez pas. Mais bon, peut-être que c'est ce que j'ai fait, franchement je ne…

– Et ensuite, vous êtes allé faire un tour avec la voiture de votre père ?

– Peut-être. Je ne… C'était dimanche? Ou un autre jour? Vous voyez, tout ça est très flou…

– Nous pourrions peut-être interroger vos parents? Si vous me donnez leur numéro, je pourrais les appeler, juste pour confirmation…

Pas facile d'exprimer une éruption volcanique interne sous forme d'un grattement de tête et d'une grimace dubitative, mais Harvey tenta le coup. Le fait qu'il passe du rose vif au blanc le plus pâle en une vingtaine de secondes fut l'unique signe apparent de son désarroi.

– Non, j'aimerais mieux pas, dit-il. Ils s'inquiètent pour un rien. Je pourrais le leur demander, mais j'ai surtout besoin d'un peu de temps pour réfléchir. Je suis sûr que ça va me revenir.

Où diable avait-il bien pu aller cet après-midi-là? Il ne voyait que des gants pour la vaisselle imbibés de sang et des bouteilles de détergent. Et il entendait l'écho des paroles de sa mère au sujet du lavage de ses vêtements et de ses baskets. Aucun doute, elle s'en souviendrait.

Jamais il n'avait éprouvé une telle envie d'inciter des gens à s'en aller. Il fallait que cette discussion s'achève et qu'il appelle sa mère. Bon sang, qu'allait-il lui dire? « Tu te souviens des affaires sales sous mon lit? Eh bien, elles n'ont jamais existé, d'accord? Ça ne s'est jamais produit, tu as compris? » Les films de gangsters étaient toujours des histoires de familles. C'était sans doute pour cette raison que les gangsters se faisaient prendre à tous les coups.

Ne laissez jamais votre famille se mêler de vos affaires, telle était la règle simple de l'existence. Harvey avait fait de son mieux pour l'appliquer pendant de nombreuses années, et pourtant, voilà qu'en cet instant de crise, il devait appeler sa maman. Une fois qu'il se serait débarrassé de la police, évidemment.

– Il ne nous en faudrait pas plus pour corroborer vos affirmations au sujet de la matinée également. (Jarvin poursuivait la conversation, comme si rien de tout cela ne se passait dans la tête de Harvey.) Nous nous intéressons à toutes les personnes qui sont impliquées dans cette affaire, d'une manière ou d'une autre. Toutefois, nous pouvons revenir plus tard. Je voulais également vous interroger au sujet de Mrs Odd. J'essaye de me faire une image d'elle. Il y a dans les Cornouailles des gens qui l'ont connue, évidemment, mais je suis curieux de savoir quel souvenir les amis de Charles ont gardé d'elle.

– Les amis ? Je n'étais pas vraiment son ami…

– Je pensais à l'échange.

– Ah, oui. C'était exceptionnel. À vrai dire, je le connaissais à peine. Et je connaissais encore moins sa mère. Comme je vous l'ai dit la dernière fois, je ne savais même pas comment elle s'appelait. Je vous l'ai dit…

Sa voix mourut et il regarda Jarvin avec dans le regard ce qui ressemblait à une supplication. Pourquoi ne s'en allait-il pas ?

– Donc, vous n'êtes jamais entré dans la maison ?

Cette question prit Harvey au dépourvu.

– Quelle maison ? La maison des Odd ? Non, évidemment, ou plutôt, si, il y a une éternité. Il y a très longtemps, bien sûr, mais pas récemment. Il y a des années et des années.

– Vous y alliez en tant qu'ami.

– Oui. Non, pas en tant qu'ami, en tant que connaissance, une fois. Juste une fois.

– Pourquoi cela, Mr Briscow?

– Pourquoi quoi?

Harvey voulait appeler sa mère. Il pourrait lui expliquer que c'étaient des affaires volées ou un truc comme ça. Il avait été arrêté une fois pour vol à l'étalage, quand il avait quinze ans. D'ailleurs, son père remettait souvent le sujet sur le tapis, chaque fois qu'il était question de criminalité, sous toutes ses formes. Il suffisait d'un reportage sur un meurtre sinistre ou un vol à main armée aux informations et le crime de Harvey refaisait surface: un point de comparaison, le rappel que le mal n'existait pas qu'à la télévision. C'était encore une des raisons pour lesquelles il revenait si rarement chez lui. Alors oui, peut-être pourrait-il dire que c'étaient des affaires volées. Ils y croiraient certainement. Mais sa mère le couvrirait-elle? Son père, certainement pas. À vrai dire, il n'était même pas sûr que son père n'irait pas le dénoncer immédiatement. Il soupira, secoua la tête et reporta son attention sur Jarvin qui attendait poliment.

– Pardon?

– Je me demandais pourquoi vous n'étiez allé qu'une seule fois chez Mrs Odd, il y a des années.

– Oh, j'en sais rien. C'est important? J'y suis allé comme ça, sans raison.

Pourquoi y était-il allé? Bonne question. On ne pouvait pas dire qu'il avait la moindre envie de connaître Bleeder, pas plus à l'époque que maintenant.

– Vous ne pensez pas que ça pourrait être important?

Le regard de Jarvin s'était adouci; il semblait glisser sur le sien, au lieu de l'affronter directement.

– Non, bien sûr que non, ça remonte à loin.

– Donc, vous n'aviez aucune opinion sur Mrs Odd ?

– Une opinion ? Euh, elle était folle, non ?

– Folle ?

– Non, pas folle. Juste un peu… bizarre. En tout cas, c'est ce que les gens semblaient penser d'elle. Mais je ne l'ai jamais connue, évidemment.

– Non. Pourtant, c'était comme ça que vous la considériez… bizarre.

– Oui. Elle avait une réputation.

– Une réputation ?

– Elle était un peu… un peu bizarre. Elle laissait des hommes coucher avec elle, à ce qu'on racontait. J'en savais rien, moi, évidemment. J'étais trop jeune. Mais elle ne se lavait pas souvent. Dans la rue, elle criait après les gens… elle divaguait.

Harvey essayait de définir avec des mots ce qu'était Mrs Odd. En fait, elle faisait partie de la vie locale, voilà tout, à tel point qu'il n'avait jamais analysé ce qu'elle représentait. Dans les petites villes, on trouvait toujours des gens comme ça, non ? Des légendes locales, étranges.

– Je crois que, à une autre époque, ç'aurait été une sorcière, ajouta-t-il après un silence. Plus ou moins folle et toujours là, partout, vous voyez, en train de rôder, habillée bizarrement, en train de marmonner. Je l'imagine lançant des malédictions ou je ne sais quoi, à l'époque médiévale. Mais dans les années 1980, elle était simplement un peu… bizarre. Un peu inquiétante. On ne voulait pas s'en approcher de trop près, de peur d'être contaminé. (Ce n'était pas très bon, ça.) Évidemment, maintenant, je serais plus compréhensif. Mais à cette époque, on cherchait à l'éviter. Et on se moquait d'elle, d'une certaine façon.

Vous en auriez fait autant, monsieur le Policier Tout-Puissant.

– Je vois, dit Jarvin, songeur, et Harvey sentit que son regard changeait, si bien que c'est lui qui détourna la tête cette fois quand il le croisa. Pas facile d'avoir une mère comme ça.

– Oui, oui, sans doute.

Harvey avait toujours pensé qu'on ne pouvait pas trouver pire que sa mère, mais il devait reconnaître que Mrs Bleeder l'emportait.

– Je suppose que, de nos jours, ajouta-t-il, Blee... Charles serait envoyé dans une famille d'accueil ou un truc comme ça. Mais à l'époque, il devait faire avec, plus ou moins.

– Et bien entendu, ses amis devaient compter énormément. Mais je doute qu'il en ait invité beaucoup chez lui.

Le regard était toujours là et Harvey esquissa un sourire, les yeux dans le vague.

– Bref, si quelque chose vous revient au sujet de cette visite, Mr Briscow, ça pourrait nous être utile... N'hésitez pas à m'appeler si vous vous souvenez d'un détail...

Il se tourna légèrement vers Allen, qui plongea la main dans sa poche sans rien dire et nota un numéro sur une carte de visite. Les deux hommes se levèrent et se dirigèrent vers la porte. Harvey n'avait jamais été aussi heureux de dire au revoir.

– Oh ! Vous pourriez peut-être me laisser le numéro de vos parents pour que je les raye de ma liste.

– Hein ? Non !

– Vous préférez que je ne les appelle pas ?

– Oui, je vous l'ai dit. Ça va les perturber, je les appellerai...

– Pourquoi seraient-ils perturbés, Mr Briscow?

– Ils ne sont pas à l'aise avec la police. (Harvey se mit à broder.) Ils ont peur pour un rien, surtout mon père. Laissez-moi les appeler pour leur expliquer. Ils sont âgés, ils s'inquiètent facilement.

Ça sortait d'où, tout ça? Difficile d'imaginer une description aussi éloignée de ses parents et de la joie sans retenue qu'ils éprouveraient à se retrouver impliqués dans une enquête sur un meurtre. Il eut la vision de ses nouveaux parents, vieux et brisés, tremblant dans leur maison, sursautant au moindre bruit. Si seulement la vie ressemblait vraiment à ça.

– Je les appellerai pour savoir s'ils s'en souviennent. Promis.

Si vous voulez bien foutre le camp maintenant.

– Très bien. Et peut-être que vous pourrez leur demander de m'appeler à ce même numéro.

Le bout de carton blanc, avec le numéro de téléphone, se retrouva dans la main de Harvey et il le tint devant lui à bout de bras comme s'il était attaché au fil d'un cerf-volant.

– Qu'ils vous appellent? Euh… je ne sais pas. D'accord.

Il ne voyait aucun motif pour priver Jarvin de cela. Comme avec Josh précédemment, il caressa l'idée d'assassiner Jarvin et son adjoint. Voilà qui arrangerait les choses pendant quelques minutes, assurément. Mais il regarda Allen et repoussa cette idée: ce type était énorme. Les deux policiers quittèrent la boutique en faisant leurs adieux. Harvey les salua d'un vague geste de la main, celle qui tenait la carte blanche, puis il retourna dans le bureau en courant et se jeta sur le téléphone.

24

Deux clients entrèrent dans la boutique d'un pas traînant au moment où Harvey composait le numéro et il leur jeta un regard soupçonneux. S'il y avait une chose dont il n'avait pas besoin maintenant, c'était bien de ça: des habitués qui allaient passer beaucoup de temps et dépenser peu d'argent dans sa boutique. Il envisagea de les flanquer dehors, puis se dit qu'il était plus simple de fermer la porte et de les laisser se débrouiller. La criminalité était rare parmi les fans de bandes dessinées: ils voulaient tous être du côté du bien.

Le numéro était occupé. Ce qui, quand il y réfléchissait, était inévitable. Comment se faisait-il que les parents réussissaient toujours à vous exaspérer, même quand vous étiez à des kilomètres, même sans le savoir, inconsciemment, sans préméditation? En temps normal, quand il les appelait, il priait pour que ce soit occupé, et ça ne l'était jamais. Il y avait toujours une longue succession de sonneries, si longue qu'il commençait à se dire qu'ils étaient sortis, ou bien morts, mais au moment où il allait raccrocher, avec un grand sourire de soulagement, sa mère décrochait et de sa petite voix, celle qu'il ne reconnaissait pas, celle qu'elle réservait aux autres, elle disait: «Allô?» comme si elle n'avait encore jamais parlé au téléphone et risquait d'être punie. Alors, il grommelait: « Salut, maman », et aussitôt elle devenait très différente de cette petite personne. « Harvey chéri ! » s'exclamait-elle et c'était parti pour le premier jeu: elle essayait d'en savoir plus sur sa vie et lui essayait de l'en empêcher. Cela débouchait rapidement sur le deuxième jeu: elle essayait d'entretenir la conversation malgré l'absence d'informations sur lesquelles s'appuyer, et lui essayait d'y mettre fin sans se montrer trop malpoli. Mais aujourd'hui, évidemment, alors qu'il avait besoin de lui parler, elle était occupée avec quelqu'un d'autre. Et évidemment, ça dura un bon moment. (Ce ne pouvait être son père qui téléphonait, son père n'aimait pas le téléphone.) Josh n'allait pas tarder à revenir avec ses bananes et cet appel exigeait de l'intimité. La manière dont la voix de Jarvin avait résonné à travers la porte le poussait à se demander s'il était vraiment seul dans l'arrière-boutique, surtout s'il se mettait à crier, ce qui était toujours une forte possibilité quand il appelait ses parents. En outre, Jarvin disait-il la vérité ? Et s'il avait déjà le numéro de ses parents ? Ils figuraient dans l'annuaire, nom d'un chien. Et s'il s'amusait avec lui, s'il le testait ? Et si c'était *lui* qui parlait au téléphone avec sa mère à cet instant ?

Harvey refit le numéro avec une vigueur renouvelée, mais la femme la plus exaspérante au monde continua à répéter: « Le numéro de votre correspondant est occupé, veuillez renouveler votre appel. » Il éprouvait le désir d'assassiner cette femme depuis un certain temps, depuis qu'elle avait fait son apparition pour la première fois, sans prévenir, à la place du bip bip bip normal qui indiquait un numéro occupé. Il appuyait sur la touche bis toutes les vingt secondes environ et tombait sur elle à chaque fois, puis toutes les trois minutes environ ; il se disait qu'il était peut-être en train d'appeler un mauvais numéro, pendant que sa mère discutait avec Jarvin, alors il refaisait le numéro entièrement. Il commençait à se demander si sa mémoire lui jouait des tours : était-ce bien le numéro de ses parents, d'abord ? Peut-être qu'il l'avait inventé… lorsque ça sonna pour de bon.

– Allô ?

La joie de Harvey s'envola immédiatement quand il entendit la voix de son père.

– Salut, papa.

Où était sa mère ?

– Harvey, ne nous appelle pas dans la journée, ça coûte une fortune. Appelle après 18 heures.

– Oui, d'accord, papa. Euh… Maman est là ?

– Qu'est-ce que tu lui veux ? Il s'est passé un drame ? Sinon, je raccroche, c'est immoral de gaspiller de l'argent de cette façon.

– Tais-toi, papa, et va chercher maman. J'ai un truc à lui demander.

– D'accord, mais fais vite, mon garçon. J'imagine que tu ne gagnes pas énormément d'argent avec ta boutique…

Harvey écouta le bruit de sa propre respiration dans l'appareil, lourde et haletante, puis il entendit, au loin : « C'est ton fils. Il a dû gagner au loto sportif et il nous appelle pour fêter ça… » Et l'exclamation de joie de sa mère : « C'est Harvey ? Oh, Donald, comme c'est gentil… » Puis, enfin, sa voix au bout du fil. « Allô ? » Interrogatrice et débordante d'espérances. Harvey se demanda brièvement ce que son esprit avait pu imaginer le temps qu'elle prenne la communication. Il appelait si rarement dans la journée qu'elle était forcément optimiste : il allait se marier, c'était ce qu'il y avait de plus probable. Ou bien, il avait décroché un poste dans une banque, en deuxième position.

– Bonjour, maman.

Impatient d'appeler ses parents, il n'avait pas élaboré de plan de conversation ; il allait devoir improviser.

– Comment ça va, mon chéri ? Tout va bien ?

Il sentait l'inquiétude et l'attente se mélanger dans sa voix. Il secoua la tête et prit son habituel ton circonspect, presque malgré lui.

– Ça peut aller. Je voulais savoir si tu allais bien, toi aussi.

– Je vais bien, on va bien tous les deux. Ça fait plaisir de t'entendre…

Comment cette phrase pouvait-elle être une question ? C'était pourtant l'impression qu'il avait.

– J'ai eu l'idée de vous appeler pour vous dire que j'étais bien rentré l'autre jour.

– C'est très gentil, mon chéri.

Harvey sentait les efforts que faisait sa mère pour ne pas ajouter : « Mais tu ne t'es jamais donné cette peine pendant vingt ans. »

– Et… euh… J'ai reçu la visite de la police. Je pensais que ça vous intéresserait de le savoir… Ils vous ont parlé, à vous aussi ?

Il ne voyait aucun moyen plus subtil d'aborder la question.

– La police ? Donald, la police est allée chez Harvey !

– Pas étonnant. La drogue, je parie.

La voix de son père lui parvenait comme une présence lointaine, mais qui se rapprochait, et il l'imagina passant du salon au vestibule pour écouter la conversation.

– En fait… j'aurais aimé discuter avec toi seul à seul, maman.

– Oh, oui, bien sûr, mon chéri… Il veut me parler seul à seul, Donald. Mais tu devrais quand même rester là, au cas où il aurait besoin de tes conseils. Alors, mon chéri, qu'est-ce qu'ils te voulaient? C'est une histoire de drogue? Si c'est ça, franchement, ça ne m'étonne pas. Je me souviens de la fois où tu as acheté ce T-shirt avec une feuille de cannabis dessus, sur la plage. Ton père l'a rapporté, mais on s'est fait beaucoup de souci lui et moi, et maintenant…

– J'avais onze ans, nom d'un chien! Je croyais que c'était un signe de la paix, et puis quoi, c'était juste un T-shirt, pas une pipe à crack! De toute façon, ce n'est pas une histoire de drogue.

– C'est pas une histoire de drogue, Donald, traduisit-elle.

– Dis-lui qu'il vaut mieux dire la vérité tout de suite, il sera débarrassé. Ça ne sert à rien de mentir.

Harvey se tortillait de rage, littéralement.

– Bon Dieu, maman, comment tu as fait pour le supporter pendant toutes ces années? Dans quel monde complètement dingue il habite? Pourquoi je vous appellerais pour raconter des mensonges? Pourquoi je vous appellerais, tout court? D'ailleurs, pourquoi est-ce que j'ai appelé? Bon Dieu de bordel de merde.

– Surveille ton langage, Harvey. Il dit que c'est pas une histoire de drogue, Donald.

– Oui, je sais. C'est quoi, alors? Ils l'ont arrêté pour avoir tué Mrs Odd quand il est venu ici? Si c'est ça, qu'il n'espère aucune aide de ma part.

Mrs Briscow ricanait.

– Ton père demande s'ils t'ont arrêté pour le meurtre de Mrs Odd. Tu te souviens? La vieille dame qui a été assassinée pendant que tu étais là. Tu connaissais son fils… c'était quoi, son nom, déjà ? Donald, c'était quoi, son nom ? Charles, oui, exact. Tu le connaissais, Harvey, tu dois te souvenir…

Harvey se demandait s'il était possible de se suicider avec un téléphone. Il essaya en le cognant plusieurs fois contre sa tempe.

– Harvey ? C'est quoi, ce bruit ?

– Rien, maman. C'est juste le bruit du dernier clou qu'on plante dans un cercueil…

– Hein ? Quoi ?

– Rien. Écoute… ça concerne plus ou moins ce meurtre, en effet. (Il enchaîna rapidement pendant que sa mère laissait échapper un hoquet et transmettait l'information à son père.) Comme je connaissais Charles, la police voulait savoir ce qui s'était passé ce jour-là. C'était dimanche, et je me souviens de ce que j'ai fait : le matin, je suis allé me promener et l'après-midi, je suis retourné me promener. J'ai emprunté la voiture un petit instant, puis je suis resté dans la chambre et après, je suis sorti boire un verre, tu te souviens ?

Harvey se félicitait de n'avoir jamais poursuivi la carrière de criminel qu'il avait parfois imaginée ; il percevait une absence de prédispositions, un certain amateurisme.

– Oui, mais il était très tard quand tu es rentré, mon chéri. On espérait que tu resterais à la maison, mais tu es sorti avec tes amis, jusque très tard.

Sa mère se souvenait très bien, apparemment.

– Bon, d'accord, mais tu te souviens que je suis allé me promener dans l'après-midi, hein ?

– Je me souviens que tu es allé faire un tour le matin, mon chéri. Ensuite, tu es revenu pour déjeuner et tu as emprunté la voiture de ton père dans l'après-midi, hein ? Je me souviens aussi que tu étais très sale en revenant et que j'ai dû laver tes affaires, qui traînaient sous le lit, soit dit en passant, là où elles n'ont rien à faire. Mais je ne me souviens pas que tu m'aies dit où tu étais… Donald ! Harvey demande si on se souvient où il est allé le dimanche, la police veut le savoir.

– Pourquoi ?

Harvey entendait la voix de son père tout près du téléphone et il le soupçonnait d'écouter la conversation.

– Oui, pourquoi, Harvey ? Pourquoi ils veulent savoir ça ?

Pourquoi, à ton avis, pauvre idiote ?

– Simple routine. Ils interrogent tous ceux qui étaient à la réunion.

– Ils interrogent tous ceux qui étaient à la réunion, Donald.

– On peut pas lui fournir d'alibi, si c'est ça qu'il veut. Il est sorti et il est revenu. C'est tout ce qu'on peut dire. Ce qu'il a fabriqué, j'en sais rien. Ça me semble bien long pour une promenade ; n'importe qui penserait qu'il ne voulait pas rentrer à la maison.

– C'est vrai, Harvey, tu es resté absent longtemps pour une promenade. Je me demande ce que tu as fait pendant tout ce temps.

Sa mère essayait de deviner de toute évidence, comme s'il ne lui avait rien dit, comme s'il n'était pas là, au bout du fil, pour qu'elle lui pose la question. Il secoua la tête plus vigoureusement encore et s'agita de nouveau.

– Tu n'as pas à te le demander, je viens de te le dire ! Je me suis promené. Je veux juste que tu le répètes à la police.

– Tu veux qu'on le répète à la police ? Oh, Harvey, qu'as-tu fait ? Pourquoi diable est-ce que la police voudrait nous interroger ?

Nom de Dieu…

– Je n'ai *rien* fait, c'est justement ça, maman. Si j'avais fait quelque chose, je ne vous appellerais pas…

– La police ne demande pas des alibis sans raison, Harvey. Tu as bien dû faire quelque chose, non ? Il a besoin d'un alibi, Donald, la police va nous appeler.

– Qu'il ne compte pas sur moi. Je ne mentirai pas à un policier, ni à personne d'autre. S'il a fait quelque chose, qu'il en assume les conséquences, c'est aussi simple que ça.

– Oui, ton père a raison, Harvey. Si tu as fait une bêtise, il faut dire la vérité.

Harvey ferma les yeux, très fort, et appuya contre son visage le poing qui serrait le téléphone. Il pouvait mourir. Il pourrait mourir à cet instant, là, et tout serait fini.

– Je n'ai rien fait de mal, maman. C'est justement ça ! Je n'ai rien fait. Je te demande simplement de répéter à la police ce que je te dis : j'ai emprunté la voiture et je suis allé me promener dans l'après-midi. C'est simple.

– Mais pourquoi ils nous interrogeraient si tu n'as rien fait de mal, Harvey ? Ça ne tient pas debout.

Plus d'une fois, Harvey avait imaginé ses parents dans l'Allemagne nazie ; il avait le sentiment qu'ils avaient loupé leur vocation.

– Contente-toi de leur dire ça, d'accord ? Je vais te donner leur numéro.

Il tenait toujours la carte blanche dans la main et s'aperçut qu'elle était toute tordue et froissée, et même déchirée. Il lut le numéro, pendant que sa mère paniquait en cherchant le stylo qui était à côté du téléphone, en évidence, tellement en évidence que Harvey le voyait mentalement et qu'il put lui indiquer où il se trouvait. Ensuite, elle le laissa tomber et dut poser le téléphone pour le ramasser, mais son père arriva le premier pour s'en saisir et il insista pour qu'elle lui répète les chiffres à voix haute au lieu de les noter elle-même. Elle se trompa en les répétant et son père se trompa en les notant, si bien que Harvey se retrouva en train de brailler les chiffres, entrecoupés de jurons ou d'obscénités et très souvent des deux. Enfin, sa mère répéta le numéro en entier, de sa petite voix qui semblait dire: «Je suis bonne à rien, hein?», conséquence des critiques de Harvey et de celles de son père sur sa façon de prendre des notes. Grâce à l'intervention inattendue du ciel, c'était le bon numéro.

– Magnifique. (Harvey transpirait véritablement sous l'effort.) Appelle-le maintenant, c'est l'inspecteur chef Jarvin. J.A.R.V.I.N. Non, je ne sais pas quand il y sera, appelle-le bordel et… (Il marqua un temps d'arrêt.) Écoute, maman, de toi à moi, j'éviterais de parler de la soirée, quand je suis rentré, tu vois, quand je me suis couché dans ma chambre et que tu as lavé mes affaires, tout ça. À ta place, je n'en parlerais pas. Dis-lui juste que je suis allé me promener, que je suis monté dans ma chambre et que je suis sorti boire un verre. Tiens-t'en aux faits, OK?

– Oui, d'accord, Harvey. Ne t'en fais pas, on y arrivera.

Sa mère s'exprimait avec cette assurance forcée qu'elle affichait parfois quand elle était vexée d'être traitée comme une idiote. Cela n'échappa pas à Harvey.

– Tu devrais l'appeler tout de suite, maman. D'accord? Et essaye de bien faire.

– Oui, mon chéri, je suis certaine de pouvoir me débrouiller sans problème, merci.

Harvey raccrocha et rouvrit la porte de la boutique. Les deux clients étaient toujours là, comme il les avait laissés. Il tambourina bruyamment sur le comptoir jusqu'à ce qu'ils se décident à partir. Finalement, cet appel ne s'était pas si mal passé.

25

Le dimanche était jour de repos pour Harvey, même si, à vrai dire, la plupart de ses journées étaient assez reposantes, mais le dimanche était encore plus une journée de repos que d'habitude. Cela signifiait qu'il pouvait flemmarder dans son appartement, à réfléchir et à écouter tourner le lave-linge qui lavait son unique jeu de draps en vue de la nouvelle semaine éprouvante qui les attendait. Cela signifiait également qu'il pouvait passer les coups de téléphone en retard et maintenir le contact avec ses amis. Et donc, ce dimanche-là, il appela quelques personnes, parmi lesquelles des anciens de l'école, auxquels il posa des questions timides et subtiles sur la réunion, ce qui lui valut des remarques paillardes au sujet de Maisie et des évocations hilarantes de sa bagarre chez Steve. Après avoir entendu cela plusieurs fois, il cessa de hurler, prit une douche et passa un bon moment à examiner son ventre dans le miroir de la salle de bains. Celui-ci se trouvant à hauteur de visage, Harvey était obligé de monter sur les toilettes et de se pencher en arrière. Son ventre, conclut-il après une longue réflexion, était beaucoup plus gros que la dernière fois qu'il s'était livré à cet exercice : il y avait environ trois dimanches de cela. Sa résolution de ne plus boire de bière et de manger plus sainement fut à peine affaiblie par le souvenir qu'il avait fait exactement le même serment la dernière fois.

Le dimanche était également le jour où il appelait sa mère parfois, mais l'idée qu'il l'avait déjà appelée samedi et n'avait donc pas besoin de recommencer le remplissait de bien-être. Par ailleurs, savoir qu'il ne verrait pas Josh aujourd'hui était tout aussi réjouissant. La veille, Josh était revenu avec un gros tas de bananes à l'aspect malsain et avait entrepris de faire de la crème anglaise avec le réchaud à gaz, mais la crème avait débordé car le feu était trop fort et elle s'était répandue sur le sol. Josh l'avait soigneusement ramassée avec une cuillère et une feuille de papier, pour la remettre dans la casserole, et la même chose s'était reproduite. Cette fois, Harvey lui avait arraché la cuillère des mains et tenté de l'assommer avec. Il avait fait voler un peu de crème brûlante et il l'avait reçue dans l'œil. Il ressentait encore une légère douleur dans l'œil droit – celui qui avait déjà reçu un coup de poing –, tandis qu'il errait dans son appartement. Alors, oui, ne pas voir Josh était une bonne chose.

Toutefois, le dimanche présentait toujours un défi: comment tuer le temps? Ce jour semblait renforcer et exagérer la vacuité de son existence. Un homme de son âge, avec son style de vie, devrait avoir toutes sortes de choses à faire entre le déjeuner et le dîner lors de sa seule journée libre de la semaine, mais ça semblait ne jamais être le cas. Heureusement, il y avait toujours cette obligation de faire la lessive et de sortir pour acheter le journal car sans cela, il aurait été contraint de rester assis à contempler la fenêtre. Cette semaine, l'incertitude semblait encore plus pressante qu'à l'accoutumée. Néanmoins, il aurait volontiers accueilli une certaine dose d'ennui : celui-ci lui apparaissait soudain comme un bienfait désirable. Mais il avait le sentiment qu'il aurait dû faire tellement de choses, comme... Il y avait forcément quelque chose à faire. Quand vous étiez suspect dans une affaire de meurtre, il fallait faire quelque chose. Seulement, il ne voyait pas quoi. Si. Il y avait au moins une chose qu'il pouvait faire : aller à la boutique, récupérer le *Superman numéro un* et le détruire. Cela pourrait peut-être l'empêcher de rêver de tiroirs et d'empreintes sanglantes toutes les nuits. Plusieurs fois, il faillit marcher jusqu'à la porte pour agir, mais à chaque fois, il se rassit. Et s'il était essentiel que cette bande dessinée existe ? Voilà la question qui le troublait. C'était l'unique preuve que quelqu'un essayait de le piéger. Quelqu'un qui avait peut-être attendu longtemps avant de passer à l'acte. Harvey repensait à la réunion : quelqu'un avait dû attendre le retour de Bleeder, comme lui. Qui d'autre était présent ? Qui d'autre connaissait Bleeder ? Une image s'imposa dans son esprit : Bleeder en train de discuter avec quelqu'un lors de la réunion. Ce vieux professeur de maths, comment s'appelait-il déjà ? Harvey s'attarda sur lui. Est-ce qu'il attendait Bleeder, lui aussi ? Attendait-il le retour d'un de ses élèves vedettes ? Y avait-il autre chose derrière tout ça ? Une histoire qui n'avait aucun rapport avec la bande dessinée ? Mais alors, qui la lui avait envoyée ? Comment s'y prenait-on pour le piéger ? Et pourquoi ? Assis sur son lit, il contemplait Londres, quand le téléphone sonna.

C'était sa mère, ce qui provoqua l'indignation de Harvey : il l'avait appelée hier, il avait fait son devoir pour la semaine, voire pour le mois. C'était contraire à toutes les règles. Mais il s'avéra qu'elle avait une bonne raison d'appeler : elle avait parlé à Jarvin. Il alluma une cigarette pendant qu'elle lui racontait que l'inspecteur était un homme charmant et il attendit qu'elle aborde le sujet qui motivait son inquiétude. Ce ne fut pas long.

– On a parlé du week-end dernier, lui dit-elle. Je lui ai expliqué que tu avais été de mauvaise humeur presque tout le temps, que tu étais rentré à la maison ivre mort et que tu t'étais couché avec la gueule de bois. Je lui ai raconté aussi que tu étais rentré tout sale le dimanche. Ça l'a beaucoup intéressé.

Harvey s'était levé, il avait du mal à respirer.

– Tu lui as raconté ça?

– Bien sûr. Et ton père a précisé que tu avais fait une tache sur le siège du conducteur, ce que j'ignorais. Je suis très en colère après toi, Harvey. On a acheté cette voiture l'an dernier seulement. Ton père a suggéré à la police d'examiner cette tache. Mr Jarvin a répondu qu'un de ses hommes passerait aujourd'hui, si c'était possible. Moi, j'appelle ça de l'efficacité, pas vrai? Je trouve la police très efficace, pas toi, Harvey? Toutes ces histoires sur les policiers dans les journaux, c'est des bobards.

– Quand doivent-ils venir?

– Je ne sais pas. Dans la journée. Ça veut dire qu'on est obligés de les attendre et j'avoue que ça ne nous plaît pas beaucoup, Harvey. Nous sommes des gens occupés…

Peut-être ajouta-t-elle autre chose, certainement même, mais à ce moment-là, Harvey raccrocha et resta immobile, face à la vue de sa fenêtre. Puis il appela Maisie et exigea qu'elle vienne déjeuner avec lui. Comme il était déjà 14 heures (Harvey n'ayant pas dérogé à sa vieille habitude de se lever tard le jour du Seigneur), elle répondit qu'un dîner serait peut-être une meilleure idée et ils décidèrent de se retrouver à Islington à 19 heures. Ce qui laissait à

Harvey pas mal de temps pour réfléchir. Il arpenta le sol pieds nus, laissant de vagues empreintes de pas dans la crasse de la moquette. Cela lui donna l'idée de faire du ménage. La majeure partie de son cerveau était concentrée sur une seule pensée: on allait venir l'arrêter, ça ne faisait aucun doute; la tache en question était forcément du sang de Mrs Odd, il n'avait pas pour habitude de laisser des taches sur les sièges. Mais une petite partie de ses pensées le ramena sur le terrain du sexe. Impossible d'emballer avec un appartement bordélique; c'était une vérité de l'existence. Alors, il alla chercher l'aspirateur Hoover vieillissant et sous-employé dans le placard de l'entrée, puis il sortit de sous l'évier un chiffon à poussière et de la cire en bombe. Et il se mit à nettoyer, avec un effroyable sentiment de déjà-vu. Il n'y avait aucune trace de sang chez lui, mais son corps se souvenait de ces gestes, comme il se souvenait de la répulsion éprouvée ce jour-là, il y a tout juste une semaine, presque à la minute près. Il sentait encore dans ses muscles les élancements diffus de l'habitude, les minuscules piques de douleur dues aux efforts précédents. Lorsqu'il s'accroupit pour ramasser quelques mégots égarés, ses genoux se souvinrent de ce geste et protestèrent. Il avait nettoyé les traces d'un meurtre et laissé une marque dans la voiture de son père. Mentalement, il se représentait une énorme tache sur les sièges gris de mauvaise qualité. Il la voyait comme une carte d'Afrique ou la marque de naissance de Gorbatchev, un symbole riche de significations aussi vastes que variées. La première étant la culpabilité. Bon Dieu, il avait accepté la réalité de ce meurtre comme on développe un furoncle; impossible de s'en défaire. Tout en nettoyant, il serrait les dents et sanglotait en silence. Cette fois, les sanglots n'étaient pas contenus, ils se libéraient des nœuds qui s'étaient formés à l'intérieur de lui, des nœuds d'horreur et de culpabilité, de colère et de peur, jusqu'à ce qu'il soit obligé de s'agenouiller dans la poussière, au milieu de ses ustensiles de ménage, une bouteille de Monsieur Propre à la main. Il regarda ses larmes dessiner des éclaboussures noires dans la poussière grise du sol.

Combien de temps Harvey resta-t-il assis comme ça, il n'aurait su le dire. C'était un moment important, sans aucun doute, il en avait connu suffisamment peu pour savoir les reconnaître. On ne peut pas dire qu'il s'agenouilla enfant et se releva homme, même si cette pensée l'effleura. Mais il se sentit différent ensuite, plus fort, un peu moins faible et désespéré. Quand il essaya de se représenter la chose, ses pensées le ramenèrent à son ventre. Comme si son ventre avait pris toutes les décisions jusqu'à présent, voilà pourquoi elles étaient inconsistantes, excessives et pleines d'apitoiement sur soi. Désormais, quoi qu'il arrive, il penserait avec une autre partie de son corps. Peut-être que son cœur pourrait avoir son mot à dire, peut-être que son cerveau pourrait appréhender les choses de manière rationnelle. C'est avec un hochement de tête résolu qu'il saisit à bras-le-corps cette métaphore un peu obscure. Mais évidemment, ce n'étaient pas son cœur ni son cerveau qui réfléchissaient. Ce ménage était destiné à Maisie, c'étaient donc ses parties génitales qui menaient le bal. Mais au moins, elles prenaient des décisions qui convenaient à tout le monde. Et quand il partit pour Islington, même si ses doigts tremblaient quand il ferma la porte de son appartement, il y avait une bosse dans son pantalon et c'est avec une certaine difficulté qu'il descendit l'escalier.

Le sourire de l'inspecteur Jarvin étant déterminé biologiquement, ce n'était pas un guide digne de confiance pour explorer son monde intérieur. Son fils, Jack, qui avait hérité des yeux verts, mais pas encore de la mâchoire de dauphin, scrutait le visage de son père pour y déceler plus qu'une apparence génétique de bonté.

– Je parle sérieusement, Jack. Je veux que tu sois un peu plus copain avec Oliver. Fais-lui au moins sentir qu'il est protégé, à défaut d'être ton véritable ami.

Oliver était la tête de Turc de la classe de Jack et Jarvin avait développé à son égard un sentiment protecteur.

Jack secoua la tête avec colère.

– Tu t'immisces dans la dynamique de mes relations, papa (Jack étudiait la psychologie), et tu laisses ton travail influer sur ta vie de famille. C'est moi qui décide avec qui je veux être ami.

– En effet. Mais pas ceux que tu martyrises.

Jarvin était capable d'admirer l'intelligence de son fils tout en condamnant son insolence. C'était en partie le produit de sa propre éducation : sa mère anglaise, si douce et large d'esprit dans sa jeunesse, qui lui avait ouvert d'innombrables possibilités, et son père finlandais, plus traditionnel, qui lui avait imposé des contraintes fluctuantes et imprévisibles. Il rêvait d'utiliser le meilleur de chacun d'eux dans ses relations avec son fils, mais très souvent, il avait l'impression d'incarner ce qu'il y avait de pire.

– Je ne suis pas une brute ! C'est les autres qui s'en prennent à Dawson, pas moi !

– Dawson ? Tu n'appelles pas tes amis par leurs noms de famille, pourquoi appelles-tu Oliver ainsi ?

– Parce que tout le monde l'appelle comme ça, c'est

Dickie Dawson, Dawson le Taré. C'est comme ça qu'ils l'appellent.

– Ils, ils, ils... ? Depuis quand est-ce que tu agis en fonction de ce qu'*ils* pensent?

– Depuis que tu m'as envoyé dans une école publique, papa. Tu te souviens? Je suis obligé de prendre soin de moi. Je ne peux pas pouponner quelqu'un d'autre.

Jack se leva et se dirigea vers la porte, déclarant ainsi que la conversation père-fils était terminée. Jarvin poussa un soupir, et pendant un instant, il ressembla presque à Harvey Briscow. Lui aussi secoua la tête.

– Fais de ton mieux, Jack, c'est tout ce que je te demande.

– Ouais, d'accord. Mais j'ai ma propre existence à mener.

Et son fils sortit sur cette réplique à laquelle, Jarvin devait bien l'admettre, il était impossible de répondre. Il se leva à son tour et fit ce qu'il faisait rarement, à savoir regarder la vitrine qui se trouvait dans un coin du salon. La pièce était claire, grâce à une baie vitrée qui donnait sur un tulipier, qui commençait à bourgeonner, et le soleil l'invitait à sortir dans le jardin. Au lieu de cela, il se plongea dans le passé. Susan, son épouse, avait disposé ses souvenirs dans la vitrine. Des photos de l'armée: Jarvin en treillis de camouflage et tenue de désert; ses deux médailles, joliment encadrées; son trophée remporté lors du concours du meilleur tireur; la fin de ses classes à Sandhurst; sa nomination au grade d'officier, Hendon, promotion 84. Que signifiait tout ça? Il observa ces souvenirs pendant un long moment, avec une véritable interrogation. Que cherchait-il quand il avait choisi cette voie, ce chemin institutionnel, contrôlé, franchement autoritaire: le chemin de son père plutôt que celui de sa mère? Si même son fils était un délinquant potentiel, s'il transformait en enfer la vie d'un autre être humain, et si lui, Jarvin, s'en fichait en vérité, du moment que tout se passait bien pour Jack, du moment qu'il survivait et accédait aux plaisirs imprévisibles de l'âge adulte, à quoi bon faire tout ça? Pourquoi ne pas trouver un emploi de bureau ou retourner à l'université pour faire des études d'ingénieur comme il en avait rêvé parfois?

Ses pensées le conduisirent ensuite, comme il l'avait peut-être prévu, vers l'enquête en cours. Mrs Odd et son pauvre fils harcelé, son étrange existence de financier de la City; Harvey Briscow et sa boutique de bandes dessinées, son comportement coupable inattendu; Maisie Cooper avec ses yeux verts comme l'océan, et son mari distant et amer. Jarvin était allé rendre visite à Jeff Cooper la veille et il était reparti troublé. Quelles avaient été les paroles d'Allen déjà? «Pas loin d'exploser, ce Mr Cooper.» Jarvin avait compris parfaitement ce qu'il voulait dire. Quelque chose bouillonnait en Mr Cooper. Était-ce dû uniquement au départ de son épouse? Jarvin repensa à Maisie une fois de plus, et il dut reconnaître que la perte de cette femme était un coup dur, assurément. Mais il pensait surtout à Charles Odd, Bleeder Odd. Où était-il aujourd'hui? Il aurait bien aimé le revoir. Être si loin des Cornouailles posait un problème. Empêcher des choses comme le meurtre de Mrs Odd: était-ce pour cette raison qu'il faisait cela? Alors qu'il se redressait, après s'être penché pour examiner une photo représentant un Jarvin plus jeune, souriant, et apparemment insouciant, au fond de la vitrine, il s'autorisa cette unique pensée généreuse. Mais alors qu'il sortait pour une demi-heure de désherbage avant le déjeuner, il se demanda si ce n'était pas qu'un palliatif, il n'était pas sûr qu'il y ait véritablement une raison.

26

Ils se retrouvèrent dans un *Pizza Express*. Ça n'aurait pas été le choix spontané de Harvey pour cette soirée que ses parties génitales considéraient comme une des plus importantes de sa vie. Il possédait un certain bon sens romantique et n'ignorait pas totalement le mode de raisonnement des femmes. Il aurait préféré un lieu plus intime, plus personnel, qu'ils auraient appelé « leur endroit à eux », où ils retourneraient chaque année pour leur anniversaire et qu'ils montreraient affectueusement à leurs petits-enfants. Hélas, il n'avait pas été capable de dénicher un autre endroit, alors ils s'étaient retrouvés dans la splendeur post-moderne, étrangement surréaliste, du *Pizza Express* d'Islington. Vu l'état d'esprit de Harvey, ce n'était peut-être pas un choix inapproprié.

– Tu as une mine épouvantable.

Maisie lui avait pris la main alors qu'il se levait pour déposer un baiser maladroit sur sa joue. Il avait mal calculé son coup et il lui avait cogné le côté de la tête avec son menton.

– Merci, dit-il.

Ils s'assirent et Harvey tenta de garder la main de Maisie dans la sienne, manquant de renverser la fleur minable qui ornait inévitablement leur table. Finalement, il lâcha prise et se laissa tomber sur son siège.

– Tu sembles inquiet, je voulais dire. Tu as des soucis?

– Oh, non. Tout va bien. Aucun problème.

Harvey secoua la tête et ferma les yeux, puis il se souvint qu'il ne s'adressait pas à Josh, mais à la femme dont certaines parties de son anatomie rêvaient de manière quasiment ininterrompue. Il rouvrit les yeux et soupira de nouveau.

– Désolé, je ne voulais pas paraître agressif. Mais j'ai eu une dure journée.

– Encore une? (Le sourire de Maisie traversa la table, accompagnée de sa main qui reprit celle de Harvey.) Raconte-moi.

Ce qu'il fit.

– Merde. Bon. Maintenant, on sait à quoi s'en tenir, au moins.

Ils avaient commandé des pizzas et partageaient une salade composée avec du pain aillé en attendant qu'elles arrivent. En lui parlant de la tache dans la voiture, Harvey avait rendu une petite visite à son ancienne tristesse. Il piqua avec sa fourchette une tomate cerise morose et secoua la tête.

– Je sais très bien à quoi m'en tenir: je vais me retrouver à Reading[1], voilà! Pris la main dans le sac et condamné à la taule! Les salopards!

Maisie ne savait pas trop qui était visé par cette dernière exclamation, mais jugea qu'il valait mieux ne pas poser la question.

---

1. Célèbre prison anglaise.

– Non. Tu vas être obligé de dire la vérité maintenant, et c'est une bonne chose, Harvey. À ta place, j'irais voir Jarvin à la première heure demain matin. Combien de temps leur faut-il pour examiner une tache ? Sans doute un jour ou deux, ça te laisse largement le temps de tirer les choses au clair. (Elle remarqua l'air dubitatif de Harvey.) Je viendrai avec toi, si tu veux, ajouta-t-elle gentiment. C'est la meilleure chose à faire, crois-moi.

– Ils vont m'arrêter. (Harvey sentait que les larmes de la séance de nettoyage étaient restées suspendues à ses cordes vocales.) Ils me jetteront dans une cellule. Ils ne me laisseront pas repartir, une fois que je leur aurai tout raconté. Bon Dieu, j'ai été complètement stupide.

– Oui, peut-être que…

– Non, je ne parlais pas de ça. Avec Bleeder, je voulais dire. Pourquoi est-ce que je ne lui ai pas parlé quand j'en avais la possibilité ? Je n'arrête pas d'y penser. Quand je l'ai vu chez Steve, pour la petite fête, il voulait me dire quelque chose, je le sais. Des trucs que j'ignore sur sa mère et sur le passé. Jarvin pense que ce meurtre est lié au passé et à Bleeder. Visiblement, il n'a pas raconté grand-chose à la police. (Harvey se mordit la lèvre.) Si seulement je pouvais lui parler, rien que pour pouvoir mettre de l'ordre dans ma tête. Ils vont m'arrêter, Maisie, tu dois bien comprendre ça. Si je vais à la police et si je raconte à Jarvin que j'étais chez Mrs Odd, que j'ai brisé la fenêtre de derrière, que j'ai vu le corps et que j'ai effacé les empreintes, et que j'ajoute : « Oh, au fait, ce n'est pas moi le meurtrier », jamais de la vie il ne répondra : « Très bien. Merci beaucoup d'être passé nous voir. » Il va me jeter dans une cellule et me filer un petit seau pour pisser et une savonnette pour défendre mon honneur sous les douches. Putain ! Il faut que je parle à Bleeder.

– Très bien, répondit Maisie avec une autorité soudaine qui le prit au dépourvu. On ira demain. J'y pensais, de toute façon. Tu devrais parler à Charles, puisqu'il voulait te parler, apparemment. Et j'avoue que je serais curieuse de le voir de mes propres yeux. S'il est au centre de nos vies, s'il en est le pivot, j'aimerais au moins savoir à quoi il ressemble. On va élucider cette histoire.

Elle dit cela avec tant de conviction que Harvey en fut ému.

– C'est très gentil, murmura-t-il, et elle lui sourit. Mais je refuse de revoir ma mère et mon père ! ajouta-t-il avec une véhémence inattendue. Et pas question de foutre les pieds dans leur putain de baraque !

– Non, non, d'accord. On trouvera un bed and breakfast.

Elle lui sourit de nouveau. Harvey lui rendit son sourire et ses parties génitales vibrèrent de bonheur.

Après les pizzas, il y eut du vin. Il y en avait déjà eu avec les pizzas, évidemment, mais pas suffisamment pour que Harvey se risque à faire la cour. Maintenant qu'ils avaient mangé et que la décision avait été prise, il pouvait confier à ses parties génitales l'organisation du reste de la soirée. Il commanda une bouteille de vin rouge qu'il but rapidement et efficacement, puis il en commanda une autre, si bien qu'après un laps de temps très court, il put s'inquiéter à cause du pain à l'ail qu'il avait mangé au début du repas et espérer que Maisie en avait mangé pas mal, elle aussi, car il était en train de l'embrasser au-dessus de la table. Elle était aussi fraîche que la rosée. Comment faisaient donc les femmes ? Lui-même ne savait pas trop ce qu'il sentait, mais quand il se rendit aux toilettes, il découvrit que ses dents avaient pris une vilaine couleur violacée. Ils étaient presque arrivés au bout de la deuxième bouteille, et Harvey n'avait pas ménagé ses efforts pour maintenir le rythme. Ce n'était pas vraiment un buveur de vin, sauf dans les fêtes, où il buvait n'importe quoi. Mais désormais, il allait moins souvent dans des fêtes et la bière avait fini par prendre le dessus. Évidemment, il était tout à fait possible pour un homme de s'installer au bar dans un pub et de commander un verre de vin blanc, mais Harvey n'avait jamais vu personne le faire. Alors qu'il examinait ses dents dans la glace des toilettes, il remarqua que son visage aussi était rouge. Les baisers lui faisaient cet effet, il le savait depuis longtemps. Les baisers et le tennis. Quand il regagna sa place, Maisie était toujours là, ce qui, sans être vraiment inattendu, n'était pas non plus une certitude, d'après son expérience.

Ils s'embrassèrent de nouveau, puis vint le moment qu'il aimait le moins dans une soirée romantique, quand ils prenaient leur manteau, payaient l'addition et évitaient de se regarder, de peur de déceler sur leur visage une expression malvenue.

– Euh… on prend un taxi ou tu rentres immédiatement ?

Harvey avait déjà eu recours à cette question. Ce n'était pas parfait, mais elle possédait un caractère suggestif dénué de vulgarité et permettait une certaine liberté sans impliquer nécessairement un rejet. En vérité, cela évitait le pire scénario, quand il disait « s'il te plaît » et que la fille répondait « non », après quoi ils devaient faire la conversation pendant une demi-heure en attendant leurs deux taxis.

– J'aimerais bien voir où tu vis.

Il se demanda si Maisie avait déjà eu recours à cette phrase, elle aussi, car pour lui, c'était parfait.

– Cool. On prend un taxi, alors ?

Ils en trouvèrent un presque aussitôt, ce qui constituait en soi un petit miracle. D'autant que le chauffeur se montra à peine sarcastique et amer quand Harvey lui indiqua leur destination. Ils recommencèrent à s'embrasser, à l'arrière, pendant que le chauffeur parlait de l'équipe de West Ham, et exception faite du moment où Harvey dut s'interrompre pour le corriger au sujet de Bobby Zamora, le voyage fut étonnamment tranquille. Quand il refit surface pour respirer, Harvey découvrit que Old Kent Road n'avait jamais paru aussi beau, aussi exotique et étrange, comme si, ayant quitté la bulle de son existence, il découvrait comment quelqu'un d'autre voyait ce quartier de Londres, avec les yeux d'une personne venue d'une autre dimension peut-être, qui avait déjà vu cet endroit, mais pas de cette façon. Cette idée s'empara de son imagination et, occupé à visualiser cette séquence sous forme de bande dessinée, il faillit en oublier d'embrasser Maisie.

Deptford n'est pas un bel endroit, mais Harvey se rappela que Maisie vivait à Croydon et il se détendit. Il ouvrit la porte de son appartement de manière quelque peu théâtrale : à quoi bon faire tout ce ménage si vous ne pouviez pas frimer un peu ? Il avait surtout passé du temps dans la cuisine, allant jusqu'à jeter les briques de lait et les boîtes de bière qu'il stockait habituellement sur le rebord de la fenêtre pour des raisons décoratives ; c'est donc dans cette pièce qu'il la conduisit.

– Euh… c'est tout simple, tu vois. (Il lisait quelque chose sur le visage de Maisie. De la déception ?) Tu t'attendais à un truc plus grand, hein ? En fait, je vis sur mon lieu de travail la plupart du temps. J'ai juste besoin d'un endroit pour pioncer, alors disons que c'est comme ma piaule…

Elle posa la main sur son bras et il se tut. Pour une raison quelconque, il s'était mis à parler comme un trafiquant de drogue de Miami. Avec l'accent.

– Ça me plaît, Harvey.

Elle avait prononcé son prénom pour le ramener sur terre, ou du moins du bon côté de l'Atlantique. Il hocha la tête et sentit un flot de vin rouge ballotter à l'intérieur de son crâne.

– Euh…

– Mais je trouve que ça ne te ressemble pas.

– Oh, tu sais, c'est juste un endroit pour pioncer… (Il s'interrompit de nouveau.) Je m'en suis jamais vraiment occupé, reprit-il en essayant de parler avec sa propre voix. Je n'y suis pas souvent.

– Depuis combien de temps tu vis ici ?

– Euh… (Merde.) Une quinzaine d'années.

– Quinze ans ? Harvey !

Elle entra dans le salon qui sentait le pin et dès qu'il eut mis la bouilloire sur le feu, il la suivit.

– Oui, je sais. Mais je n'y suis pas souvent, je te le répète.

Ça sonnait faux, même à ses propres oreilles.

– Que puis-je apprendre sur toi d'après cet appartement ?

Elle regarda autour d'elle, d'un air captivé, comme si elle jouait à son jeu préféré.

– Euh… pas grand-chose sûrement.

Bon sang, à quoi elle s'attendait? Des coussins et des fleurs coupées?

– Les posters sont caractéristiques, c'est certain.

Elle examina une affiche de Lara Croft se balançant au bout d'une corde, comme s'il s'agissait du trésor d'un collectionneur. En fait, il s'agissait d'un poster banal, surtout depuis que Lara était devenue si populaire. Il aurait dû l'enlever et le remplacer par un des posters japonais: le même graphisme, mais avec des caractères japonais… un peu moins répandu… Son cerveau fut saisi d'une sorte de paralysie. Il n'avait pas ce qu'elle voulait. Elle attendait peut-être des reproductions de tableaux impressionnistes ou un truc dans le genre, mais l'art, ça n'avait jamais été son truc. «Je m'y connais bien en art, mais je suis incapable de dire ce que j'aime.» C'était sa réponse favorite quand on lui posait la question, ce qui n'arrivait pas souvent, et tant mieux car c'était entièrement faux. Il avait étudié l'histoire de l'art pour le bac, mais il s'agissait essentiellement de l'art anglais du XVIIIe siècle et il avait gardé le souvenir d'un tas de chevaux et d'arbres très bizarres. S'il n'avait pas eu le béguin pour la fille assise à côté de lui, il serait passé aux cours de cuisine. Comment s'appelait-elle? Et pourquoi n'assistait-elle jamais à la réunion annuelle? Les femmes aimaient les hommes qui aimaient l'art; c'était une vérité qu'il avait apprise au fil des ans. Cela avait failli lui permettre de baiser quand il avait dix-sept ans, et depuis, ça ne cessait de revenir le hanter.

Maisie secoua la tête, comme si elle était légèrement désabusée, et elle se dirigea vers les disques et les CD. Harvey sentit monter une vague de soulagement: voilà un domaine dans lequel il était plus à l'aise. Sauf que les femmes se fichent de savoir quelle musique vous aimez, c'était une autre vérité. Encore plus dure à entendre que celle concernant l'art. Il n'espérait pas qu'elle englobe d'un seul coup d'œil tout ce qu'il possédait. Ce qui comptait, c'était ce qu'il n'avait pas : Elton John, U2, George Michael et toutes ces merdes que l'on trouve toujours chez les gens qui n'aiment pas la musique. C'était ainsi qu'il dévoilait son caractère : à travers ce qu'il n'avait pas dans sa discothèque. Mais Maisie ne prit pas la peine de faire l'inventaire. Elle se contenta de sourire devant la quantité de disques et passa aux DVD. Là, Harvey s'était lâché. Il existait à Deptford Market un important commerce de DVD légèrement louches et il avait commencé sa collection il y a quelques années. De son premier achat impulsif, *Blade Runner, version intégrale*, à l'édition interactive de *Matrix*, en passant par le coffret *Piège de cristal*, il possédait, lui semblait-il, un échantillon du cinéma contemporain capable de rivaliser avec... tous les gens qu'il connaissait.

C'est donc avec un pincement au cœur qu'il entendit le commentaire de Maisie :

– On peut dire que tu aimes les films d'action, Harvey ! D'où te vient cette passion pour la science-fiction ? Tu n'es pas un extraterrestre, au moins ?

Harvey trouva cette dernière remarque particulièrement déprimante car ce n'était pas la première fois qu'il l'entendait, à vrai dire. Quand il avait une vingtaine d'années, à l'époque de la naissance de la boutique, il avait fréquenté pendant quelque temps une bande de copains, originaires de Camden en majorité, trop cool pour lui, il faut bien l'avouer, et l'idée qu'il était un extraterrestre arrivé sur Terre depuis peu était devenue une sorte de plaisanterie entre eux. Un jour, pour son anniversaire, ils avaient tous débarqué coiffés d'antennes à ressort et ils lui avaient offert des cadeaux qui tournaient autour du thème de l'espace, dont une sorte de casque argenté destiné à le protéger des rayons venus d'autres galaxies. Ils n'étaient pas restés amis très longtemps, et aux dernières nouvelles, le plus cool d'entre eux, un homo prénommé Peter, extrêmement spirituel, avec un goût très sûr, était professeur remplaçant dans une école publique de Stafford. Jamais il n'avait été aussi près de se retrouver dans la peau de Bleeder Odd. Cette constatation lui fit fermer les yeux et lui arracha une grimace.

– Hé, ça ne va pas? demanda Maisie. (Elle s'approcha et appuya le dos de sa main sur le front de Harvey.) J'ai dit quelque chose qu'il ne fallait pas?

– Non, non, tout va bien. C'est juste que… j'aime pas qu'on me traite d'extraterrestre.

– OK.

Il sentait qu'elle s'efforçait de ne pas glousser et il grimaça de plus belle.

– Disons que c'est un sujet douloureux.

– Je vois. Ça t'arrive souvent?

Le gloussement réussit à sortir et Harvey laissa échapper malgré lui un petit grognement amusé.

– À vrai dire, oui.

Ils pouffèrent en chœur, puis Maisie tomba dans ses bras de manière si sensuelle, si sexy, que cela en devenait presque satyrique, mais pas uniquement. Il l'embrassa et elle se laissa faire, puis elle sourit et susurra: «Mmmm, hello», sur un ton qui réveilla ses parties génitales et elles commencèrent à faire des projets.

– On peut…

Il essaya d'expliquer ce que lui disait son bas-ventre, mais c'est un langage difficile à transcrire.

– Tu as une baignoire ?

Cette question était si inattendue que Harvey retrouva brusquement ses facultés d'expression.

– Euh… oui, dans la salle de bains.

Il lui indiqua où elle se trouvait pour que ce soit bien clair.

– Viens, montre-moi.

Alors, il lui montra sa salle de bains immaculée. Maisie ouvrit les robinets et trouva du savon moussant qu'elle versa sous l'eau chaude, comme dans la maison d'une personne convenable. Certes, c'était un truc gagné dans un jeu gratuit… mais c'était un authentique produit pour le bain. La salle de bains sentait fortement le chewing-gum à la fraise maintenant et cela lui semblait parfait. Maisie poussa alors un petit cri et courut dans le salon, d'où elle revint avec trois petites bougies provenant de son sac, des cadeaux pour Lisa, affirma-t-elle. Elle les disposa sur le bord de la baignoire et il les alluma avec ses allumettes, puis elle éteignit la lumière et Harvey eut l'impression d'être un étranger dans sa salle de bains. Comment les femmes faisaient-elles pour transformer totalement un lieu en moins d'une minute ?

La pression de l'eau étant assez faible dans le quartier de South London, la baignoire mit un certain temps à se remplir, mais il l'occupa en embrassant Maisie. À la fin d'un de ses baisers, elle agrippa le T-shirt de Harvey par-derrière et le fit passer par-dessus sa tête. Il résista à une farouche envie de la repousser et de rabaisser son T-shirt. Son ventre ne lui avait pas paru très séduisant dans la lumière crue d'un dimanche après-midi, mais la lueur des bougies et la vapeur pouvaient envelopper pas mal de choses d'un éclat sexy. Est-ce que ça marchait aussi pour son ventre? Il n'en était pas entièrement convaincu, mais de vagues souvenirs d'autres soirées romantiques, par le passé, lui rappelèrent que s'il autorisait Maisie à lui ôter un vêtement, il avait le droit d'en faire autant.

Il recula d'un pas et retint son souffle: les premières impressions durent toujours. Il avança les mains. Elle portait une sorte de chemisier orné de perles, avec des boutons qui montaient jusqu'au décolleté et qu'il tripota un instant, puis, craignant d'être trop long, il saisit le bas du chemisier et tira. Maisie gloussa et il eut peur qu'elle lui demande d'arrêter, alors il tira de plus belle et elle apparut enfin, toute rouge, mais avec un joli sourire.

– Espèce de sauvage! dit-elle tendrement et elle se retourna pour tester la température de l'eau.

Elle paraissait beaucoup plus à l'aise que lui, constata-t-il. Ce qui était injuste car c'était lui qui était célibataire depuis… depuis toujours, à vrai dire, alors qu'elle sortait d'un mariage sans amour. Il était censé lui montrer, lentement mais fermement, à quoi pouvait ressembler réellement l'amour, maintenant qu'elle avait quitté son épouvantable mari. Au lieu de cela, elle dégrafait son soutien-gorge et le laissait se balancer de droite à gauche, pendant qu'il restait planté là, les bras croisés sur son ventre, en essayant de ne pas céder à la panique. Remarquez, il ne se plaignait pas, c'était juste une observation en passant.

Finalement, Maisie se dégonfla et elle lui demanda de se retourner pendant qu'elle finissait de se déshabiller, et quand il regarda de nouveau, elle était allongée sous la mousse, les cheveux relevés en un chignon négligé: on aurait dit une de ces publicités pour les produits de bain qu'on voyait au dos des suppléments des journaux du dimanche et sur lesquelles Harvey ne pouvait s'empêcher de s'attarder.

– La vache… tu es belle.

Il commença à ôter sa ceinture, puis s'arrêta pour réfléchir : quel côté lui montrer ? Le devant ou son cul pendant qu'il enlevait son pantalon ? Délicat. Mais évidemment, elle était plus douée que lui : peut-être que certaines personnes naissent avec le don du sexe, comme pour les échecs. Elle renversa la tête contre la baignoire vert pâle et ferma les yeux en poussant un long « Mmmmm » d'extase. Cette femme était un chat… pensa-t-il… un chat qui aimait l'eau… L'image n'était pas formidable, mais elle l'aida à se calmer légèrement pendant qu'il se débarrassait de son pantalon avec une efficacité affolée, avant d'arracher son caleçon, et de se souvenir au dernier moment qu'il avait gardé ses chaussettes (ce qui aurait été une erreur), puis il chercha désespérément le meilleur moyen d'entrer dans le bain. Finalement, il opta pour le côté robinets. Ce n'était pas aussi romantique que de se glisser à côté d'elle, mais franchement, il n'était pas sûr d'avoir assez de place. Pour la plupart des gens, la frontière est ténue entre l'érotisme et le ridicule et Harvey avait frôlé cette limite de nombreuses fois.

Quand il fut dans l'eau, Maisie ouvrit les yeux et l'observa avec une grande tendresse.

– Regarde-nous… dit-elle en soulevant un pied pommelé qu'elle promena sur le torse de Harvey.

Il se réjouissait qu'il y ait des bulles de savon car sans elles, son pénis aurait crevé la surface, dans le style *Dents de la mer*, avec une précipitation malvenue.

– Ouais, c'est dingue.

Peut-être ferait-il mieux de lui laisser les dialogues.

Il prit le pied entre ses mains et l'embrassa ; elle couina quand il fit courir sa langue sous sa voûte plantaire et une vague parcourut la baignoire.

– Je suis très chatouilleuse, Harvey.

– Ah bon ?

Il vérifia cette affirmation en faisant remonter sa main le long de sa jambe, semblable à de la soie dans l'eau savonneuse. Ses doigts trouvèrent l'arrière de son genou si doux et intéressant qu'ils s'y arrêtèrent un instant pour le caresser tout doucement, ce qui la fit glousser, mais pas crier. Il avait toujours aimé les jambes : longues ou courtes, rares étaient les jambes de femme qui n'éveillaient pas sa curiosité. Il aimait leurs parties noueuses, les os des chevilles et les genoux, la façon dont elles s'élargissaient quand vous remontiez, le tracé des muscles qui semblait vous guider comme si vous suiviez une sorte de carte. En regardant de près une jambe de femme, il croyait qu'il était possible de suggérer qu'elle avait été conçue pour vous conduire là où vous vouliez aller. Il explora le genou de Maisie, puis sa main suivit la carte de son corps vers l'intérieur de sa cuisse, elle ferma les yeux et émit un son rauque très satisfaisant.

27

Il y a dans la vie certaines expériences qui semblent nous hanter et nous rendre malheureux. Certaines parce qu'elles sont si terribles qu'on ne peut jamais les oublier totalement, d'autres pour une raison plus douce-amère : elles sont si parfaites qu'on ne peut plus jamais vivre pleinement une expérience similaire sans établir de comparaison. En se réveillant le lundi matin, Harvey savait que la nuit précédente serait une chose qu'il chercherait inlassablement à reproduire, toute sa vie, en ayant fort peu de chances d'y parvenir.

Il s'était levé tôt car il avait envie de pisser et sa bouche semblait avoir été corrodée par des produits chimiques. Dans la salle de bains, après le plaisir simple d'un soulagement de vessie, il examina sa bouche et constata que sa langue était encore violacée par le vin. Qui pouvait boire ce truc, nom de Dieu ?

Il prit sa brosse à dents pour se récurer la langue. Il devait quand même reconnaître que le vin l'avait aidé, bien mieux que n'aurait pu le faire la bière. Son pénis, en dépit de son attitude cavalière en début de soirée, avait su se tenir dans les moments cruciaux. Ils étaient restés dans le bain pendant un long moment, et il s'était offert une petite exploration. Maisie était incroyablement douce. Tandis qu'il se frottait la langue et crachait violet dans le lavabo, il repensait à cette sensation : c'était comme introduire son doigt dans du beurre ramolli. La crudité de cette image provoqua un ricanement qu'il s'empressa d'étouffer, de crainte qu'elle ne l'entende. Après cela, ils s'étaient redressés en position assise tous les deux et ils s'étaient embrassés en se regardant dans les yeux, pendant que sous l'eau, leurs mains continuaient leurs caresses et leurs explorations. C'était probablement l'expérience la plus érotique de son existence. Plus que la fois où il avait vu la culotte de Jenny Butterworth lorsqu'elle avait escaladé l'échalier, quand ils avaient seize ans ? Difficile à juger, en vérité. En tout cas, cela avait duré beaucoup plus longtemps. La main de Maisie avait ensuite découvert son pénis, qui attendait bien sagement au garde-à-vous, avec un grand sourire. En souriant à son tour, elle avait fait glisser ses doigts dessus comme s'ils avaient l'habitude de se retrouver ainsi, elle et lui, depuis une éternité. À sa grande gêne, Harvey avait laissé échapper une sorte de gémissement. C'était un bruit qu'il n'avait jamais fait, un râle rendu presque pathétique par le désir. Cela faisait très longtemps qu'il n'avait pas eu de relation sexuelle d'aucune sorte et il n'arrivait même pas à se souvenir depuis quand on ne l'avait pas touché avec une telle tendresse. Le sourire de Maisie s'était agrandi et elle avait glissé légèrement vers l'avant pour que leurs corps puissent s'imbriquer ; elle avait collé son visage contre le sien et il avait pu caresser ses seins couverts de mousse.

En retournant la brosse à dents pour commencer à détartrer son palais, il repensa à l'étonnante disponibilité de Maisie. Il la désirait depuis qu'il avait posé les yeux sur elle, lorsqu'elle avait fait son apparition à la réunion, et même si, en vérité, ça ne faisait pas très longtemps, il s'était passé un tas de choses entre-temps. Peut-être qu'il l'avait toujours désirée. Peut-être lui était-elle destinée. Harvey cracha de nouveau dans le lavabo et s'imagina (ce n'était pas la première fois) traversant les contrées infinies de l'espace sur un surf en argent. Après quelques instants de tripotages, elle avait posé une main sur son épaule et, sans jamais le quitter des yeux, elle s'était soulevée tout en avançant, puis elle s'était laissée retomber en douceur, de façon à ce que ses genoux enserrent les cuisses de Harvey, et son pénis, guidé par son autre main, avait glissé facilement et parfaitement en elle. Il ne s'attendait pas à cela et la sensation fut d'un érotisme si absolu, si électrique, que son pénis envisagea pendant un instant d'exploser tout simplement, sous l'effet de l'émotion. C'est à ce moment-là que le vin avait fait oublier ses nombreux désagréments. Après une dernière grimace au miroir, il ressortit de la salle de bains et retourna se coucher. Mais ses pensées l'avaient échauffé et elles avaient chassé la fatigue. Alors, il réveilla Maisie.

– Bon, on y va ou pas?

Ils étaient assis autour de la table de petit déjeuner et Harvey arborait le petit air suffisant de l'homme pleinement satisfait. Avant, il n'aurait jamais dit qu'il possédait une table pour le petit déjeuner car il mangeait des muffins et buvait du café dans le train, en allant travailler, ou bien il envoyait Josh au McDonald's quand il arrivait à la boutique, exception faite du dimanche quand il s'autorisait un *fry-up*[1] au snack local, chez *Sid*, car il ne voulait pas

1. Plat composé de saucisses, bacon, œufs, etc., cuits à la poêle.

devenir trop accro à la diététique. Et donc, le petit déjeuner n'avait pas pénétré dans son appartement depuis de nombreuses années. Mais il découvrait maintenant avec quelle facilité cette invasion majeure pouvait se produire. Cela ressemblait à un retour dans une vie antérieure, comme si la présence de Maisie l'avait ramené à une époque d'innocence, d'avant les muffins aux pépites de chocolat et les cafés crème. Il y avait du pain, du lait, du thé et de la *Marmite*[1], et ils disposèrent tout cela sur la table, exactement comme s'ils allaient s'asseoir autour et manger en adultes. Ils auraient même pu faire des œufs à la coque, mais ça ne leur disait rien. Mais ils auraient pu en faire, et c'était ça le plus important. Harvey avait assuré avec elle, il l'avait satisfaite, il l'avait nourrie et l'avait reçue dans un appartement propre. C'est donc avec un air plein de suffisance qu'il sirotait son thé.

– Où ça ?

– Dans les Cornouailles. Tu te souviens, on en a parlé hier soir ?

Maisie s'était assise sur ses genoux pendant que le pain grillait dans le four, et il s'était demandé, comme beaucoup d'hommes, comment les femmes faisaient pour sentir aussi bon dès le matin. Maisie était maintenant assise en face de lui et elle le regardait avec des yeux qui semblaient remplis d'une chaleur verte ; ils semblaient irradier la sollicitude, l'inquiétude et le soutien par-dessus la table.

– Ah, oui.

Évidemment. Il était soupçonné de meurtre, il l'avait presque oublié.

1. Pâte à tartiner à base d'extrait de levure.

– Euh… d'accord, dit-il. Mais il faudrait peut-être s'organiser avant. On ne peut pas partir ce matin, j'attends une livraison à la boutique, à la première heure. On pourrait partir après déjeuner. On passerait la nuit là-bas et on irait voir Bleeder demain. Tu n'as qu'à passer à la boutique vers midi, on partira directement. Qu'en dis-tu ?

– Tu attends une livraison à la première heure ?

– Oui. Pourquoi ?

– Il est déjà 9 h 20.

C'est ainsi que Harvey arriva ébouriffé et en sueur chez *Inaction Comix*. S'il avait possédé une voiture en état de marche, il aurait pu évoquer une tragédie quelconque liée à une course cruciale dans les rues encombrées ; mais usager des transports en commun, il prit les mêmes trains que d'habitude, à cette différence près qu'il jura et fuma davantage pendant qu'il attendait sur le quai. Mais tous ses efforts, y compris un sprint héroïque dans Old Street, entre la station de métro et la boutique, ne suffirent pas et il arriva à 10 h 30, le souffle coupé, pour constater que les livreurs étaient déjà partis et découvrir Josh planté à côté d'un gros carton, visiblement très content de lui. Heureusement, on n'était pas jeudi. Ce fut l'unique pensée positive à laquelle Harvey put se raccrocher, tandis qu'il ignorait l'accueil enjoué de son assistant et regardait le carton avec un mépris glacial, en haletant.

– Qu'est-ce que tu as acheté, Josh ?

– Ça va, Harv ? Le week-end a été bon ?

– Qu'est-ce que tu as acheté ?

– Ça ne m'a pas du tout gêné d'ouvrir à ta place, ce matin. Pas la peine d'en parler.

La remarque sarcastique s'accompagna d'un sourire exaspérant qui gâcha l'effet recherché. Harvey était troublé par ce sourire. Car si le gros de la marchandise arrivait le jeudi, la livraison du lundi était importante, elle aussi. D'autant plus que vous pouviez acheter quasiment n'importe quoi, directement auprès du chauffeur du camion. C'était de cette façon que la boutique se procurait un grand nombre de ses articles les plus originaux. Les porte-clés *South Park* sur lesquels était écrit « Tu as tué Kenny » en espagnol, par exemple. Ou l'album de photos provenant du tournage de *Gorge Profonde*. Autant d'articles dont Harvey aimait croire qu'ils conféraient à la boutique sa particularité, son originalité, qu'ils la différenciaient des autres magasins de bandes dessinées. Mais il existait une règle simplissime, et unique, au sujet de ces articles : Josh n'avait pas le droit de les acheter.

– Je t'ai déjà expliqué : si je ne suis pas là, tu leur demandes d'attendre, ou tu leur dis de revenir la semaine suivante. Je ne te l'ai pas expliqué, Josh ?

– Si.

Josh rayonnait comme un phare.

– Alors, qu'y a-t-il dans ce carton ?

– Une affaire.

– Une affaire ?

– Tu vas devenir dingue.

Josh ne fit pas le moindre geste pour ouvrir le carton ; au contraire, il reculait lentement vers les rayonnages les plus proches.

– OK. (Harvey plaqua ses mains sur son visage et ferma les yeux.) Montre-moi.

Il écarta les mains.

Josh contourna une étagère pour s'approcher du carton avec l'air du prestidigitateur qui s'apprête à exécuter son plus grand tour. De fait, en soulevant le couvercle, il s'exclama : « *Voilà!* * »

À l'intérieur se trouvaient deux mille cartes Pokemon.

– Si je te dis le prix, tu voudras pas me croire, Harvey. (Il gloussa de bonheur, se faufila prestement derrière l'étagère et courut vers la porte.) Les Pokemon reviennent, Harv ! On va faire un malheur !

Il parvint à atteindre la sortie et à s'enfuir dans la rue avant que Harvey puisse l'arrêter.

– Salopard ! Salopard ! Salopard !

Il revint vers le carton en traînant les pieds, piocha une poignée de cartes et les lança en l'air. Putains de Pokemon ! Toutes ces années de résistance, de combats, de refus. Et pendant tout ce temps, telle l'insidieuse voix de la tentation, Josh qui disait : « On doit évoluer avec son temps, Harv », « Il faut savoir ce que veulent les enfants, Harv », « C'est de l'art moderne japonais, Harv. » Et il l'avait fait ! Il avait suffi d'un lundi matin pour que tous les principes de Harvey volent en éclats. Et impossible de revenir en arrière, très certainement. Josh avait dû payer cash. Ils payaient toujours cash les fournisseurs qui se présentaient un autre jour que le jeudi. Josh avait donc payé cash.

Harvey s'adossa contre la section *Tortues Ninja* et alluma une cigarette. Puis il se rendit dans l'arrière-boutique et ouvrit le tiroir inférieur du bureau. La petite caisse était au fond, sous l'enveloppe contenant le *Superman numéro un.* Josh l'avait-il ouverte ? Difficile

---

* Les expressions en italique suivi d'un astérisque sont en français dans le texte.

d'imaginer Josh n'ouvrant pas un courrier privé. D'un autre côté, il devait être impatient de conclure la vente et de renvoyer le vendeur avant l'arrivée de Harvey. Il poussa un juron et continua à fumer pendant un instant. Assurément, s'il avait trouvé au fond d'un tiroir un exemplaire volé d'une des bandes dessinées les plus rares au monde, Josh lui en aurait parlé, non ? Après avoir refermé le tiroir à clé, Harvey resta assis dans son bureau, heureux de savourer cette tranquillité. Peut-être devrait-il laisser plus souvent Josh acheter des conneries au prix fort afin d'avoir un peu de temps pour se reposer et réfléchir. Il se fit un thé et pensa à Maisie en se demandant si elle était bien rentrée à Croydon et si elle était en chemin pour venir le retrouver.

Un bon moment s'écoula avant qu'il regagne la boutique d'un pas nonchalant, et là, il fut surpris de découvrir qu'il avait un client.

– Oh, bonjour ! dit-il.

Il n'avait pas entendu la porte et sa réaction était due à la surprise plus qu'au désir d'engager la conversation. L'homme, qui feuilletait *L'Incroyable Hulk*, se retourna et sourit.

– Salut, Harvey.

– Oh. Ça va ?

C'était Jeff Cooper.

Il y eut un long silence, brisé uniquement, pour Harvey du moins, par un tout petit pet de frayeur qui lui échappa tandis qu'il se figeait derrière le comptoir. La dernière fois qu'il avait vu ce type, il était en position couchée et le pied de Jeff, chaussé d'une basket, entrait en contact avec son ventre. Allait-il s'agir d'un remake ? Jeff était-il venu pour achever l'œuvre meurtrière commencée une semaine plus tôt? L'esprit de Harvey fut traversé par l'idée cauchemardesque que tout se déroulait sous forme de cycles hebdomadaires. Le dimanche: ménage; le lundi: se faire tabasser. Putain, qu'est-ce qui se passait le mardi? Avant qu'il puisse tester sa nouvelle théorie, Jeff, qui l'observait comme un cannibale regarde un missionnaire, approcha du comptoir et posa les mains à plat sur sa surface crasseuse.

– Harvey Briscow, dit-il avec un nouveau sourire.

Harvey hocha la tête nerveusement et risqua une grimace en retour.

– Euh, oui… c'est moi.

Où était passé Josh? Bonne question. Non pas que Josh soit très utile en cas de bagarre, mais il pouvait détourner l'attention, ou au pire servir de témoin. Jeff oserait-il l'agresser devant Josh? Et si Harvey menaçait de lui faire un procès au cas où il l'attaquerait? Jeff l'avait déjà fait devant tout un tas d'invités dans les Cornouailles… Pourquoi Harvey n'avait-il pas porté plainte à cette occasion? Comment faisait-on pour traîner en justice les gens qui vous tabassaient? Il était sûr d'avoir entendu quelque chose à ce sujet à la télé.

Ses pensées l'entraînèrent vers des spots publicitaires diffusés l'après-midi pour des cabinets d'avocats spécialisés dans les versements de dommages et intérêts, puis vers *Ally McBeal,* mais la voix de Jeff le ramena dans la réalité.

– Et me voici. Toi et moi, Harvey. Les vieux amis réunis, sans avoir besoin d'un site Internet spécial. Toi et moi, ensemble comme dans le temps.

– Ouais, super.

Harvey n'était pas certain qu'il y ait de quoi se réjouir. Il jeta un regard plein d'espoir par-dessus l'épaule visiblement très musclée de Jeff, au cas peu probable où un client aurait la bonne idée d'entrer.

– De vieux amis, Harvey, reprit Jeff. De vieux amis qui ont grandi ensemble, qui sont allés à l'école ensemble. De vieux amis qui se retrouvent au cours d'une réunion. De vieux amis qui se volent leurs épouses, Harvey. De vieux amis, c'est ce qu'on est.

Jeff s'arrêtait entre chaque phrase, de manière totalement HaroldPinteresque.

Troublé par ce style ronflant, Harvey posa sa main sur sa bouche, un instant.

– Écoute, Jeff…

Son majeur se trouvait sous son nez et il perçut une odeur plaisante ; il renifla de plus près et comprit qu'il s'agissait de l'odeur de la femme de Jeff.

– Écoute… (Il ôta rapidement sa main.) Je crois qu'il faut qu'on discute. Je n'ai rien volé à personne. Je connais à peine Mai… ta femme. Bon, d'accord, on était tous les deux sous un arbre pendant cette petite fête, mais elle était bouleversée, je ne sais pas pour quelle raison, alors je l'ai prise dans mes bras. Je n'aurais pas dû, mais je l'ai fait. Et tu t'es jeté sur moi comme Mike Tyson sur un kebab au mouton. J'en porte encore les traces.

Il prit le risque de lever la main de nouveau – en se disant qu'il était peu probable que Jeff saute par-dessus le comptoir et lui renifle les doigts – pour montrer l'auréole toujours violacée sous son œil droit. Tout en observant attentivement Jeff, il envisageait ses différentes options : retourner en courant dans l'arrière-boutique et s'y enfermer était sans doute la meilleure chose à faire, le comptoir étant trop haut pour qu'il le franchisse et fonce vers la sortie. Mais la porte du bureau était d'une minceur inquiétante, même s'il parvenait à la verrouiller à temps. Jeff pouvait-il enfoncer une porte? Harvey s'attarda encore une fois sur les muscles des épaules et risqua un nouveau sourire.

– On est de vieux amis, Jeff, tu as raison. C'est pour ça qu'on ne devrait pas se battre. On devrait se parler. Tu veux un thé?

Une fois réfugié dans l'arrière-boutique, il pourrait appeler la police. Combien de temps mettraient-ils à venir? Connaissant le quartier, il se disait qu'il valait mieux appeler les pompes funèbres directement. Jeff ne bougea pas. Il resta appuyé sur le comptoir, les mains à plat, exagérément écartées, le cou en avant. Ainsi, il ressemblait à un oiseau et Harvey profita de cette pause pour se demander à quelle espèce il appartenait. Il venait d'opter pour un vautour d'Afrique quand Jeff s'exprima de nouveau:

– Qui a parlé de se battre, Harvey? Tu as cru que je venais ici pour me battre?

Certaines personnes sont douées pour le mélodrame, d'autres pas. Harvey n'avait jamais été très bon, il avait tendance à bafouiller ses répliques, mais Jeff, lui, était un professionnel apparemment. Il y avait dans son ton une menace évidente et retentissante qui rappelait James Mason. Avec cette pointe de délire psychotique qui lui donnait envie d'approcher encore sa main de son visage pour se ronger la peau du pouce.

– Je suis pas venu pour me battre. Si je voulais te faire du mal, je l'aurais fait l'autre jour. Je t'aurais filé quelques petites claques de plus, pour rire… mais j'avais peur que tu en meures. Tu aurais quand même dû résister un peu. Je m'en fous de me faire piquer Maisie par un autre homme, mais toi… C'est stupéfiant… Les femmes sont vraiment un mystère, hein ? Qu'est-ce que tu penses d'elle, Harvey ?

Celui-ci méditait les paroles de Jeff lui reprochant de ne pas avoir riposté ; une éventualité qui ne l'avait même pas effleuré jusqu'alors. Il y avait dans cette idée quelque chose qui évoquait le combat contre les forces de la nature, c'était comme frapper un glissement de terrain, donner des coups de pied à une inondation…

– Euh… comme je te le disais…

– Elle est bonne au plumard, faut le reconnaître. Un vrai petit animal. Du moins, elle était comme ça avec moi. Elle est pareille avec toi, Harvey ? J'avoue que c'est difficile à imaginer. Peut-être qu'elle a pitié de toi, hein ? Elle fait semblant ? Pour te rendre heureux ? Maisie est capable de faire ça pour une pauvre âme perdue.

Une pensée plissa le front de Harvey : Maisie avait-elle simulé cette nuit, et ce matin aussi ? Difficile à dire. Il était légèrement choqué de constater que cela ne le gênait pas vraiment si tel était le cas. Il n'avait jamais considéré le sexe comme un sport de compétition et si Maisie faisait semblant, eh bien, il appréciait sincèrement ce geste. Il contempla le plafond, songeur, puis il reporta son attention sur Jeff et constata que ses yeux gris l'observaient, comme un vautour observe une tortue renversée sur le dos.

– Euh… j'en sais rien, moi. Je te le répète, Jeff, Maisie et moi, on s'est juste vus là-bas, dans les Cornouailles. Depuis, je ne l'ai pas revue. D'ailleurs, je croyais que vous étiez encore ensemble. Mais je suppose qu'elle t'a quitté, c'est ça ?

Il essaya de ne pas sourire en disant cela, mais il échoua, et il vit les yeux de Jeff se plisser.

– On n'est donc pas ennemis, Harvey ? Quel soulagement. Je n'aimerais pas avoir pour ennemi un homme d'un tel poids.

Les yeux de rapace firent le tour de la boutique et Harvey se souvint vaguement des descriptions grandioses qu'il avait faites lors de la réunion. Puis les yeux revinrent emprisonner les siens.

– On peut parler en amis, alors ? Pas comme des ennemis, mais comme des alliés ?

Soudain, Jeff pivota et descendit l'allée centrale, les bras écartés de chaque côté, faisant glisser ses mains sur les pochettes plastifiées des bandes dessinées.

– On peut parler de tout ? De ce qui est arrivé, du passé, on peut parler de tout ça, hein ? On peut tout se dire ? On peut tout déballer ?

– Oh, oui. Absolument. (Harvey recula vers la porte du bureau.) On peut parler de tout.

– De tout ? (Jeff se retourna brusquement et lança un regard perçant dans sa direction.) On peut parler de tout maintenant ? Oui, je suppose. Maintenant qu'elle est partie, on peut... C'est fini, de toute façon. Je le savais déjà quand on est allés à la réunion. Je savais déjà que c'était foutu... Comme si tout ce qui servait à nous réunir s'était écroulé. On était assis dans cette putain de chambre d'hôtel comme deux étrangers, deux personnes qui ne se connaissent même pas, mais elle était à moi, Harvey ; elle a été à moi pendant douze ans, faut bien que tu le comprennes. C'est dur de renoncer à ça. Laisser tout ça vous échapper... Quand on y tient tellement...

– Oui, bien sûr. Bien sûr.

Harvey continuait à reculer centimètre par centimètre. Une nouvelle pensée occupait son esprit : ce n'était pas la police qu'il devait appeler, mais le vétérinaire car Jeff s'était mis à glapir.

– On peut parler du passé, de Bleeder, du meurtre, de tout. Je ne pensais pas que tu étais capable de ça, Harvey, je l'avoue. Et je crois que moi non plus. Mais maintenant que c'est fait, je ne sais plus quoi penser, je ne sais plus ce que je dois penser de toi. C'est pour ça qu'il fallait que je te frappe, je crois. Tu m'as pris quelque chose en même temps que tu me donnais quelque chose. Tu vois ce que je veux dire ?

– Euh, oui. Bien sûr, Jeff. Mais je te le répète encore une fois, j'ai pas couché... Euh, pardon, j'ai pas revu ta femme depuis la réunion. Alors, c'est peut-être inutile de...

– Je ne parle pas de Maisie, Harvey.

Jeff était revenu devant le comptoir et son visage avait changé. Harvey y lisait une nostalgie rêveuse, une étrange douceur qui n'existaient pas auparavant. Cela l'angoissait encore plus que les menaces.

– Je parle de Hilda Odd.

– Oui, oui. Quoi ?

– Hilda Odd, Harvey. Je parle de Hilda Odd, je parle du meurtre et je parle de toi. On a bien dit qu'on pouvait parler de tout, non ? Eh bien, j'ai envie de parler de ça.

Il allait avouer le meurtre. Jeff allait passer aux aveux et le tuer ensuite. Harvey avait reculé aussi loin que possible ; il se tenait maintenant dans l'encadrement de la porte, la main sur la poignée.

– Euh... écoute, Jeff, on n'est pas obligés de parler de ça. Peu importe ce que tu as fait, peu importe ce qui s'est passé, c'est de l'histoire ancienne, OK? Et je ne t'en veux pas.

– Non ! (Jeff s'était redressé, il avait repris la posture du vautour.) Moi non plus, je ne t'en veux pas, Harvey. Ce qu'elle a fait ; ce qu'elle a fait... C'est marrant, le passé, hein ? Tu crois qu'il va s'effacer, mais il ne te quitte jamais véritablement, tu le trimballes avec toi, tu te contentes de rafistoler certaines choses, tu as recours à d'autres expédients, le mariage, le sexe, les maisons, les voitures, tout ça, tous ces trucs... et puis un jour, tout disparaît et tu te retrouves là. Dans cette pièce, dans le sous-sol de cette putain de baraque, cette horrible baraque, avec cette femme qui te toise...

Harvey jeta un coup d'œil furtif derrière lui ; où étaient ses clés ?

– Elle te toise en tenant dans la main ce bout de fil en plastique. Toi, tu ne peux pas bouger et elle rit, elle rit...

– Hein ?

Les clés étaient sur le bureau et Harvey évaluait la longueur du bond, le temps nécessaire pour revenir claquer la porte derrière lui, introduire la clé dans la serrure, la tourner... mais il s'arrêta.

– Tu quoi ?

– Tu le sais, Harvey. Tu le sais aussi bien que moi. Tu y es allé, toi aussi. On a toujours partagé ce secret. On le porte, mais on ne peut pas s'en débarrasser, et en définitive, on doit l'affronter... on doit l'affronter.

– Comment ça, je le sais aussi bien que toi ? Qu'est-ce que je sais ? Je ne sais rien du tout, moi.

Il continuait à envisager le grand bond, c'était encore faisable. Simple question de timing.

– Jeff ?

Stupéfait par les paroles de Jeff, Harvey n'avait pas entendu la porte de la boutique s'ouvrir et maintenant,

Maisie se trouvait juste derrière Jeff; elle contemplait la scène comme si elle venait de pénétrer dans le décor d'une pièce de théâtre russe. Harvey voyait ses cheveux qui formaient une auréole dans la faible lumière du soleil entrant par la porte ouverte, comme si elle arrivait en flottant d'un endroit sûr, meilleur et sacré, et non pas de Croydon.

– Jeff, répéta-t-elle. Qu'est-ce que tu fiches ici ? Que se passe-t-il, Harvey ?

Pourquoi est-ce que tout le monde lui posait la question à lui ?

Jeff se retourna lentement, les yeux mi-clos ; on aurait dit qu'il venait de recevoir un coup en plein visage. Il fit face à sa femme, et l'espace d'un instant, celle-ci perçut dans ses yeux une expression qu'elle n'avait jamais vue. Mais les yeux se fermèrent et quand ils se rouvrirent, Jeff était de retour, tel qu'elle l'avait laissé.

– Ah, fit-il. Alors comme ça, tu ne l'as pas revue depuis la réunion, Harvey ? Intéressant.

Jeff tournait le dos au comptoir désormais et il ne semblait pas sur le point de bondir, mais Harvey se précipita pour récupérer les clés malgré tout, puis il revint en courant dans le bureau, claqua la porte, laissa tomber les clés, poussa un juron, s'énerva, essaya d'introduire la mauvaise clé dans la serrure, jura de nouveau, trouva la bonne clé, l'inséra de force, la tourna et s'adossa à la porte, le souffle coupé.

C'est seulement au bout d'un long moment qu'il prit conscience de deux choses : premièrement, personne ne tentait de le rattraper, et de fait, il percevait dans la boutique les échos d'une conversation apparemment civilisée ; deuxièmement, il venait sans doute de commettre l'acte le plus lâche de toute sa vie. Ce qui ne l'empêchait pas d'éprouver un immense soulagement. Jeff ne tuerait pas Maisie, ils régleraient leurs problèmes en discutant, après quoi Jeff s'en irait et lui pourrait aller dans les Cornouailles avec Maisie pour résoudre cette affaire de meurtre, bien qu'il n'y ait plus grand-chose à résoudre visiblement. Jeff était fou à lier. Harvey fut frappé par les similitudes avec son fantasme: Jeff en prison et Maisie dans son lit. Cool. Peut-être que toute cette souffrance qu'il avait endurée, c'était pour une bonne cause. Il en devint presque mystique dans son raisonnement. Peut-être que tout cela avait un but: apporter enfin un semblant de sens et une récompense à son existence par ailleurs inexplicable. Il se réjouissait maintenant de ne pas avoir jeté le *Superman numéro un.* Qui sait? Peut-être qu'il pourrait le vendre et ils vivraient heureux avec cet argent, après en avoir partagé une partie avec Bleeder, évidemment. Peut-être qu'ils ouvriraient ensemble un *coffee shop* sur le thème des super-héros, à New York…

Il se secoua littéralement pour s'obliger à revenir sur terre. Il se dirigea vers le téléphone, mais il ne savait pas qui appeler. Alors, il s'assit à son bureau et essaya d'entendre ce qui se passait dans la boutique.

Jeff et Maisie semblaient parler d'un ton très solennel. C'est le premier adjectif qui lui vint à l'esprit. Un sentiment de solennité, et même de sérénité, comme s'ils exécutaient une sorte de rituel religieux, un rite. Les voix s'élevaient et retombaient, mais sans temps mort; on aurait dit qu'ils suivaient un scénario. Impression renforcée par le fait que leurs voix ne se chevauchaient jamais, chacun semblait attendre poliment que l'autre ait fini de parler avant de répondre. Tout cela était plutôt reposant pour Harvey, qui avait eu une courte nuit même si, pour une fois, il ne s'en plaignait pas. Il se renversa dans son fauteuil et alors qu'il commençait à reluquer le canapé, le téléphone sonna. C'était Jarvin.

– Mr Briscow? Après un long travail, notre équipe de la police scientifique de Saint Ives pense avoir trouvé des traces d'ADN qui pourraient concerner l'affaire. Je me demandais si, par hasard, vous pourriez passer au poste cet après-midi pour bavarder un peu? On aurait également besoin de vous prélever un échantillon de sang, comme à toutes les personnes impliquées.

– Cet après-midi? (Harvey sentit son ventre se contracter; une chose qui arrivait rarement.) Je ne suis pas sûr de pouvoir… J'ai un tas de choses à faire, cet après-midi.

– C'est très important. Dans ce cas, peut-être que nous pourrions venir vous…

– Oui, oui, certainement… Laissez-moi réfléchir. Et si je passais dans l'après-midi? Ce serait la meilleure solution, oui, c'est sûr. Donnez-moi l'adresse où je dois aller. Je pourrais y être aux alentours de 16 heures, ça irait?

Harvey nota soigneusement au dos d'une enveloppe l'adresse d'un poste de police de Kensington, puis il raccrocha. Après quoi, il déchira soigneusement l'enveloppe en vingt-six morceaux, qu'il lança en l'air. Puis il resta assis un long moment, en silence. C'est seulement lorsque ce long moment devint insoutenable qu'il se dit que ce silence avait une signification. Pourquoi ne parlaient-ils plus? Peut-être que Jeff avait assassiné Maisie pendant qu'il était au téléphone? Avec des airs de souris dans une pension pour chats, Harvey tourna la clé dans la serrure, en sens inverse, et entrouvrit la porte d'un centimètre. Le silence se poursuivit et il se risqua à ouvrir un peu plus la porte. Maisie était assise sur le comptoir, face à lui, ses jambes se balançaient devant elle et elle affichait une expression de tristesse rêveuse. Elle avait pleuré. À pas prudents, au cas où des rugbymen seraient cachés dans les coins, Harvey s'aventura hors du bureau.

– Bonjour, Harvey.

– Euh, bonjour. Ça va ?

– Hmm. Jeff est parti.

– Ah. D'accord.

– Merci de nous avoir laissés seuls, tu as fait preuve de discrétion.

– Euh...

– En fait, c'est même la preuve de discrétion la plus rapide que j'aie jamais vue.

Elle lui fit un petit sourire en coin et approcha de son visage le mouchoir en papier qu'elle tenait dans la main.

– Ouais, désolé, mais je croyais que... enfin, tu vois... ce serait peut-être mieux de régler ça entre vous. Non ?

– Oui. Et c'est ce qu'on a fait, d'une certaine façon. On va divorcer. Jeff va retourner dans les Cornouailles. Je crois même qu'il va retourner là-bas pour y vivre. Il devrait, je pense. On a grandi dans une petite ville tous les deux, mais alors que moi, j'y suis restée en rêvant de m'évader, Jeff, lui, en est parti sans vraiment jamais s'en aller. C'était une de nos nombreuses incompatibilités.

Elle secoua la tête, et bien que son visage ne soit plus auréolé de lumière, elle conservait, aux yeux de Harvey, quelque chose d'angélique.

– Cool. Enfin, je veux dire, c'est dur, mais c'est cool, tu vois ? C'est sûrement dur, mais une fois que ce sera passé, tu redeviendras toi-même, pas vrai ? Tu vas être triste et tout ça, mais c'est toi qui seras triste et ça vaut la peine car tu en vaux vraiment la peine.

Il trouvait que ce n'était pas terrible; à vrai dire, ça ressemblait affreusement à un slogan pour un shampoing, mais il obtint l'effet recherché. Maisie lui fit signe d'approcher, puis elle sauta du comptoir et lui tomba dans les bras. Et quand elle se remit à pleurer, ce fut dans le col roulé du gros pull marin rouge de Harvey, celui avec les trous aux manches.

Elle resta un certain temps dans cette position et Harvey la laissa faire; il voulait humer le bosquet de son cou, il voulait voir pendant un instant le monde à travers le sanctuaire enchevêtré de ses cheveux. Hélas, alors qu'il savourait ce plaisir, ce qu'il découvrit, ce fut Josh, planté à un mètre de là, les yeux exorbités. Harvey poussa son soupir. Il n'aurait jamais cru que cela pourrait lui arriver dans les bras de Maisie, mais si. Elle essaya de le serrer contre elle, mais il se dégagea poliment.

– Euh, Maisie… Josh est là.

– Oh. Une minute… (Elle se tamponna le visage avec son mouchoir en papier et se retourna.) Enchantée.

– Hé. Cool. Ça boume, Harvey?

Harvey jubilait intérieurement. Aucune femme, en les regardant côte à côte, Josh et lui, ne pouvait manquer de se dire qu'elle avait fait le bon choix en le sélectionnant dans le patrimoine héréditaire.

28

La campagne anglaise paraît plus jolie quand vous la voyez en compagnie de votre nouvelle petite amie. Les champs vallonnés envahis d'usines et d'adorables zones industrielles qui séparent Londres du Sud sauvage deviennent plus attrayants quand un authentique et ravissant produit de la nature anglaise appuie sa tête contre la vitre du wagon et pousse un soupir. Harvey, qui n'aimait pas voyager dans le sens contraire de la marche, voyait ce qui se trouvait devant eux sur la voie. Et pas uniquement au sens propre. Il avait déjà planifié leur avenir. Un cottage à la campagne, peut-être, pour compléter l'appartement à Chelsea. Maisie était-elle riche? Il n'en savait rien et il s'en fichait. Mais même si la piste *Superman numéro un* ne marchait pas, leur avenir serait forcément placé sous le signe de l'argent. Il en était convaincu. Il ne pouvait s'imaginer vivant dans la misère avec Maisie à ses côtés. Elle l'inciterait à se développer, à s'investir dans une toute nouvelle façon de vivre. Il parachevait cette vision avec l'achat d'un poney pour leur premier enfant, en s'attribuant le rôle plutôt inattendu de Rhett Butler, dans *Autant en emporte le vent*, quand elle posa les yeux sur lui. Maisie était perdue dans ses rêveries depuis un long moment, se laissant conduire par le paysage, telle une nourrice qui la prendrait par la main. Harvey avait respecté son besoin de tranquillité, se contentant de lui proposer une cannette de Watneys. Maintenant, elle s'ébrouait comme un animal qui se remet d'un choc et lui souriait. Devait-il lui parler du coup de téléphone de Jarvin ? Il n'en avait pas eu l'occasion à la boutique, d'autant qu'elle avait pris soin de garder ses distances, à cause sans doute de l'expérience tumultueuse qu'elle venait de subir, mais aussi de la présence de Josh. Celui-ci avait réagi avec un mélange de jalousie sombre et de curiosité débridée. Ayant échoué dans sa tentative pour convaincre Harvey de le suivre dans l'arrière-boutique pour un conciliabule, il avait grommelé une remarque au sujet des femmes mariées et quand on lui avait demandé de s'expliquer, il avait nié l'avoir faite. Après plusieurs autres commentaires marmonnés, il avait débité un flot de questions qui avaient fait fuir Harvey et Maisie, alors que résonnaient encore sombrement dans leurs oreilles les paroles de Josh : « C'est juste pour savoir, Harvey. C'est ta nouvelle gonzesse, ou quoi ? » Finalement, peut-être que Josh ne lui faisait pas honneur, quand on y réfléchissait, car après tout, il l'avait quand même choisi comme assistant.

– Je me demande ce qui se serait passé si je n'étais pas arrivée à ce moment-là, dit-elle.

Elle le regardait, la tête légèrement inclinée sur le côté, et Harvey admirait son petit nez constellé de taches de rousseur.

– Je ne sais pas. Sans doute qu'il m'aurait cassé la figure.

Harvey buvait à petites gorgées l'unique cannette de bière qu'il s'était autorisée.

– Oui, peut-être. Mais je m'interroge… De quoi parliez-vous avant que j'entre ? J'ai jeté un petit coup d'œil par la vitrine, à travers un minuscule espace entre toutes tes affiches, et je n'en croyais pas mes yeux. Je m'apprêtais déjà à me précipiter pour te sauver, mais je me suis aperçue qu'il ne t'agressait pas, vous ne vous disputiez même pas. Qu'est-ce que vous faisiez, Harvey ?

Encore une chose dont il n'avait pas eu le temps de lui parler.

– Euh… on parlait. De toi. Du moins, c'est ce que je croyais. D'ailleurs, je suis sûr que oui, au départ. Mais ensuite, je crois que j'ai continué à parler de toi, alors que Jeff a commencé à parler d'autre chose.

– Qu'avez-vous dit sur moi ?

– Je m'en souviens pas.

– C'est faux. Qu'avez-vous dit ? Qu'a dit Jeff ?

– Que tu lui manquais.

Harvey but une grande gorgée cette fois ; il songea qu'il aurait peut-être besoin d'une deuxième bière.

– Il a dit ça ? Et quoi d'autre ? Je veux la vérité, Harvey, s'il te plaît.

Il croisa son regard. Merde.

– Il a dit que tu étais douée au lit.

– Hein ?

– Et que tu simulais certainement les orgasmes avec moi. J'avoue que ça ne me gêne pas du tout. Si c'est vrai, je veux dire. Enfin, non. J'aimerais mieux pas. Mais si c'est le cas, si c'était le cas, hier soir, et aussi ce matin, alors… merci infiniment.

Il s'interrompit, en ayant le sentiment qu'il s'en était plutôt bien sorti.

Maisie secoua la tête et Harvey devina ce qui allait

suivre. Il poussa son soupir intérieurement. C'était peut-être la femme la plus extraordinaire qu'il se souvenait avoir rencontrée, mais c'était avant tout une femme.

– Tu veux dire qu'après toutes ces années de vie commune, la seule chose qui vienne à l'esprit de Jeff, c'est le sexe ?

Harvey but une gorgée de bière et laissa vagabonder son esprit; il connaissait suffisamment les femmes pour deviner la suite, là encore.

– Et toi, face à l'ex-mari de la femme que tu prétends aimer, un homme que tu connais depuis tout petit, un ami que tu as perdu, tout ce qui te préoccupe, c'est de savoir si je simule les orgasmes ?

Harvey songeait que même si leur wagon était presque vide – d'après son expérience, les trains étaient généralement peu fréquentés après le déjeuner –, ils étaient passés devant une ou deux personnes en se rendant à leurs sièges. Néanmoins, il ne s'inquiétait pas trop du bruit que faisait Maisie; ça mettrait un peu d'animation dans ce voyage qui, il fallait bien l'avouer, promettait d'être ennuyeux jusqu'à ce qu'ils arrivent à la rivière Tamar. Il porta sa cannette à ses lèvres et s'aperçut que Maisie s'était tue.

– Oh. Euh… oui. Enfin, non. Je ne dis pas que c'était ma seule préoccupation. Je te résume l'essentiel. Il a dit que tu bidonnais forcément avec moi parce que j'étais une lavette ou un truc dans ce genre, et moi, je me suis juste demandé si c'était vrai ou pas. Pas de quoi en faire tout un plat. En fait, on a parlé d'un tas de choses.

– Je vois. (Il y avait une note menaçante dans la voix de Maisie et Harvey garda les yeux fixés sur le paysage.) Pour ta gouverne, sache que j'ai bidonné, comme tu dis si élégamment, pendant des mois. La première fois que ce n'était pas le cas, depuis longtemps, c'était hier soir. Voilà, tu te sens mieux ?

Harvey but une gorgée de bière pour masquer le fait qu'il se sentait mieux, effectivement. Une fois de plus, l'image de Rhett Butler lui vint à l'esprit. « Franchement, ma chère... » Non, ce n'était peut-être pas la bonne réplique, mais quand même, Clark Gable, ce putain de Clark Gable, pas de problème.

– Je n'en reviens pas qu'il puisse être aussi superficiel. J'avoue que ça ne fait que renforcer ma joie d'être ici. On n'avait jamais vraiment parlé de divorce avant ce matin et quand il a prononcé ce mot, c'était horrible. Mais maintenant... je me dis que j'ai perdu mon temps avec lui...

– Pas forcément...

Harvey prononça ces paroles sans réfléchir et il se retrouva dans cette position étrange qui consistait à prendre la défense de l'homme qui l'avait tabassé et dont il avait volé la femme.

– Il n'est peut-être pas parfait, mais... je ne dirais pas que c'était du temps perdu.

– Tu le défends ? S'agit-il d'une manifestation de solidarité masculine que même moi je n'aurais pas pu imaginer ? Tu penses que je devrais lui laisser une nouvelle chance ?

– Non, non, s'empressa de répondre Harvey. Je...

Que voulait-il dire au juste ?

– C'est juste que... je pense qu'il s'est passé une chose que tu n'as pas vue, dans la boutique. Jeff était... Il y avait un truc en toi qui l'aidait à être ce qu'il était, si tu vois ce que je veux dire. Et maintenant que tu n'es plus là... je ne sais pas... c'est comme s'il était retourné au point de départ. Il est un peu paumé et peut-être qu'il a fait quelque chose à cause de ça... Oh, merde, je ne sais pas ce que je raconte.

– Attends un peu. Qu'est-ce que tu racontes, justement ? Que t'a dit Jeff, à part ça ?

– Je ne sais pas trop, en fait. (Harvey essaya de se souvenir.) J'ai juste eu l'impression que... (ça lui paraissait idiot de formuler cette idée avec des mots)... le meurtre et tout ça... Jeff semblait penser à Mrs Odd, un truc dans ce genre. Je ne sais pas...

– Le meurtre ? Jeff ne sait rien du tout au sujet du meurtre. Il ne peut pas être impliqué dans cette histoire. Pourquoi le serait-il ?

– Aucune idée. Et moi, alors ? Pourquoi est-ce que je serais impliqué, à part que je suis entré dans la maison, que j'ai nettoyé le sang et tout ça... Bon, d'accord, peut-être que je suis impliqué, mais ça ne veut pas dire que Jeff ne l'est pas. Jarvin a l'air de penser que tout est lié au passé, et souviens-toi que Jeff faisait partie de ceux qui harcelaient le plus Bleeder. Et s'il y avait un souvenir qu'il avait oublié parce qu'il était avec toi, et parce que ça datait d'il y a très longtemps ? Mais quand tu l'as quitté et que tout s'est écroulé... c'est ce qu'il a dit : tout s'est écroulé, ou un truc dans ce genre. Bref, il s'est souvenu. Et ensuite ? Il est retourné à Saint Ives et il a assassiné Mrs Odd.

– Jeff a tué Mrs Odd ? C'est ridicule, Harvey. (Elle le regardait bouche bée, l'air incrédule.) Pourquoi Jeff ?

– Parce que c'est un salopard violent, voilà pourquoi. Parce qu'il était énervé à cause de toi car il savait déjà que c'était fini entre vous quand vous êtes allés là-bas. Et parce qu'il faisait partie de ceux qui martyrisaient Bleeder. Voilà pourquoi. (Formulé à voix haute, ça paraissait un peu maigre.) Enfin bon, j'en sais rien. Je ne prétends pas savoir, mais il s'est comporté comme un cinglé dans la boutique. Je croyais qu'il allait me tabasser à mort, mais il est devenu tout doux, il avait l'air presque absent, puis il s'est mis à ressembler à un vautour, mais pas dans cet ordre.

– Qu'est-ce que tu racontes?

– J'en sais rien. Mais il avait quelque chose de bizarre, et quand tu es arrivée, il est redevenu comme d'habitude. Du moins, c'est ce que je crois, mais évidemment, je suis resté dans l'arrière-boutique presque tout le temps.

– En effet. Et Jeff m'a semblé tout à fait fidèle à lui-même, malheureusement. J'ai toujours pensé qu'il changerait, qu'il se confierait à moi. J'ai lutté pour tenter de pénétrer en lui, mais il ne m'a jamais laissée faire. Après douze années de vie commune, j'ai encore l'impression d'avoir vécu avec un inconnu. Maintenant que cette rupture est intervenue, il reste planté là à me faire des grands sourires comme s'il s'agissait d'une énorme plaisanterie, comme si tout cela n'avait aucun sens. Et peut-être que ça n'avait aucun sens, en effet, Harvey. Peut-être que c'était juste du temps perdu...

Elle enfouit son visage dans ses mains et éclata en sanglots.

Harvey dut reconnaître que les voyageurs qui avaient choisi le train de 12h27 au départ de Paddington, cet après-midi-là, en avaient pour leur argent. De la jalousie sexuelle à la rupture conjugale, en passant par le meurtre. S'ils étaient restés chez eux pour regarder les programmes de l'après-midi à la télé, ils n'en auraient pas eu plus. Il se pencha au-dessus de la tablette et lui frictionna maladroitement le bras, seule partie qu'il pouvait atteindre. Il envisagea de se lever et de changer de siège, mais cela voulait dire se débattre avec son gros sac de toile posé sur le siège voisin pour passer. Et surtout, cela voulait dire se retrouver assis dans le sens contraire de la marche, ce qui lui donnait envie de vomir. Alors, il lui frictionna le bras et se servit de son autre main pour reprendre sa cannette de bière et verser un peu de Watneys dans sa bouche en même temps que sur son pull-over.

Le temps qu'il se nettoie un peu, Maisie ne pleurait plus et elle avait meilleure mine.

– Ce prof de maths m'intrigue, annonça gaiement Harvey, quand il fut certain qu'elle était prête à l'écouter.

– Pardon ?

– Le prof de maths de Bleeder Odd. Il l'a retrouvé lors de la réunion. Je les ai vus ensemble et je me demande de quoi ils ont parlé.

– Hmm. Je vois. Ce n'était donc pas Jeff, c'était le prof de maths ?

– Non, je ne dis pas ça. (Harvey s'essuya délicatement la bouche avec sa manche.) Je me demande juste de quoi ils ont parlé. Je parie que Jarvin ne connaît pas son existence et je pense qu'on devrait aller l'interroger. Peut-être que Bleeder lui a dit une chose importante ?

– Du genre ?

– J'en sais rien.

– Je croyais qu'on descendait voir Bleed... Non, je n'arrive pas à l'appeler comme ça... qu'on descendait voir Charles. On pourra lui poser la question directement, non ?

– Oui, oui, c'est juste.

Curieusement, Harvey trouvait cela trop facile ; c'était comme aller voir *La Guerre des étoiles* une semaine après sa sortie, au lieu de faire la queue toute la nuit. Ils devraient pendre Bleeder par surprise, le surprendre en utilisant la nouvelle preuve de son professeur de maths, lui infliger un choc pour l'inciter à passer aux aveux… lui faire dire que c'était Jeff. Harvey fit une remarque en ce sens à Maisie, qui se moqua de lui, avant de se lever pour contourner la table, ôter le gros sac de toile, s'asseoir confortablement sur le siège à côté de lui et faire glisser sa main sur sa cuisse. Harvey se désintéressa de la campagne pendant un moment; il pensait que les autres voyageurs allaient peut-être avoir droit à un final que l'on voyait très rarement à la télé dans les programmes de l'après-midi.

29

Une ville peut vous paraître très différente quand vous n'y séjournez pas avec vos parents. Elle peut même paraître encore plus différente, et bien plus agréable, quand vous êtes assis devant un véritable breakfast anglais. Même quand vous vous apprêtez à rencontrer quelqu'un que vous ne connaissez pas et qui risque de vous causer une certaine tristesse ou vous plonger dans la confusion, elle peut conserver son aspect séduisant. Harvey contemplait, au-delà des lambeaux de brume qui s'étiraient en contrebas, les blancs chevaux sauvages de la mer. Ils étaient installés dans la salle de restaurant, style jardin d'hiver, de l'hôtel qu'ils avaient choisi la veille au soir. Harvey avait décidé qu'un vulgaire bed and breakfast ne convenait pas à un jeune couple engagé dans une relation proche de l'amour; en outre, cela faisait longtemps qu'il avait envie de revenir dans cet hôtel. L'*Atlantic Rollers* était situé, sublime acte de vandalisme edwardien, sur le principal promontoire de Saint Ives: Porthminster Point lui-même, comme si les gens qui effectuaient un tel trajet pour voir ce bout de nature sauvage étaient ravis de découvrir que leur hôtel en constituait sa caractéristique essentielle. Sur toutes les cartes postales en vente dans le hall, il figurait en bonne place. Enfant, Harvey avait contemplé cet établissement, et un ou deux autres de la même époque disséminés sur le front de mer de Saint Ives, émerveillé par ce sentiment qu'ils appartenaient à un autre monde, telles des bulles à l'intérieur desquelles on respirait un air différent, l'air de la ville, avec un parfum de fumée de cigarette, de moteurs et de danger. Harvey adolescent s'était parfois introduit par effraction dans ces vastes établissements, avec Steve et Rob notamment, en forçant une issue de secours ou en trouvant une vitre brisée, il avait couru dans ces longs couloirs sombres et menaçants, mettant au défi ses camarades de continuer, de s'aventurer encore plus loin dans leur vide immense, avant de s'enfuir en poussant des cris étouffés. Il se souvenait surtout des escaliers de secours extérieurs qu'ils escaladaient pour courir en toute liberté sur les toits, semblables à des terrains de football blancs. Et à chaque fois, il se demandait ce que ça ferait de venir là, non pas comme un gamin du coin impressionné, ni un intrus adolescent, mais en adulte, en client, accueilli par la splendeur, intimidante bien que surannée, de la porte d'entrée. Ayant échoué de façon notoire dans sa volonté d'offrir à Maisie un lieu mémorable pour leur premier repas commun, Harvey avait vu là l'occasion de fournir à leur relation le genre de *mise en scène** romantique qu'exigeaient toutes les femmes, il en était convaincu.

– C'est beau, non? (Il but une gorgée de café d'un air suffisant et montra la vue.)

– Oui, répondit Maisie par-dessus le champ de bataille du petit déjeuner d'un gros mangeur.

Elle avait commandé des toasts et du café. Harvey, lui, avait pris des quartiers de pamplemousse en conserve, du porridge, du hareng fumé, des saucisses, des œufs, des haricots et des tomates. Avec des toasts et du café.

– Ça te dirait de faire une longue promenade avant de rencontrer Mr Simes ?

Harvey avait posé ses mains à plat sur son ventre pour mieux apprécier cette sensation d'être repu. Il les leva dans un geste de défense.

– Tu plaisantes ?

– Pour éliminer nos petits déjeuners ?

Maisie lui adressa un regard pétillant et tendre et Harvey s'aperçut qu'il ne pouvait rien lui refuser.

– Bon, d'accord.

Il avait plutôt envisagé une petite sieste, suivie éventuellement d'une partie de jambes en l'air improvisée, histoire de tuer le temps jusqu'à 11 h 30, heure à laquelle Simes avait accepté de les rencontrer au bar de l'hôtel. Ils avaient obtenu son nom et son numéro de téléphone par le biais de Steve. Maisie avait suggéré que les parents de Harvey se souvenaient peut-être de lui, mais Harvey avait préféré miser sur Steve. Celui-ci, excité d'apprendre que Harvey était de retour en ville, avait exigé qu'ils se retrouvent le soir pour « écluser quelques bières ». Ce désagrément mis à part, Harvey était satisfait des progrès effectués. À vrai dire, en ce moment, il était satisfait de tout ou presque. S'il n'avait pas été un fugitif recherché par la police, sans doute aurait-il siffloté en partant se promener dans l'air vivifiant. La mer paraissait encore plus belle avec le vent d'ouest qui leur cinglait le visage. Maisie l'autorisa à passer son bras autour de ses épaules afin de se protéger habilement en se réfugiant derrière elle. Ils descendirent le chemin qui allait de l'hôtel jusqu'à une porte en bois qui s'ouvrait sur le promontoire. Là, l'herbe était élastique et le parfum des ajoncs se mêlait à l'odeur de la mer.

– C'est fantastique ! cria Maisie dans le vent.

Se libérant du bras de Harvey, elle dévala le chemin, une étroite bande d'herbe couchée, et courut entre les bosquets d'ajoncs, s'enfonçant dans la bruyère qui s'étendait au-delà. Les ajoncs n'étaient pas encore entièrement fleuris mais quelques têtes jaunes apparaissaient ici et là, comme autant d'éclats lumineux irrationnels se détachant sur l'amoncellement des verts et des mauves profonds.

Bien que partisan de l'espièglerie à bon escient, Harvey appréciait modérément l'exercice physique à une heure si matinale. Il suivit péniblement Maisie pendant un moment, mais sentant que son petit déjeuner était pris de soubresauts dangereux, il se remit à marcher presque aussitôt. Victime d'un point de côté naissant, il plaqua sa main sur l'endroit douloureux et tenta de reprendre son souffle. Constatant que Maisie s'était retournée et qu'elle l'observait, il reprit une posture normale et tenta d'adopter la démarche vive, pleine d'assurance, du sportif habitué à vivre au grand air. Elle vint à sa rencontre et noua ses bras autour de son cou.

– Cet endroit est plein de vie ! Je me sens renaître !

Elle cria ce dernier mot dans le vent tourbillonnant, puis se retourna et se remit à courir en l'entraînant sur le chemin où l'herbe se transformait en schiste argileux, puis sur les pierres situées au-delà. Noires de brume, elles gisaient telles de grosses baleines échouées sur un rivage étranger, formant une sorte de mur rassurant. Mais une fois qu'ils eurent escaladé les dos de baleines, ils prirent pied sur un énorme rocher circulaire qui marquait le bord de la falaise, d'où ils pouvaient contempler l'à-pic vertigineux jusqu'à la mer tout en bas.

– La vache. (Harvey recula et plaqua la main sur le gros rocher baleine bleue qui se dressait dans son dos.) Je ne suis pas revenu ici depuis une éternité. J'avais oublié que c'était aussi haut.

Des rêves dans lesquels il tombait dans le vide, roulait contre la paroi de la falaise et agrippait des touffes d'herbe qui lui glissaient entre les doigts, lui revinrent en mémoire. C'était ça, l'avantage avec Londres : seuls des agresseurs et des skinheads envahissaient votre sommeil ; le risque d'être projeté dans le vide par le vent était quasiment nul.

Maisie ne partageait pas son angoisse : elle s'avança jusqu'au bord du grand disque de pierre et regarda longuement les vagues qui venaient bouillonner contre le pied de la falaise. Elle inspira à fond l'eau salée et piquante qui flottait dans l'air ; cela lui récura les poumons et chassa les résidus des derniers jours passés à Londres. Harvey, lui, resta collé contre le flanc de la baleine, caressant d'une main son corps lisse, froid et humide pour se réconforter, tandis que de l'autre, il cherchait ses cigarettes. Avant qu'il les trouve, Maisie se retourna vers lui ; ses cheveux volaient au vent comme une tempête de boucles. Marchant à grandes enjambées, elle le regarda de la même façon qu'elle avait regardé la mer et Harvey se sentit emporté par ses yeux ; le vert des profondeurs le submergea et le fit suffoquer. Elle lui souleva son pull et promena ses mains, glacées et adoucies par le vent, sur son torse.

– Baise-moi, Harvey, dit-elle d'une voix qu'il n'avait jamais entendue. J'ai besoin de toi, maintenant.

Harvey, les yeux écarquillés de terreur en imaginant les conséquences d'une partie de jambes en l'air au bord d'une falaise, mais dévoré lui aussi, soudain, par le désir d'être désiré de cette manière effrénée, retourna Maisie et la plaqua contre le flanc de la baleine. Puis, avec une passion qu'il qualifierait plus tard de « un peu D.H. Lawrence », il s'acharna sur les boutons du jean de Maisie, le baissa brutalement et s'agenouilla sur la roche humide pour enfouir son visage entre ses cuisses, avant de se redresser et d'être victime de ce qu'il appellerait plus tard « une vieille frousse ». Le vent fouettait leurs corps, mais ils ne sentaient pas le froid ; à vrai dire, Harvey transpirait comme un cheval de course une fois qu'ils eurent terminé. Maisie poussa un long hurlement dans le vent et l'écouta s'envoler par-dessus les flancs des baleines qui se soulevaient, vers l'intérieur des terres. Harvey cria lui aussi, mais c'était davantage un grognement qui, au lieu d'être emporté par le vent, sembla s'éterniser pendant un temps infini, telle une sorte de bruit d'animal qui résonnait sous les rochers. Maisie s'accrocha à lui pendant un instant, puis avec un petit gloussement, elle remonta sa culotte enroulée autour de sa cheville gauche et la remit, ainsi que son jean. Harvey lui tourna le dos et s'appuya contre la baleine pour avaler de grandes bouffées d'air. Franchement, s'il avait su, il n'aurait pas pris de petit déjeuner… Glissant sa main dans la poche de son blouson en jean, il trouva ses cigarettes, quelque peu écrasées, et passa plusieurs minutes à tenter d'en allumer une, en jurant, au milieu des tourbillons de vent.

– C'était éblouissant, Harvey.

Ils étaient rentrés à l'hôtel et, le visage rougi par la morsure de l'air salé et par l'effort, ils buvaient maintenant un chocolat chaud au bar. Harvey, qui avait encore du mal à reprendre son souffle, confirma d'un hochement de tête. Il était déjà en train de graver ce souvenir dans sa mémoire en vue de le faire revivre ultérieurement à plusieurs de ses amis. Il avait passé la majeure partie de ses années d'adolescence à essayer de surmonter sa frousse sur ces promontoires et très souvent, cela s'était soldé par des échecs et la honte. Désormais, quand ses amis joueraient au jeu de « l'endroit le plus insolite où vous l'avez fait » et que quelqu'un sortirait « dans un trampoline sur un catamaran », Harvey pourrait faire bonne figure. Il sourit à cet endroit douillet qu'il avait préparé pour accueillir ce souvenir ; un endroit qui faisait déjà partie de ce nouvel aspect de lui-même qu'il nommait l'aspect Maisie. Une partie de lui-même qu'il voulait voir le plus souvent possible.

– On dirait que tu fais sortir quelque chose de moi, ajouta-t-elle. (C'était de mieux en mieux.) Habituellement, je ne suis pas comme ça, je t'assure. Je n'ai jamais été comme ça avec Jeff. En vérité, c'est lui qui faisait tout le travail, si tu vois ce que je veux dire. Mais avec toi… Je ne peux pas m'empêcher de te toucher !

Elle éclata de rire, peut-être un peu trop longuement et un peu plus fort que l'aurait souhaité Harvey, mais au moins, elle souriait, ce qui, d'après son expérience, n'était pas toujours une chose acquise après l'amour. Il sirota son chocolat d'un air pensif et songea à commander un donut, mais il comprit qu'une femme qui venait de regarder un homme dévorer un petit déjeuner gargantuesque risquait de voir cela d'un mauvais œil. Alors, avec un petit soupir, un simple souffle en fait, il fit de son mieux pour se nourrir de cette boisson épaisse et chaude, tout en guettant l'arrivée de Simes. Ils ne s'étaient jamais rencontrés, et quand le vieux professeur arriva en hochant la tête, semblable à un oiseau et ponctuel, Harvey l'observa d'un œil détaché. Il devait avoir dans les soixante-dix ans, pensa-t-il, et son physique était visiblement celui d'un homme doté d'une bonne constitution qui avait passé trop d'années assis. Il se pencha en avant, parcourut des yeux les tables en faisant des petits signes de tête, à la recherche d'un ancien élève qui n'avait jamais été le sien; l'irritation et une exaltation potentielle se mélangeaient dans son regard furtif. Avec l'air d'une personne qui met fin aux souffrances d'une autre, Harvey se leva, surprenant légèrement Maisie qui était en train de lui parler de Bristol, et il agita la main.

– Mr Simes?

– Oui. Mr Briscow?

Harvey le fit asseoir dans un des fauteuils verts et bas, aux accoudoirs dorés abîmés, et alla lui chercher un chocolat chaud au bar. Quand il revint, le vieil homme parlait à Maisie du promontoire devant l'hôtel, en lui racontant qu'autrefois, un équarrisseur se perchait dans un petit refuge au milieu des rochers pour observer les bancs de pilchards qui pénétraient dans la baie.

– Il avait une grosse corne, dit Simes, et il soufflait dedans dès qu'il voyait les poissons.

Harvey, qui se tenait derrière Simes à cet instant, croisa le regard de Maisie.

– Il allait au bout du promontoire avec sa corne? demanda-t-elle avec le plus grand intérêt, et Harvey retourna au bar.

Quand il eut maîtrisé son envie de rire, il revint s'asseoir et sourit devant l'expression irritée, mais enthousiaste de Simes.

– Merci d'être venu, dit-il poliment et Simes hocha la tête.

Harvey lui exposa le but de leur visite. Quand il eut terminé, Simes le regarda en penchant la tête sur le côté, comme un oiseau qui observe une noix du Brésil.

– Vous voulez que je vous parle de Charles Odd. Ça remonte à loin, évidemment. Mais je me souviens bien de lui. Et je l'ai vu récemment, à la réunion. Il faisait partie du club de mathématiques que je dirigeais, et c'est de cela qu'il m'a parlé. Il était très exalté; il m'a expliqué combien ce club avait été important pour lui, comme s'il éprouvait le besoin de me remercier. Pourtant, c'est curieux, on aurait dit qu'il parlait de tout à fait autre chose.

Il s'interrompit et prit un air songeur.

Harvey était songeur, lui aussi. Il ne se souvenait pas d'avoir été invité à faire partie du club de maths, ni d'aucun autre club, d'ailleurs. Où se trouvait ce club? Résistant à l'envie de poser la question, il demanda vaguement:

– C'était un bon élève, donc? Pourtant, il se faisait un peu malmener, non? Je veux dire... Bleeder Odd et tout ça.

Simes accueillit cette réaction d'illettré avec une petite grimace de dégoût.

– Si vous voulez dire que Charles se faisait salement brutaliser à l'école, alors oui, j'aurais tendance à être d'accord avec vous. Mais je ne comprends toujours pas ce que vous cherchez. En fait... (il reporta brutalement son attention sur Maisie) je crains de ne même pas connaître votre nom.

– Oh, désolé, dit Harvey. Je croyais que vous vous étiez présentés. Maisie, voici Mr Simes. Mr Simes, Maisie Cooper.

– Cooper? (Le vieux professeur sursauta légèrement en entendant ce nom et plissa les yeux.) Vous êtes l'épouse de Jeff Cooper?

– Exact. (Au tour de Maisie d'être surprise.) Vous connaissez Jeff?

C'était une question relativement simple, mais elle sembla déstabiliser Simes. Il donna l'impression de vouloir se lever, puis il se figea et resta perché au bord de son fauteuil, en les foudroyant du regard l'un et l'autre.

– J'ai le sentiment d'avoir été attiré ici par un subterfuge, Briscow. Je ne comprends pas ce que vous êtes venu me demander, et je ne comprends pas pourquoi vous vous intéressez à ce meurtre.

Des taches blanches apparurent sur ses joues rougissantes, ce qui lui donna, aux yeux de Harvey, l'apparence d'un cochon d'Inde.

Hésitante, Maisie jeta un regard à Harvey, puis elle se pencha en avant à son tour, si bien que son visage se retrouva tout près de celui de Simes.

– Que savez-vous sur Jeff? demanda-t-elle avec douceur.

Les taches commencèrent à s'atténuer, tandis que Simes se rasseyait en observant Maisie, puis il dit:

– C'est du passé. De l'histoire ancienne. Pas la peine d'exhumer tout ça maintenant.

Il la regarda pendant un moment et Maisie eut le bon sens de rester muette pour le laisser réfléchir.

Harvey soupira. Si seulement il avait ignoré ses craintes, sans doute imaginaires, au sujet de la réaction de Maisie, et s'il avait mangé un donut un peu plus tôt, il se concentrerait peut-être plus facilement. Il y en avait une coupe pleine sur le bar, tout frais et enveloppés de sucre glace. C'était une honte de gâcher ça. Mais au moment où il allait se lever, Simes s'exprima de nouveau:

– Mais peut-être que cette histoire doit être racontée. À la police sans doute... Bon, je vais tout vous raconter.

Alors, Harvey se rassit et il se mangea les ongles à la place.

30

– C'était en 1982, dit Simes, l'année où Trehendricks a remporté le championnat de rugby junior. Votre mari était un des meilleurs jeunes joueurs qu'on ait jamais eus, Mrs Cooper.

Maisie hocha la tête avec, remarqua Harvey ravi, un air d'infinie patience.

– C'était un voyou, ajouta Simes, et il avait une fâcheuse tendance à jouer les tyrans. Tous les gars du rugby débordaient d'entrain, ils jouaient de sales tours aux autres et pouvaient se montrer cruels, mais Jeffrey était le pire, de très loin. Si je me souviens bien, il avait un père extrêmement dominateur…

Il regarda de nouveau Maisie, qui hocha de nouveau la tête avec la même expression.

– Oui, très dominateur, reprit Simes, et Jeffrey amenait son ambiance familiale à l'école. Il était méchant avec un tas de garçons plus petits et plus faibles, j'en avais conscience. Pour une raison qui m'échappe, les mathématiques attirent un nombre disproportionné de jeunes de ce genre. (Ses yeux pétillèrent, alors Harvey et Maisie se sentirent obligés de sourire.) C'est peut-être ainsi que la nature compense… Bref, plusieurs de mes élèves étaient maltraités par Mr Cooper, mais aucun autant que Charles Odd. À croire que celui-ci avait fait quelque chose pour provoquer la colère de Cooper, qui le traitait avec brutalité.

– Oui, je veux bien le croire, dit Maisie, calmement.

– On a fait ce qu'on a pu, reprit Simes. Même si, rétrospectivement, je pense qu'on aurait peut-être dû faire davantage pour protéger ce pauvre Charles car Jeff Cooper semblait bien décidé à lui en faire baver. Il le suivait chez lui, il passait et repassait devant sa maison sur son vélo et il criait des obscénités, il chantait des chansons aux paroles cruelles… (Harvey sentit sa vessie se contracter et il déglutit bruyamment.) Alors, Mrs Odd sortait de chez elle et le pourchassait sur la route. Elle-même n'était pas avare d'obscénités, soit dit en passant. Nous étions au courant car l'école recevait des plaintes, nombreuses. De la part de Mrs Odd en personne, bien qu'elles soient quelque peu confuses, mais aussi d'autres habitants du coin. Beaucoup de gens avaient connaissance du harcèlement subi par Charles Odd et ils étaient scandalisés. Pourtant, cela a continué jusqu'à ce que Cooper se fasse prendre.

Simes promena un regard imposant autour de lui et Harvey découvrit alors à quel point le vieil homme adorait raconter des histoires. Et il sentait, instinctivement, que Simes n'avait encore jamais raconté celle-ci; c'était une première.

– Il s'est fait prendre? demanda Maisie comme si elle venait de comprendre une chose qui lui avait échappé et voulait s'assurer qu'elle avait bien entendu. À l'école, vous voulez dire?

– Oh, non. On l'avait déjà pris sur le fait à de nombreuses reprises, mais en ce temps-là, un peu de cruauté, surtout de la part de la vedette de l'équipe de rugby, ce n'était pas un crime. Non, non, cette fois-là, il s'est fait prendre par Mrs Odd.

– Oh, je vois. (Harvey, qui avait gardé la tête baissée jusqu'à présent, leva les yeux vers Simes, puis son regard se perdit dans le vague.) Il s'est fait prendre par Mrs Odd?

– Oui. Mrs Odd l'a surpris. Peut-être qu'elle s'était cachée pour l'attendre. C'était une femme assez effrayante, je trouvais. Bref, elle lui a sauté dessus, elle l'a fait tomber de son vélo. L'engin était sérieusement endommagé. Je m'en souviens car on avait l'impression que c'était la seule chose qui embêtait vraiment son père. Elle a emmené Jeffrey de force chez elle. Charles était là lui aussi, évidemment. Et elle les a corrigés. Tous les deux. Elle les a conduits dans la cave, elle les a déshabillés et les a frappés avec un bout de tuyau en plastique.

– Elle les a frappés? (La voix de Maisie était claire et tranchante désormais.) C'étaient des enfants. Ils avaient quoi, douze ans?

– Oui, c'étaient des enfants et elle les a fouettés. (Simes hocha la tête, ce qui accentua sa ressemblance avec un oiseau.) Quand il est rentré chez lui, Jeffrey Cooper avait le dos lacéré. Il a fallu l'emmener chez le médecin, je crois. À l'école, c'était la consternation. Ça se passait à peu près à la même époque que maintenant, au début du printemps, il me semble, la saison de rugby battait son plein. Évidemment, l'établissement a fait tout son possible pour étouffer l'affaire. C'était comme ça en ce temps-là. Peut-être que ça continue, d'ailleurs… En tout cas, les Cooper étaient trop heureux de participer à cette opération de dissimulation. Ils ne voulaient pas de scandale dans la famille, même si, ainsi que je vous le disais, Cooper père s'inquiétait surtout pour le vélo.

Simes marqua un temps d'arrêt et sourit, sans joie.

– Certaines personnes ont des enfants, je me demande bien pourquoi. Bref, Jeffrey est allé à l'hôpital, mais Charles, lui, est retourné à l'école le lendemain, comme si de rien n'était. J'ai su ce qui s'était passé uniquement parce que je l'ai surpris en train de pleurer devant le club de mathématiques. Je l'ai obligé à relever sa chemise dans son dos. Depuis que j'enseignais, je n'avais jamais rien vu de tel. Je voulais prévenir la police, les services sociaux, n'importe qui. Mais le proviseur s'y est opposé. Mauvais pour l'image de l'école. Alors, on n'a rien fait, Jeffrey est revenu à son tour et personne n'a émis la moindre remarque. Même quand cela s'est reproduit quelques semaines plus tard, quand Mrs Odd a attrapé un autre garçon et que Charles a été frappé une fois de plus. Nous n'avons rien dit. Pendant toutes ces années, nous n'avons rien dit… Jeffrey est revenu et l'école a remporté le championnat junior. Époque glorieuse, en effet. Au moins, le harcèlement a cessé durant ce trimestre. Et je crois que Charles Odd n'a plus jamais eu de problèmes avec Jeffrey.

Simes se tourna vers Maisie encore une fois.

– Vous n'étiez pas au courant, Mrs Cooper ?

– Non. (Maisie voyait une autre scène que la scène de chasse accrochée au mur de l'hôtel.) Non, je ne savais rien de cette histoire. Jeff ne m'en a jamais parlé. Je le regrette.

– Évidemment, ce n'est pas facile d'en parler. Surtout pour un jeune garçon fier et arrogant comme lui, avec des parents aussi… difficiles.

– Oui, oui, certainement.

Maisie hochait la tête ; on aurait dit qu'elle était occupée à remplir une grille de mots croisés.

– Eh bien, Mr Briscow, est-ce cela que vous espériez entendre ?

Simes, avec gentillesse maintenant, ému par son propre récit, reporta son attention sur Harvey qui était affalé de l'autre côté de la table. Il y eut un moment de silence, puis Harvey sembla se réveiller en sursaut, comme si on l'avait giflé.

– Euh, oui, parfait. Merci. La vie trépidante de Trehendricks. Je ne me souviens pas de cette histoire au sujet de Jeff. Je crois même que je ne l'ai jamais sue. Mais ça explique ce qu'il m'a dit dans la boutique, non ? Et évidemment, ça lui fait un super mobile pour le meurtre.

Il éclata de rire, puis constata qu'il riait en solo.

– Franchement, je pense que c'est très dangereux de dire une chose pareille.

Simes secoua la tête et Maisie l'imita.

– C'est vrai, Harvey. Ne dis pas ça, s'il te plaît. Ça change tout, d'une certaine façon. Pauvre Jeff. Et ce père horrible…

La bienveillance de Simes se fit encore plus bienveillante, et pendant qu'il tapotait la main de Maisie, Harvey s'éclipsa en direction du bar. Il en revint avec une grande assiette contenant deux donuts, qu'il déposa cérémonieusement au milieu de la table.

– Quelqu'un en veut ?

Maisie l'observa.

– Je n'arrive pas à croire que tu manges encore, Harvey. Surtout en un moment pareil…

– Euh, non… non. (Harvey cherchait à rétablir la vérité.) J'ai pensé que Mr Simes aurait peut-être faim. Il est notre invité.

– Oui. C'est juste. Je vous en prie, Mr Simes, servez-vous.

– Oh, merci infiniment. C'est très aimable.

Et donc Harvey dut regarder Mr Simes manger les deux donuts.

31

– Tu as conscience qu'ils sont certainement à mes trousses ? Comme je ne me suis pas présenté au rendez-vous avec Jarvin, ils ont dû lancer un avis de recherche dans tout Londres.

Les avis de recherche existaient en Angleterre ? Harvey n'en était pas sûr, mais pour une fois, la question paraissait insignifiante. Il était mécontent et il craignait que Maisie partage ce sentiment.

– Je suis en cavale et tu es ma complice. On est Bonny et Clyde, nom de Dieu !

Maisie piocha une frite dans l'assiette de Harvey et lécha le sel qui était dessus avec un certain mépris.

– Je ne suis pas ta complice. Je suis ta petite amie et je t'aide à mettre de l'ordre dans ta vie, pas à échapper à la justice. Je ne peux pas être tenue pour responsable de ce que tu as fait ou n'as pas fait dans le temps.

Harvey poussa son soupir. Passer en trois heures et demie de la partie de jambes en l'air sur les falaises au soupir : pas mal.

– Je suis dans le pétrin, et toi, tu sembles ne t'intéresser qu'à Jeff et à ses angoisses existentielles d'adolescent. C'était il y a vingt ans, Maisie. Moi, j'ai besoin d'aide maintenant.

– OK.

Elle sourit, mais parvint à indiquer, par un léger mouvement d'épaules, l'ampleur du travail que cela impliquait. Harvey était doué pour analyser le langage du corps. Par beau temps, il pouvait se vexer à cent mètres de distance. Il se hérissa aussitôt.

– Nom de Dieu, Maisie, on avait décidé de me sauver. Jeff, c'est de l'histoire ancienne. C'est du passé, ton passé. L'avenir, c'est toi et moi. Jeff, lui, risque de se retrouver bientôt en prison, et le plus tôt sera le mieux.

– Il n'ira pas en prison, Harvey. Ou alors, j'irai avec lui…

Ils se trouvaient au *Greedy Mackerel*, un snack situé dans la grand-rue, et Harvey dégustait méthodiquement tous les goûts de son passé. Dans son assiette étaient disséminés les restes d'un gros chausson à la viande et aux pommes de terre, un petit tas de frites, un demi-cornichon, un peu de ketchup et une sorte de fourchette en bois qui n'avait pas servi. À côté de son assiette, il y avait un grand verre de Coca avec beaucoup de glaçons. Maisie avait refusé toute nourriture, laissant entendre, par le biais de son langage corporel encore une fois, qu'elle était trop ébranlée par ce qui s'était passé récemment pour manger. Ce qui ne l'empêchait pas de grignoter les frites de Harvey, remarqua celui-ci. Il aurait aimé lui faire comprendre, avec son propre langage corporel, que dans les moments d'émotion, il préférait manger. Ça ne voulait pas dire qu'il était insensible ; c'était sa façon d'être, voilà tout, sa manière d'exprimer sa compassion. Un concept difficile à transmettre sans avoir recours aux mots et il n'était pas certain d'avoir réussi. Il porta à sa bouche le reste de chausson et en fourra la majeure partie à l'intérieur.

– J'aimerais parler à Jeff. Peut-être que je devrais l'appeler. Mais je ne sais pas où il se trouve exactement. (Maisie avait sorti son téléphone portable alors qu'ils se rendaient en ville à pied, et depuis, elle ne cessait de jouer avec.) Il a dit qu'il retournerait certainement dans les Cornouailles, mais il n'a pas dit quand. Si ça se trouve, il est en ville en ce moment même. Peut-être que je devrais essayer notre ancien numéro...

Elle regarda par-dessus la table en plastique bleu ornée d'un gros dauphin souriant pour quêter de l'aide. Mais Harvey avait épuisé le potentiel rhétorique de son chausson à la viande et il se débattait maintenant avec les implications. Elle soupira.

– Je ne sais pas quoi faire ; cette histoire m'a complètement ébranlée. Pourquoi ne m'a-t-il rien dit ?

Abandonnant le combat, Harvey engloutit simplement un gros morceau de chausson et garda les yeux fermés, hermétiquement, le temps qu'il passe.

– C'est la quinzième fois que tu répètes ça, Maisie. J'aimerais que tu arrêtes, OK ? Il ne t'a rien dit parce que c'est un Anglais coincé qui garde ses secrets de famille enfoncés dans son cul. Les secrets, c'est comme l'argent : on ne les dilapide pas, on les met de côté en pensant à l'avenir.

– Mais je l'ai quitté, Harvey. (Elle le regarda avec une véritable tristesse.) Quel avenir pouvait-il y avoir pour nous ? Que pouvait-il bien attendre ?

Harvey pouvait répondre à ces deux questions : « Aucun avenir, quel qu'il soit », et : « D'avoir tué la vieille Mrs Odd. » Facile. Mais évidemment, les femmes ne comprennent jamais ces choses-là, et quand il tenta de lui expliquer, Maisie retrouva sa mauvaise humeur, si tant est qu'elle l'ait quitté.

– Non, Harvey. Jeff ne peut pas être le meurtrier. Oublie cette idée. C'est ton fantasme.

Choqué par la vérité de cette accusation, Harvey secoua vigoureusement la tête.

– Pourquoi il pourrait pas être le meurtrier? Tu as dit toi-même qu'il était parfois violent. Et il a un formidable mobile: après avoir reçu une correction pareille, n'importe qui aurait envie de tuer Mrs Odd. En plus, il n'a aucun alibi pour ce matin-là. Et il a des parents typiques, des parents de serial killers. C'est le meurtrier idéal. Cesse de le défendre, regarde la réalité en face.

Il piocha trois frites et les mangea avec bonheur.

Sa satisfaction était si intense que Maisie se surprit à rire, malgré elle.

– Non, Harvey. Il n'a pas un meilleur mobile que toi. Tu voulais cette bande dessinée, ajouta-t-elle, alors qu'il tentait de protester, c'est le mobile parfait; bien plus qu'une vieille rancune d'autrefois. Par ailleurs, tu n'as pas d'alibi, toi non plus, et je suis sûre que tu peux être très violent quand tu veux. D'ailleurs, je sais que tu es une vraie bête.

L'apparition de son orteil entre les cuisses de Harvey à cet instant eut deux effets. Premièrement: il fut moins enclin à protester face à ce raisonnement injurieux. Deuxièmement: il faillit s'étouffer avec les frites et il dut tousser de manière ostentatoire en lançant des regards accusateurs à une Maisie amusée pendant plusieurs minutes. C'était Harvey qui avait suggéré d'aller manger un chausson à la viande avec des frites pour passer le temps à Saint Ives en attendant l'arrivée de Bleeder. Ils l'avaient appelé avec le portable de Maisie, après avoir demandé le numéro de sa mère aux renseignements. Cela leur avait pris plus de temps qu'il l'avait supposé : il y avait un grand nombre de Odd dans les Cornouailles, dont une bonne partie à Saint Ives. Quand Bleeder avait répondu au téléphone, il avait une drôle de voix, et Harvey avait cru qu'il s'agissait de quelqu'un d'autre, mais quand Harvey s'était présenté, il avait tout de suite reconnu Charles Odd, brillant financier. Contre toute attente, Bleeder avait paru sensible à cette invitation, et si Harvey avait été d'humeur imaginative, il aurait pu se dire qu'il s'attendait à son appel. Mais ce n'était pas le cas et cette pensée virtuelle, comme tant d'autres sur lesquelles il aurait pu se concentrer à ce moment-là, s'éloigna, tandis que Harvey se focalisait plutôt sur son déjeuner.

L'orteil appuyé contre sa cuisse avait disparu pendant sa quinte de toux, mais il réapparut et se mit à aller et venir sur le haut de sa jambe, pendant que Maisie contemplait le crachin qui tombait dans les rues de Saint Ives. Harvey était venu bien des fois dans ce snack et d'autres semblables situés dans la même rue. Mais il n'avait encore jamais eu d'érection dans aucun d'entre eux, une érection dont il se souvienne du moins, une véritable érection d'adulte. Maisie était-elle nymphomane ? Cette question surgit dans son esprit. Baiser sur les falaises et quelques heures après seulement le faire bander dans un snack ? Était-ce le signe de tendances sexuelles pathologiques ? Harvey ne pouvait que l'espérer. Il jeta un coup d'œil à sa montre et prit une serviette. L'exploration de la psychose de Maisie devrait attendre car il était temps de se rendre au pub.

32

Bleeder était en retard. La pluie ayant cessé, ils s'étaient installés sur la terrasse qui longeait la rue principale et conférait au pub son originalité. À l'intérieur, le *Golden Lion* était envahi par la fumée des cigarettes trop nombreuses et le bruit des joueurs de fléchettes qui s'exerçaient. Harvey et Maisie étaient donc assis sur un banc en bois humide dans le jardinet et Harvey sentait le fourmillement nerveux de ses hémorroïdes naissantes. Il était allé chercher une pinte et une demi-pinte de bière et ils attendaient en silence. Était-ce le silence agréable et reposant de deux personnes qui sont à l'aise ensemble ? Harvey s'interrogeait. Il avait entendu parler de ce genre de choses, mais il ne pouvait s'appuyer sur aucune expérience personnelle. Peut-être était-ce un silence éloquent.

Harvey adressa un regard hésitant à Maisie, mais celle-ci était plongée dans ses pensées et elle lui répondit par un sourire vague, dans le genre « pas maintenant ». Il s'était toujours considéré comme une personne sensible, mais aux alentours de la trentaine, il avait découvert qu'il possédait une seule sorte de sensibilité : celle qui voulait dire qu'il était facilement bouleversé. Il ne possédait pas cette autre sorte de sensibilité, celle qui lui permettrait de comprendre ce qui se passait. Dans l'ensemble, il y voyait surtout un avantage. Qui donc avait envie de savoir ce qu'il y avait à l'intérieur de l'esprit des autres, hein? C'était déjà assez moche de savoir ce qu'il y avait dans le sien. Hélas, cela était devenu, il en était maintenant convaincu, un facteur de sa relative absence de succès sentimentaux. Relative par rapport aux êtres humains, s'entend. Comparé à Josh, c'était Warren Beatty, mais cette constatation lui procurait de moins en moins de satisfaction. Il se tourna de nouveau vers Maisie, mais elle observait, par-dessus sa tête, le chemin pavé de pierres qui partait de la route et Harvey entendit un bruit de pas dans son dos. En se retournant, il découvrit Bleeder Odd.

– Hé, ça va, vieux?

Maintenant que Bleeder était là, Harvey éprouvait soudain le désir irrationnel que ce ne soit pas le cas. Cela lui arrivait souvent: il passait des semaines à organiser quelque chose et à la dernière minute, il souhaitait que cette chose ne se fasse pas.

– Bonjour, Harvey. Bonjour... (Bleeder adressa un vague sourire à Harvey, mais son regard était fixé sur Maisie.) Mrs Cooper, je suppose?

– Oui. Et vous, vous devez être Mr Odd.

Harvey regarda Bleeder s'asseoir avec maladresse sur le banc en bois, à côté de Maisie.

– Un verre, Charles?

– Un verre? Oui, volontiers. Je prendrai une menthe à l'eau.

Harvey l'observa longuement. Était-on en train de se moquer de lui? Ni Bleeder ni Maisie ne souriaient. Il se leva lourdement, en gardant les yeux fixés sur Bleeder, puis se dirigea d'un pas mesuré en direction du bar et des inévitables commentaires des joueurs de fléchettes.

Bleeder s'était tourné vers Maisie et elle vers lui. Comme ils étaient assis côte à côte, ils s'aperçurent qu'ils étaient très proches l'un de l'autre maintenant et ils se regardèrent au fond des yeux avec une certaine gêne.

– Je m'étonne que vous soyez venue, Mrs Cooper, dit Bleeder en reportant son attention sur un champignon en ciment rose qui décorait le massif bordant le jardin au-delà du chemin. Je me disais que, peut-être, je verrais votre mari, à un moment ou à un autre. Je me suis demandé si j'aurais de ses nouvelles…

– Oui, évidemment. Vous le connaissiez, n'est-ce pas? Vous connaissiez Jeff?

– En effet. Nous étions dans la même classe à Trehendricks.

Il dégageait une telle assurance que Maisie sentait qu'elle pouvait lui poser la question. Elle se retourna brièvement pour s'assurer que Harvey était parti, puis elle dit:

– Je me réjouis de me retrouver seule un instant avec vous, Mr Odd… Charles, c'est bien ça? (Bleeder confirma d'un sourire.) Moi, c'est Maisie, au fait. Je ne veux surtout pas précipiter les choses, mais nous n'aurons peut-être pas d'autre occasion de parler en tête à tête comme ça. J'ai eu vent d'une rumeur concernant mon mari et vous, quand vous étiez enfants tous les deux, ici à Saint Ives, et j'aimerais en savoir plus.

– Une rumeur? Ah, oui. (Bleeder hocha la tête, songeur.) Je crois deviner de quelle rumeur il s'agit, mais je vous laisse m'en parler.

– Le mot rumeur est un mot désagréable. Je ne voudrais pas laisser entendre que des gens ont colporté des ragots sur vous ou sur mon mari. Ce n'est pas du tout ça. Mais j'ai entendu parler d'une histoire ancienne. Elle concernait Jeff et votre mère, Mrs Odd. Il paraîtrait que votre mère aurait puni Jeff, elle l'aurait battu, et vous aussi, à ce qu'on dit. Un châtiment très cruel… (Maisie dévisageait Bleeder, mais celui-ci gardait les yeux fixés sur le champignon.) Jeff ne m'a jamais parlé de cette histoire. Je l'ai apprise par le biais d'une autre personne. Il paraîtrait également que Jeff était très cruel avec vous, qu'il vous maltraitait et que, à bien des égards, il a eu ce qu'il méritait. Mais il ne m'en a jamais parlé. Alors, je me demandais si c'était vrai. Cela pourrait expliquer certaines choses dans notre relation, notre mariage. Cela pourrait aboutir à un résultat différent, si vous voyez ce que je veux dire…

– Oui, ce serait différent.

Un léger changement était perceptible dans la voix de Bleeder et une fois de plus, Maisie tenta d'attirer son regard, mais ses yeux demeuraient fixes, totalement immobiles sur son visage totalement immobile. Elle remarqua que ses cheveux roux étaient clairsemés sur le haut du crâne et qu'il avait pris soin de rabattre les mèches pour masquer le vide. Elle se demanda s'il l'avait fait pour elle.

– L'a-t-elle puni, Charles? Ça m'aiderait beaucoup de le savoir. On raconte qu'elle l'aurait attrapé alors qu'il tournait autour de la maison sur son vélo en criant des injures. Je vous assure que je ne porterai aucun jugement sur votre mère car visiblement, Jeff se comportait affreusement mal, méchamment même. Mais j'ai besoin de savoir…

Bleeder tourna enfin la tête, très lentement, et lorsque ses yeux rencontrèrent ceux de Maisie, comme elle l'espérait, elle le regretta. Il la regarda fixement, dans un silence absolu, et Maisie dut, à son tour, reporter son attention sur le champignon.

– Oui, ma mère a attrapé ceux qui faisaient du vélo devant chez nous. Mais pas à cause des cris, à cause de la chanson. Elle ne supportait pas la chanson.

Horrifiée, Maisie entendit alors une voix de fausset émerger de ce visage qui se trouvait si près du sien qu'elle sentait son haleine chaude et aigre.

– « Bleeder Odd, le roi des nazes, a une tête de mongol et sa mère est une pute. » Voilà ce qu'ils chantaient, Maisie, devant chez moi. Ma mère détestait cette chanson. Alors, elle se cachait derrière le mur, avec un bâton, et quand ils approchaient à vélo, elle surgissait et le glissait entre les rayons des roues. Elle en a attrapé un ou deux de cette façon. Jeff, c'est sûr. Et Harvey Briscow également. Eh, oui, dit-il en voyant la réaction de Maisie qui avait tourné la tête beaucoup plus vite que lui. Eh, oui. Harvey chantait cette chanson, lui aussi. Ou une variante. Ils avaient beaucoup d'imagination. Il existait un tas de versions différentes.

– Oh, Charles... (Instinctivement, elle lui prit la main.) Je suis navrée.

– Les salopards.

Harvey posa brutalement sur la table un verre à vin contenant un liquide verdâtre. Il s'était également rapporté une pinte, qu'il posa avec plus de douceur.

– Qui ça ?

Maisie sursauta et leva les yeux vers lui, avec un mélange d'agacement et de doute. Elle sentit que la main de Bleeder échappait à la sienne.

– Ces foutus joueurs de fléchettes. Ils étaient morts de rire que je commande une menthe à l'eau. Il a fallu que je commande une pinte en plus, pour pas qu'ils disent que c'était pour moi. Tu bois vraiment ce truc, Charles? Ou alors, c'était juste pour rire?

– J'aime bien ça. (Bleeder prit son verre et but une gorgée délicatement.) Je retrouve le goût de l'Arabie Saoudite, où j'ai travaillé pendant quelque temps. On apprend à vivre sans alcool et c'est un substitut très répandu.

– Ah. OK. Mais on n'est pas en Arabie de mes deux ici, hein? Quand on est au pays, on boit de la bière. (Harvey engloutit d'un trait le restant de sa première pinte et remplaça habilement le verre vide par le verre plein.) Alors, de quoi vous parliez tous les deux?

– D'une chose qui ne te regarde pas, répondit Maisie en lançant un regard à Bleeder pour provoquer un sentiment de connivence, mais il avait déjà reporté toute son attention sur Harvey.

– OK, d'accord. Mais j'ai des questions à te poser, Charles. Ça t'embête pas?

Harvey avait conscience du regard pénétrant de Bleeder. Il le clouait sur place; le simple fait de remuer la tête de droite à gauche lui faisait un drôle d'effet devant ce témoin aux yeux perçants. Il but une grande gorgée de bière, puis ajouta:

– Si on bavardait un peu?

– Soit, répondit Bleeder avec la même lenteur sinistre qui avait déstabilisé Maisie. Tu peux me demander tout ce que tu veux savoir. Mais il serait peut-être préférable qu'on en parle entre nous, H. Il y a certaines choses que tu préféreras apprendre seul.

– Hein? Non, non, t'en fais pas. (Harvey s'affolait tout à coup.) Tout ce que tu as à me dire, tu peux le dire aussi à elle, à Maisie. Pas de problème.

Mais Maisie se levait déjà.

– Charles a sans doute raison, Harvey. Il faut qu'il te parle. Il y a des choses que tu dois entendre, des choses qui viennent de ton passé. Et moi, j'ai besoin de réfléchir à tout ça. J'ai besoin d'air, en fait.

Soudain, elle était debout et prête à s'en aller ; il fallait qu'elle s'éloigne de ces gens, elle avait besoin de se retrouver seule pour essayer de donner un sens à toutes les nouvelles informations que lui avait apportées cette journée.

– Je vais aller me promener, m'oxygéner. À plus tard, Harvey. D'accord ? (Elle posa sa main sur son bras.) Tout se passera bien, laisse les choses se faire. OK ? Laisse faire.

Sur ce, elle s'éloigna à grandes enjambées sur le chemin. Harvey contempla cette vision d'un air approbateur. Elle marche avec une sorte de tortillement des fesses, pensa-t-il avec un soupçon de fierté de propriétaire, puis il revint sur Bleeder.

– Alors, dit-il en prenant son verre en guise d'accessoire, il faut qu'on se parle, c'est ça ? Je croyais que ça allait se faire chez Steve, mais il fallait plus ou moins que je parte et tout ça. À mon avis, c'est au sujet du passé, de ta mère et ainsi de suite. Franchement, si tu as envie de parler, pas de problème.

Harvey buvait rapidement ; il n'était pas sur son terrain. Était-ce ainsi que procédaient les policiers ? Il se faisait plutôt l'impression d'un psychologue amateur. Bleeder, lui, sirotait sa menthe à l'eau avec toutes les apparences du plaisir et il ne répondit pas tout de suite. Mais brusquement, il se leva. Harvey, bien que déconcerté, en éprouva une certaine joie : il s'en allait, Dieu soit loué !

Bleeder le toisa un long moment, puis il dit :

–Je crois qu'on devrait marcher un peu nous aussi, H. J'ai envie de bouger. C'est difficile de parler autour d'une table de pub.

Il s'engagea dans le chemin et Harvey regarda son postérieur avec moins d'enthousiasme. Cul osseux, pensa-t-il. Et bien évidemment, c'était au tour de Bleeder de payer sa tournée. Harvey désapprouvait ce manque de savoir-vivre. Il rejeta la tête en arrière, versa dans sa gorge le restant de sa pinte, puis se leva. L'espace d'une seconde, l'image de son propre cul traversa son esprit et il se demanda à quoi ressemblait celui-ci, tandis qu'il suivait le chemin en direction de la sortie. Il essaya d'adopter un tortillement sexy, trébucha et manqua de basculer pardessus le champignon rose.

– Saloperie de truc à la con, marmonna-t-il en pressant le pas pour rejoindre Bleeder qui descendait déjà la rue principale de Saint Ives.

33

Ils refirent en sens inverse le trajet emprunté par Harvey et Maisie ce matin même. Mais Bleeder marchait plus vite que Maisie et il ne lui tenait pas la main, Harvey apprécia donc moins cette promenade; il aurait aimé qu'ils s'arrêtent. Toutefois, il sentait bien que le fait de parler d'un meurtre dans la rue principale, parmi les nombreux habitants des Cornouailles (réputés pour leur curiosité) qui grouillaient tout autour, ce n'était pas une très bonne idée, alors il suivit docilement Bleeder qui les entraînait vers le promontoire. Ils pourraient peut-être aller au bar de l'hôtel ou dans un endroit de ce genre, se trouver un coin tranquille et régler cette histoire. En vérité, Harvey aurait préféré rester dans le jardin du pub, boire une autre bière et regarder Bleeder aller commander une menthe à l'eau devant une assemblée de comiques ivres. Ç'aurait été chouette. Au lieu de cela, il suivait le cul maigre de Bleeder qui avançait de manière quelque peu affectée dans les rues encombrées, avant d'atteindre la route plus tranquille qui menait au promontoire. Finalement, Bleeder s'arrêta et attendit que Harvey le rejoigne. Côte à côte, ils descendirent au milieu des ajoncs vers les rochers baleines qui attendaient.

– Le moment est venu de se parler, H. J'ai toujours su que ce jour viendrait, je crois.

Bleeder avait ralenti le pas et Harvey, soulagé, s'arrêta.

– Euh, oui. OK. Ça fait du bien de parler.

Harvey essaya d'adopter un accent cockney pour prononcer cette dernière phrase, en pensant à Bob Hoskins. Il regarda les rochers devant lui et sentit la douce chaleur du souvenir irradier en lui. Il avait baisé à cet endroit.

– Parler du passé, lointain et récent. Parler sans retenue. (La voix de Bleeder s'envolait dans le vent.) Tout déballer, enfin. C'est une chose que je fais depuis de nombreuses années sous une forme différente. Je suis une psychanalyse, H. J'ai engagé ce processus, j'ai compté sur lui pour me conduire jusqu'ici, pour me permettre de me retrouver avec quelqu'un que j'ai connu autrefois, dans un lieu où nous avons grandi, sans colère ni amertume, mais plein d'espoir. Oserai-je le dire ? J'éprouve presque de la pitié.

Bleeder posa sur Harvey un regard qui semblait, en effet, rempli de pitié et Harvey sortit ses cigarettes. Il ne savait pas quoi dire. Une psychanalyse ? Nom de Dieu, il avait bien compris que Bleeder était cinglé.

S'ensuivit une nouvelle séance consacrée à l'allumage d'une cigarette, mais elle dura moins longtemps que la précédente car le vent s'était calmé et Harvey s'était un peu amélioré. Après avoir inspiré une grande bouffée de tabac pour chasser de ses poumons le moindre soupçon d'air frais de la campagne, il dit :

– Euh, ouais. Écoute, Charles... On peut parler, mais à ta place, j'espérerais pas trop, OK ? Je veux dire... moi, j'attache pas trop d'importance à tout ça, tu vois ?

Il conclut par un petit rire en espérant que Bleeder

sourirait et qu'ils pourraient prendre tout ça à la rigolade, mais Bleeder ne sourit pas. Il hocha la tête d'une manière que Harvey trouva condescendante, puis son regard se perdit dans le lointain.

– Je dois avouer que pendant longtemps, c'est toi que j'ai détesté le plus, H. Plus que Jeff Cooper, Carl Butcher ou Rob Calderwood, ou n'importe lequel des autres sportifs, comme on les appelait. Ils étaient tous cruels avec moi, certes, mais ta cruauté était plus grande encore.

– Euh… OK. (Harvey recula et se piqua avec un buisson d'ajoncs.) Aïe, putain !

Rob martyrisait Bleeder, lui aussi ? Il ne s'en souvenait pas, mais Bleeder était sans doute bien placé pour le savoir. Il avait réussi à rassembler toute l'école, c'était une prouesse. Harvey transforma son sourire en un rictus qu'il espérait plein de compassion.

– Tu veux certainement savoir pourquoi je dis ça ? reprit Bleeder sans tourner la tête, gâchant ainsi la belle expression de Harvey. Car, évidemment, tu ne me martyrisais pas autant que les autres.

C'était exact. Harvey hocha furieusement la tête. Il ne martyrisait pas Bleeder, celui qui avait raconté ça à Jarvin se trompait ; il faisait partie des gentils, il était du côté du bien et de la justice. Pendant un instant, il se représenta Spiderman, après la mort de sa tante May et le départ de Mary-Jane. Victime de tant d'injustices. Il tira une longue et triste taffe de sa cigarette. Il connaissait bien ce sentiment.

– Ce que je voulais dire, H, c'est que je comptais sur ton aide. Tu faisais partie des rares personnes dont je pensais sincèrement qu'elles pourraient mettre fin à tout ça. Tu aurais pu le faire. Tu avais le prestige nécessaire dans ta classe. Tu aurais pu devenir copain avec moi. J'avais juste besoin d'un seul ami. J'aurais pu survivre à tout ce qui se passait, j'aurais peut-être même pu avoir une enfance dont je puisse me souvenir sans l'aide d'un spécialiste. Pendant longtemps, j'ai espéré que tu serais mon salut. C'est ce que m'a expliqué mon psychiatre : tu étais mon fantasme, je rêvais que tu allais me sauver. Et puis, un jour, j'ai entendu cette chanson devant chez moi. J'ai entendu la voix de Rob Calderwood et ensuite, j'ai entendu la tienne. Tu te souviens de ce jour-là, H ? Tu t'en souviens ? Tu sais ce que ça faisait d'avoir déjà enduré ça avec Jeff quelques semaines plus tôt seulement ? Et de se retrouver là, enfermé dans cette maison avec ma mère, à entendre ces voix de nouveau, qui chantaient cette même chanson, et ma mère qui sortait et qui se cachait derrière le mur pour essayer d'attraper l'un de vous ? Et découvrir ensuite qu'une de ces voix était la tienne ? Tu es capable d'imaginer, H ? C'est dans tes cordes ? Je crois que c'était la plus grande des trahisons. C'est à ce moment-là, je pense, que j'ai compris que ça ne s'arrangerait jamais. Tu te souviens, Harvey, du jour où ma mère t'a attrapé ?

– Hein ?

L'esprit de Harvey s'était mis à vagabonder au moment où Bleeder avait évoqué son prestige à l'école. C'était la vérité. Il était populaire et il avait de l'influence. Où était donc passé ce prestige ? Pourquoi n'en avait-il plus du tout ? Si l'homme adulte existe déjà chez l'enfant, où étaient son statut et son influence dans sa vie actuelle ? Il donnait plus ou moins des ordres à Josh, voilà tout, et Josh achetait des cartes Pokemon. Il avait envie de pousser son soupir, mais songea que cela devrait être la prérogative de Bleeder. Quant au reste, c'étaient des conneries et Bleeder devait le savoir, surtout s'il avait suivi une thérapie. Personne ne pouvait sauver personne. Harvey, lui, l'avait toujours su, depuis aussi longtemps qu'il s'en souvienne. Malgré tout, cette dernière remarque le prit au dépourvu et il s'étrangla avec la fumée.

– Le jour où elle m'a attrapé ? bredouilla-t-il.

– Quand tu chantais devant chez moi, certainement pas pour la première fois, mais la première fois où j'ai compris que c'était toi, où j'ai reconnu ta voix parmi celles des autres. Ma mère est sortie de la maison et elle t'a attrapé, tu ne t'en souviens pas ?

Harvey réfléchit un long moment, avant de hocher la tête, lentement.

– Euh, oui. Vaguement. Elle m'a plus ou moins passé un savon, mais tu lui as dit que j'étais ton copain et que c'était la première fois que je faisais ça, alors elle m'a laissé filer. Un truc dans ce genre.

Harvey haussa les épaules. Il s'en souvenait, évidemment. Quelle trouille il avait eue. Mais que voulait Bleeder ? Une lettre de remerciements ? Une folle lui avait sauté dessus pour l'enguirlander ; il aurait dû la faire arrêter. Il tira une dernière taffe et lança son mégot d'une pichenette, avec une habileté insolente, directement dans un terrier.

– Je t'ai sauvé. Tu comprends ? Elle t'aurait frappé, comme Jeff, mais j'ai empêché ça. C'est moi qui ai reçu une correction à ta place. (Bleeder s'était tourné pour regarder Harvey cette fois et il réagit en voyant l'expression de celui-ci.) Eh oui, j'ai eu droit à une correction parce que j'étais copain avec un garçon qui chantait cette chanson. Mon psy en a fait ses choux gras. Je rêvais d'être sauvé, mais c'est toi que j'ai sauvé à la place. Tu saisis ?

– Euh, oui, oui. Super. Bravo et merci de m'avoir sauvé. Je ne savais pas que tu avais reçu une raclée.

– Si. J'ai reçu une raclée, comme tu dis, pour t'avoir sauvé, mais je n'ai pas pu sauver Jeff. Du moins, je ne l'ai pas fait. Je l'ai laissé se faire fouetter, avec ce tube en plastique. Pour qu'il sache ce qui pouvait arriver. Et je crois qu'il a vu à quoi pouvait ressembler la vie. Après ça, il m'a plus ou moins fichu la paix. Mais je t'ai sauvé et j'ai reçu la correction à ta place. J'ai volé ce bout de plastique, pour te l'apporter. Tu t'en souviens, H ? Le jour où on a fait l'échange ? Le bout de plastique que j'ai apporté à l'école. Je voulais te le montrer. Il y avait encore mon sang dessus, figure-toi. Je t'attendais avec et toi, tu n'as même pas vu le sang, tu ne pensais qu'à t'en servir pour décapiter les orties. Alors, tu me l'as échangé, contre une bande dessinée, un *Superman*. Le *Superman numéro un* que j'ai gardé si longtemps. Il était dans un carton, chez moi. Tu t'en souviens, H. Je sais que tu t'en souviens car c'est toi qui m'as rappelé son existence.

Bleeder avait haussé le ton et il secouait la tête de droite à gauche en parlant, comme s'il voulait chasser ce souvenir, le maintenir à l'écart, à la manière d'un cheval qui repousse les mouches. Mais il semblait se calmer maintenant, il s'exprimait avec davantage de précision.

– J'avais oublié cette histoire. Je l'avais effacée. J'avais enfoui si profondément en moi cette journée que même durant mon analyse, je n'en ai pas parlé. Alors que je me croyais guéri, elle était là, dans mon passé, dans ce lieu cruel et pervers.

Il pivota en écartant les bras pour englober l'étendue de Porthminster Point, avec la baie de Saint Ives derrière et la mer de chaque côté. Deux randonneurs qui passaient par là lui jetèrent des drôles de regards et firent un écart pour éviter ses bras.

– Bonjour, dit l'un d'eux.

Harvey, qui avait suivi leur approche par-dessus l'épaule de Bleeder, répondit par un hochement de tête poli. Bleeder attendit qu'ils se soient éloignés et qu'ils aient disparu à l'endroit où le chemin serpentait derrière les rochers.

– J'avais oublié, reprit-il.

Il parlait plus calmement et ses épaules s'étaient affaissées; on aurait dit que l'envoûtement qui lui permettait de tenir le coup avait été brisé.

– J'avais oublié, jusqu'à ce que tu me parles dans la voiture, après la réunion, pour me demander si j'avais toujours cette bande dessinée. Tout a ressurgi, alors. Je me suis souvenu que je ne t'avais même pas expliqué ce que tu avais fait. C'était ce qui était enfoui le plus profondément, je crois. Je t'ai laissé ce bout de plastique comme si je me débarrassais d'un jouet. Je me suis souvenu d'avoir regardé tes doigts au moment où tu le prenais, pour voir si le sang les rougissait. C'est curieux: je me souviens clairement de choses qui, récemment encore, étaient enfouies en moi. Et j'ai fait ça pour une bande dessinée. Connais-tu une histoire plus ridicule? J'ai renoncé à tout en échange d'une bande dessinée…

Il s'était détourné et il regardait au loin, vers l'hôtel, dont on distinguait encore les toits au-dessus de la pente. Mais il se retourna en recommençant à parler, comme s'il ne tenait pas en place.

– C'est pour ça que je l'ai tuée, je crois. C'était le souvenir de trop; il a ressurgi trop brutalement. J'avais encore besoin de réparer certaines choses, tu vois. Je devais rectifier des erreurs. Alors, ce matin-là, le dimanche, en me réveillant, j'ai su ce que je devais faire. C'était comme si mes rêves me l'avaient soufflé, et ils en sont capables, c'est mon psy qui me l'a dit. Mes rêves m'avaient conduit à ce stade, ce stade nécessaire où je pouvais enfin arrêter tout ça une bonne fois pour toutes. Franchement, c'était facile. Tuer, c'est vraiment très facile.

– Hein ? Quoi ?

Conscient de la présence du buisson d'ajoncs derrière lui, Harvey ne recula pas, cette fois. Pourtant, ce n'était pas l'envie qui lui manquait. Les yeux de Bleeder étaient fixés sur les siens. Ç'aurait été beaucoup mieux sur la terrasse du pub. Il jeta un coup d'œil en arrière, à la recherche des randonneurs, mais ils avaient disparu au milieu des rochers depuis longtemps. Allaient-ils s'envoyer en l'air ? se demanda-t-il confusément, et l'image de ces deux types d'environ soixante-quinze ans plaqués contre un rocher baleine fut si saisissante qu'elle ramena brutalement son attention sur Bleeder.

– Je l'ai tuée, Harvey.

– Euh, d'accord…

Harvey pataugeait tellement qu'il avait l'impression de traverser la baie à la nage. Que pouvait-il dire maintenant, bordel ?

– Alors… c'est toi qui… l'as fait ?

– Oui, c'est moi qui l'ai fait, répondit Bleeder d'une voix posée et claire. Je ne sais pas pourquoi on ne m'a pas arrêté. D'une certaine façon, ce serait plus simple. (Harvey hocha vigoureusement la tête.) Mais apparemment, la police a trouvé des traces d'effraction laissées par quelqu'un d'autre. Je n'en sais pas plus…

Sa voix mourut et il ferma les yeux un instant.

– J'avais cru que ce serait la solution, que tout serait différent ensuite, et pendant les premiers jours, c'était effectivement le cas, je crois. Mais vois-tu, H, je ne suis pas sûr que ça marche très longtemps, je me demande si tout n'est pas encore là, comme avant. Peut-être même qu'en définitive, ce ne sera qu'un moment parmi d'autres, un nouveau stade ajouté à tous ceux que j'ai traversés déjà...

– Oui, sûrement. Possible. Peut-être que tu devrais prévenir la police, tu sais. (Malgré les ajoncs, Harvey avait reculé légèrement et il les sentait griffer l'arrière de son pantalon.) Je veux dire... ce serait pas juste que quelqu'un d'autre se retrouve impliqué et ainsi de suite, hein ? Et peut-être que tu en as besoin, peut-être que si tu passes aux aveux, ce sera un soulagement et tu pourras tourner la page.

Harvey était fier de ses paroles. Même sous une pression comme celle-ci, il était capable de baratiner n'importe qui. Depuis le début, il savait que c'était Bleeder ; c'était ça le truc. S'il parvenait à quitter ce promontoire et à échapper au rayon laser du regard de Bleeder, il annoncerait au monde entier, à Maisie du moins – et à ce salopard de Jarvin –, qu'il le savait depuis le début : c'était Bleeder, évidemment.

– À bien des égards, j'ai accompli mon destin, je crois, reprit Bleeder. Mon psychanalyste était plutôt freudien, un traditionaliste, et pour lui, j'incarne une forme de réussite.

Harvey fut horrifié d'entendre une sorte de gloussement à la fin de cette phrase. Au moment où il prononçait ces derniers mots, Bleeder repartit sur le chemin.

– Viens, Harvey. Je veux te montrer quelque chose.

Il prit la direction des rochers.

Harvey se retrouva momentanément cloué au sol, indifférent aux épines qui lui rentraient dans les fesses. Son esprit fonctionnait à toute allure. Il se trouvait sur un promontoire en compagnie d'un meurtrier qui venait de passer aux aveux ; on l'accusait d'avoir été le pire ennemi de ce meurtrier durant l'enfance, et voilà que ce meurtrier l'entraînait vers le bord de la falaise. Il resta planté là un long moment, hésitant, puis il haussa les épaules et suivit Bleeder sur le chemin menant aux rochers baleines. Fou ou pas, c'était toujours Bleeder, et Harvey savait qu'il aurait le dessus sans problème.

34

Ce que Bleeder voulait lui montrer, Harvey l'avait déjà vu. Le disque de pierre sur lequel vous pouviez contempler le ressac furieux des vagues tout en bas n'était pas embelli par la présence de Bleeder. Harvey s'adossa contre la baleine bleue où, peu de temps auparavant, il était avec Maisie et il s'abandonna à un délicieux souvenir. Cette fois-ci, il alluma sa cigarette sans aucun problème ; il prenait l'habitude de fumer dehors, une activité dans laquelle il excellait autrefois. Après avoir allumé sa cigarette et rangé son paquet, il retrouva ses bonnes manières et en proposa une à son nouveau confident, mais il n'obtint qu'une réponse floue de la part de Bleeder, perché au bord de l'avancée rocheuse. C'était la première fois que Harvey se trouvait sur une falaise en compagnie d'un meurtrier et il se réjouissait de constater qu'il s'adaptait très vite à cette expérience inédite.

– Euh… (Il se racla la gorge et aborda un sujet qui lui tenait à cœur.) Au sujet de cette bande dessinée, Charles, le *Superman numéro un*, est-ce que tu… on l'a trouvé sur les lieux ou bien… ?

Bleeder réagit cette fois : il se redressa et tourna le dos au vide.

– La bande dessinée ? Oh, oui. Oui. Elle était dans un carton, à la cave. C'est pour ça qu'elle est morte. J'ai commencé à faire le tri dans mes affaires et je suis tombé dessus. Elle était là, propre comme un sou neuf, dans l'état où je l'avais laissée il y a des années. Mais tu le sais bien, H. Je te l'ai envoyée à la boutique.

– Tu me l'as envoyée ?

Harvey était abasourdi. Bleeder lui avait envoyé la bande dessinée ; il en avait rêvé pendant des années et c'était devenu une réalité. C'était peut-être le moment de sa vie où tout ce qu'il avait toujours espéré était en train de se produire ? Bon Dieu, pourquoi n'avait-il pas espéré coucher avec Britney Spears ? Il renvoya cette pensée à la place qu'elle méritait et observa Bleeder, qui hocha la tête.

– Évidemment. D'où crois-tu qu'elle venait ? Il m'a semblé normal de te la rendre. Après tout, elle t'appartenait. Et maintenant, tu tiens une boutique de bandes dessinées. Tu n'avais rien à fuir, toi ; tu ne devais pas te cacher pour échapper à ton passé, alors tu en es resté au même point : tu lis des bandes dessinées, tu échanges des trucs et tu écoutes de la musique pop, etc. Voilà ce que je voulais dire en parlant de pitié. Moi, je suis parti très loin de tout ça, mais toi, tu es toujours resté au même endroit, ici, à Saint Ives.

C'était d'une injustice si effroyable que pour la première fois depuis qu'ils s'étaient retrouvés au pub, Harvey s'anima véritablement.

– Pardon ? Je suis parti vivre à Londres, mon pote. Ma vie pourrait pas être plus différente que celle-ci. OK, d'accord, ta mère sortait tout droit du motel de *Psychose*, mais ça veut pas dire que les autres n'avaient pas de problèmes. Moi aussi, j'avais des problèmes.

– Quel genre ?

Bleeder avait recommencé le coup du regard perçant et Harvey sentait qu'il se ratatinait.

– J'en sais rien… des problèmes, quoi. Du genre : mes parents me comprennent pas, tu vois, quoi. OK, je me faisais pas fouetter toutes les vingt minutes, mais tout n'était pas rose pour autant. Je devrais te présenter mon père, il est super bizarre.

– Oui, oui, j'en suis sûr.

Bleeder avait dit cela sans ironie, mais Harvey sentait que ses paroles n'avaient pas beaucoup de sens.

Il laissa échapper un soupir de force moyenne et dit :

– Écoute, Charles… Merci pour la BD. Je m'y attendais pas et je dois avouer que ça m'a fait flipper. Je croyais que quelqu'un essayait de me faire porter le chapeau pour le meurtre, un truc dans ce style. Mais il faut que je te dise qu'elle vaut pas mal d'argent, pas une fortune, mais une jolie somme quand même. Alors, je me dis que, peut-être, tu devrais la récupérer ou bien on pourrait la partager… À toi de voir. Charles ?

Bleeder s'était éloigné du bord de la falaise ; il passa devant Harvey pour retourner sur le chemin. Après avoir jeté sa cigarette par-dessus le parapet d'une chiquenaude experte encore une fois, Harvey lui emboîta le pas. Bleeder n'avait donc pas compris ce qu'il venait de dire ? Il lui avait fait la proposition la plus généreuse de toute sa vie. Tout ce dont il avait rêvé, le *coffee shop* avec les posters de super-héros, la vie conjugale et luxueuse avec Maisie, tout cela, il avait proposé d'y renoncer pour rendre la bande dessinée à Bleeder. Et pourquoi ? Oui, bordel, pourquoi ? Oh ! Parce que Bleeder l'avait sauvé dans le temps et parce que Bleeder avait eu besoin d'un ami, qu'il n'avait jamais eu, alors il allait devenir son ami maintenant. Tout se bousculait dans son esprit et se mélangeait pour former un gros amas noir de tristesse. Il ne pouvait pas être plus moral. Il ne pouvait rien faire de plus. Il faillit courir pour rattraper Bleeder, qui remontait le chemin à grands pas. La bruine était réapparue et ses cheveux roux luisaient dans la lumière croissante de l'après-midi.

– Je parle sérieusement, Charles ! Tu peux la reprendre.

Pour toute réponse, Bleeder quitta le chemin pour s'enfoncer entre deux buissons d'ajoncs qui s'étendaient sur le promontoire.

– Charles ?

Harvey avait pris un ton véritablement suppliant et cette fois, Bleeder se retourna.

– Je crois que j'ai besoin d'être seul, H. J'en ai dit plus que je ne le souhaitais, il faut que je fasse le point. On en reparlera plus tard...

Il repartit. C'était la deuxième personne aujourd'hui qui avait besoin de s'éloigner de lui pour réfléchir. L'amas de tristesse grossit et se solidifia.

– C'est charmant, lança-t-il. Merci bien.

– Je... De quoi tu parles ?

Bleeder s'arrêta, surpris.

– La bande dessinée. Je propose de te la rendre et tu ne réponds même pas. Nom de Dieu, Charles, elle vaut du fric ! J'aurais pu la vendre, si j'avais voulu. Je serais riche maintenant. Mais je ne l'ai pas fait, je te l'ai gardée. Et alors que je te l'offre, pour rien, tu m'ignores !

Ce discours n'était pas très convaincant pour plusieurs raisons, que Harvey discernait vaguement, mais aujourd'hui, tout le monde semblait dire ce qu'il pensait, alors il fallait que ça sorte. Et même si ce n'était pas tout à fait la vérité, au moins cela reflétait sincèrement ce qu'il ressentait. Presque.

Bleeder l'observa avec une sorte de stupéfaction lointaine, puis il ferma les yeux longuement.

– Je crois que tu devrais garder cette bande dessinée, Harvey. Oui, je pense que c'est ce que tu devrais faire, d'accord ? Je me dis que peut-être, pour toi, tout repose sur cette bande dessinée et je suis content qu'on puisse en parler. Mais là, il faut que je reste seul un petit instant.

Il se retourna de nouveau vers le passage étroit entre les buissons qui formait un petit chemin à travers le promontoire et il le suivit jusqu'à un tournant qui le fit disparaître.

Harvey demeura immobile pendant un moment. J'éprouve des émotions contradictoires, se dit-il. Mais ce n'était pas tout à fait vrai. Elle est à moi, nom de Dieu ! Et il repartit, boosté par l'émotion, puis il se mit à courir en gambadant comme un mouton à pieds plats, en direction de l'hôtel. Le meurtre était élucidé, il était riche et Maisie lui appartiendrait. Tout serait absolument, absolument parfait.

35

Maisie n'était pas là. Ce fut, à vrai dire, la seule déception de la journée. Comme il n'y avait personne à la réception, Harvey se pencha par-dessus le comptoir pour prendre la clé, tout simplement.

Une fois dans la chambre, il fit les cent pas, puis alla prendre une douche car il était encore un peu collant après sa première expédition sur les falaises et transpirant après la seconde. Maisie n'étant toujours pas là au bout d'une heure, Harvey ressortit de la chambre. Impossible de tenir en place. Certain de la croiser sur le chemin du retour, il quitta l'hôtel, abandonné autant qu'il pouvait en juger, et retourna en ville. Il avait besoin d'un verre, et de quelqu'un avec qui le boire, une personne de sexe féminin et une beauté de préférence. Il prit la direction du *Lifeboat* en s'attendant encore à apercevoir le regard de Maisie dans les visages qu'il croisait, en espérant encore entendre sa voix qui l'appelait, d'un ton indiquant qu'elle l'avait cherché partout.

Espoir déçu. Le *Lifeboat* était le pub où ils allaient se saouler le vendredi soir quand il avait dix-sept ans, un endroit idéal pour draguer et pour boire du cidre fermier qui vous donnait envie de vomir après seulement trois pintes. Harvey venait d'entrer et de commander une bière blonde quand une voix résonna dans son oreille.

– Salut, H. Tu es en avance, je croyais qu'on avait rendez-vous à 19 heures.

C'était Steve.

– Hé, salut, mon vieux.

Harvey accepta cette situation sans faire de commentaire.

– Il n'est que 18h30. Est-ce le nouveau Harvey Briscow? Dans le temps, quoi qu'on fasse, tu étais en retard, c'était plus chic, pas vrai?

– Oui, mais je n'ai pas grand-chose à faire aujourd'hui. Inutile de mentir.

– Ah bon? Si tu avais un bébé, tu verrais qu'il y a toujours un truc à faire. C'est pour ça que j'avais besoin de m'évader: un peu de paix, de tranquillité. Je n'ai pas souvent le droit de sortir, mais pour le grand H. Briscow, Jane a fait une exception. Qu'est-ce que je vais boire, au fait? Oh, une pinte de Tribute, s'il te plaît, merci Harv.

Alors, Harvey commanda à boire pour Steve et se détendit sur son tabouret de bar.

La soirée dura plus longtemps que prévu, mais Harvey avait besoin d'une présence. Il n'était pas du genre à faire des confidences et bien évidemment, il ne parla pas à Steve des événements de la journée. Toutefois, il aimait avoir quelqu'un avec qui échanger des banalités, une épaule pardessus laquelle il pouvait jeter des coups d'oe il dans l'espoir d'apercevoir une personne plus intéressante. Contre toute logique, il continuait à penser que Maisie allait faire son entrée dans le pub; leurs regards se croiseraient, il éjecterait Steve, elle s'assiérait sur le tabouret voisin et au lieu de lui débiter des histoires insipides de garde d'enfant, elle l'écouterait, fascinée, lui raconter son expérience avec Bleeder. Car Harvey éprouvait soudain le besoin irrésistible de confier à quelqu'un ce que lui avait dit Bleeder. Il était tiré d'affaire, le cauchemar était terminé. Plus de larmes, comme l'avaient clamé en leur temps le bébé du shampoing Johnson et Ozzy Osbourne. Plus de larmes.

Il poussa son soupir à plusieurs reprises au cours de la soirée. Il était délivré de l'accusation de meurtre et il était riche. Mais il devait encore écouter Steve lui raconter pour la énième fois comment il avait dépucelé Melanie Simpson à l'arrière d'une Ford Capri. Franchement, ça manquait d'un sentiment d'intensité.

Quand enfin ils quittèrent le pub, Harvey constata qu'il était presque minuit et les étoiles de sa jeunesse, mystérieusement absentes à Londres, étaient réapparues dans le ciel. Elles s'entraînaient mutuellement dans un mouvement aléatoire le long de la côte, où le grondement du ressac ressemblait tellement à l'appel du foyer que pendant une seconde, Harvey envisagea presque de délocaliser le *coffee shop* des super-héros pour venir retrouver ses racines. Cette pensée lui remit en mémoire une chanson et il l'entonna avec Steve, sur un ton enthousiaste, bien que faux. Sans cesser de chanter, ils quittèrent la route pour descendre sur la plage. Steve s'écroula, Harvey s'écroula sur Steve et tous les deux restèrent allongés là, sur le sable, à fumer, jusqu'à ce que Harvey s'aperçoive qu'il faisait un froid de canard.

– Allez, viens.

Il secoua son camarade qui risquait de s'endormir et péniblement, en lâchant des jurons, ils regagnèrent la route et gravirent la colline vers son hôtel.

– Moijevaisparlà, dit Steve d'une seule traite.

Il balança une grande tape dans le dos de Harvey et s'éloigna dans l'obscurité profonde d'une petite ville de campagne en hiver.

– Et moi, par là.

Harvey hocha la tête, sûr de lui, et repartit vers l'obscurité plus dense encore de Porthminster Point, pour la troisième fois.

La magie qui conduit les ivrognes chez eux opère également avec les hôtels et c'est peu de temps après que Harvey, grimaçant sous l'effort qu'il devait accomplir pour simplement rester debout, franchit la porte à tambour de l'*Atlantic Rollers*. Les portes à tambour sont toujours difficiles à négocier, dans tous les cas, et celle-ci semblait conçue pour dérouter l'utilisateur. Tout d'abord, elle refusa de bouger, puis elle s'emballa et Harvey se retrouva le nez collé contre la vitre. En essayant de rétablir son équilibre, il ne fit qu'accélérer le mouvement et lorsque la porte eut achevé son trajet, il se trouva éjecté, comme s'il terminait une course au finish. Tel un boulet de canon, il traversa le hall en dérapant sur le parquet ciré et rebondit, à la manière d'une boule de flipper, contre le bureau de la réception.

– Oh, putain. (Les mains à plat sur le comptoir, il essaya de reprendre son souffle.) Merde, alors.

– Mr Briscow?

Cette voix le fit sursauter, si violemment qu'il faillit passer par-dessus le comptoir. Terrorisé, il se pencha de l'autre côté et découvrit un petit homme chauve, assis, qui lui tendait sa clé d'un air désapprobateur.

– Ah… oui, merci.

Harvey prit la clé d'une main tremblante et voulut s'appuyer sur le comptoir pour se propulser vers l'escalier.

– On a laissé un message pour vous, monsieur.

L'homme avait prononcé le mot « monsieur » comme s'il disait « salopard » et Harvey se hérissa.

– Ah bon ? Qu'est-ce donc ?

Il parlait un peu comme James Bond : Sean Connery ou Pierce Brosnan, assurément. Sans un mot, l'homme lui tendit une feuille de papier pliée et Harvey la prit avec la décontraction du type habitué à recevoir des messages dans les hôtels. Peut-être avait-il dit à ce moment-là : « Ah, sûrement un message de M. », ou peut-être pas, impossible de s'en souvenir plus tard. Une chose était sûre, en revanche : il se dirigea vers l'escalier et monta pour se cacher avant de déplier la feuille et de lire le message.

Cher Harvey,

J'ai longuement réfléchi et j'en suis arrivée à la conclusion que je devais aller voir Jeff. Tout ce que nous ont dit Mr Simes et Charles Odd m'ont fait prendre conscience que j'avais sans doute mal compris tout ce qui lui était arrivé, et à toi aussi. J'ai besoin d'en parler avec Jeff pour essayer de savoir dans quelle mesure cela nous a affectés. Il s'est passé tant d'événements. Un tas de choses semblent si différentes ici, par rapport à Londres. J'ignore ce qui est arrivé dans le passé, je n'en sais rien, mais toi tu sais, et tu dois régler ça avec Charles. Je resterais avec toi si je pouvais, pour essayer de t'aider, mais sincèrement, j'ai besoin de réfléchir, moi aussi. Ces derniers jours ont été étonnants. Tout me semble irréel, j'ai l'impression d'être dans un rêve. Je pense que tu devrais aller trouver la police désormais. Jarvin t'écoutera et il te croira, comme moi je te crois. Je t'appellerai bientôt ; à la boutique peut-être. Je t'en prie, ne m'en veux pas trop, je ne sais plus où j'en suis. On se parlera prochainement, Harvey. Affectueusement, Maisie.

Harvey demeura longuement dans la faible lumière du couloir, à contempler les pleins et les déliés de cette écriture enfantine, en poussant des petits grognements, puis il s'enfonça d'un pas chancelant, à moitié à l'aveuglette, dans les entrailles de l'hôtel, jusqu'à sa chambre, où il sombra dans un repos inerte et douloureux.

Il relut le message au matin, mais celui-ci demeurait incompréhensible. Il avait raconté à Maisie ce qui s'était passé dans le temps. Et qu'avait-il fait depuis? Qu'avait donc dit Charles? Harvey s'attarda devant un petit déjeuner en tous points identique à celui de la veille, exception faite qu'il était seul. Bizarrement, ce n'était pas aussi bon, et quand il se tapota le ventre, il n'éprouva pas le même contentement. Elle était partie rejoindre Jeff. C'était le point capital, le seul qu'il était capable de comprendre presque immédiatement. Elle était partie rejoindre Jeff.

Est-ce que ça signifiait qu'elle était retournée avec lui? Ou bien qu'elle allait le retrouver juste pour boire un café et discuter du bon vieux temps? «J'ai appris que tu t'étais fait fouetter. – Exact. – OK, à plus tard.» Un truc dans ce genre. Harvey déroula mentalement cette discussion, mais ça ne le satisfaisait pas. Pourquoi s'en aller si vite? Pourquoi ne pas attendre aujourd'hui pour qu'ils puissent partir ensemble? Pourquoi ne pas faire ça par téléphone? Et pourquoi faire ça, d'abord? Il secoua la tête au-dessus de son café et observa les pellicules qui se déposèrent à la surface. Ses cheveux avaient poussé; il n'avait pas eu le temps de les faire raser depuis quinze jours. Il fallait qu'il reconsidère sa situation. Il allait devoir payer la chambre, évidemment, et il avait plus ou moins espéré qu'ils partageraient la note. Mais ça, se dit-il avec fermeté, c'était le cadet de ses soucis. Ça coûtait quand même soixante-dix livres la nuit, figurez-vous, mais ça n'avait pas d'importance. Il poussa son soupir. Peut-être que Maisie serait assise sur le comptoir de la boutique, balançant ses jambes dans le vide, quand il rentrerait. Peut-être qu'elle serait devant la porte d'*Inaction Comix*, à attendre sous la pluie, les yeux remplis de larmes de remords. Peut-être.

Il sortit faire un tour sur le promontoire pour respirer l'air frais et il en profita pour fumer une cigarette. Son esprit passa en revue les événements de la veille. Quelque chose avait-il changé? Comment est-ce qu'une partie de jambes en l'air improvisée sur les rochers avait-elle pu s'achever par ce message? Harvey avait beau réfléchir, il ne voyait pas le moment critique, l'instant où l'alchimie inversée avait transformé l'or en viles conneries.

C'est le cœur gros qu'il regagna sa chambre – qui avait été *leur* chambre –, qu'il fit ses bagages et paya la note exorbitante, bien plus salée que ce à quoi il s'attendait car il avait oublié que le petit déjeuner n'était pas compris dans le prix. Sur le chemin de la gare, alors qu'il passait devant le supermarché *Sainsbury*, il vit sa mère sortir avec deux sacs en plastique pleins de courses et il dut se laisser tomber à genoux derrière une voiture en stationnement, puis s'allonger sur la chaussée, pour ne pas être vu. Furtivement, les sens alertés par le choc de cette rencontre évitée de peu, il courut jusqu'à la gare et monta dans le train de 10h47 à destination de Penzance, et de là, il prit une correspondance pour Londres.

36

Arrêtée devant la maison où elle avait vécu pendant huit ans, Maisie la regardait pour la première fois. Souvent, par le passé, sa vision s'était teintée d'une amertume dans laquelle elle discernait maintenant une touche rougeâtre. Mais cet aspect avait disparu et elle s'étonnait presque de découvrir qu'il s'agissait en réalité d'une jolie maison blonde, construite dans la pierre blanche du pays. Elle le savait : cette maison recélait une grande partie d'elle, mais Maisie la regardait désormais avec la possibilité de ne pas y entrer ; elle pouvait faire demi-tour et s'en aller.

L'espace d'un instant, elle pensa à la taupe dans *Le Vent dans les saules,* quand elle entend l'appel de la maison et que tout son corps en tremble. C'était sa maison ; Maisie sentait que celle-ci la reconnaissait, alors elle déployait ses tentacules de bienvenue. Repartir serait difficile maintenant ; la trahison serait plus grande que précédemment.

Avec un soupir qui aurait fait l'admiration de Harvey, elle souleva son sac de voyage et marcha vers la porte d'entrée. Comme c'était étrange d'appuyer sur cette sonnette, comme c'était étrange de ne pas savoir s'il y avait quelqu'un à l'intérieur, et si oui, de quelle manière serait reçue cette invitée bien particulière. Son doigt s'immobilisa au-dessus du bouton, puis, d'un geste presque impétueux, elle sonna deux coups brefs.

L'attente fut le moment le plus dur. Elle pouvait encore s'enfuir. S'il était en haut, ou même dans la cuisine tout au fond, elle aurait le temps de se cacher dans les buissons avant qu'il atteigne la porte ; sans doute qu'il ne sortirait pas dans le jardin ni dans la rue. Il penserait que c'était une farce ou une erreur et elle pourrait s'en aller, elle retournerait à Londres, elle retrouverait l'anonymat, les potentialités illimitées, les nouveaux petits amis étranges et les employés bizarres, et toutes ces brèves rencontres avec les vies qu'elle aurait pu vivre, et qu'elle pouvait encore vivre si elle fuyait maintenant.

Elle entendit un mouvement à l'intérieur de la maison, elle avait encore le temps, encore le temps. Mais le loquet tourna avec un bruit dont elle ignorait qu'il était gravé dans son esprit jusqu'à ce qu'elle l'entende de nouveau. La manière dont cette porte s'ouvrait, le grincement de la serrure Yale et la façon dont il fallait tirer d'un coup sec pour la dégager de l'encadrement. Ce bruit lui était aussi familier que son propre nom. Et lorsque la porte s'entrouvrit, c'est un visage tout aussi familier qui l'observa.

– Oh. (Jeff demeura figé un long moment sous l'effet de la surprise.) Maisie.

Sa voix était si connue et en même temps si étrange qu'elle éprouva le besoin inattendu de rétablir le contact immédiatement. Elle posa son sac de voyage par terre et s'avança pour prendre ce visage dans ses mains ; Jeff, comme instantanément et irrésistiblement galvanisé, l'attira contre lui, et ensemble, ils pénétrèrent en titubant dans l'étreinte généreuse de la maison.

– Voilà qui est intéressant. Oui, ça nous intéresse beaucoup. Non, je pense que vous avez fait exactement ce qu'il fallait faire, monsieur. Non, pas du tout, d'après mon expérience, ces choses-là finissent toujours par surgir à un moment donné, monsieur. Considérez cela comme votre devoir, monsieur, tout simplement. Oui, nous arrivons immédiatement.

L'inspecteur Allen dévisageait son supérieur tandis que celui-ci apaisait les craintes de son correspondant. Jarvin raccrocha enfin, visiblement très mal à l'aise, et Allen posa le calepin dans lequel il écrivait.

– Nous devons nous rendre sur-le-champ à Old Street, annonça Jarvin sur un ton que vous n'utiliseriez pas si vous deviez vous rendre quelque part sur-le-champ. Il y a du nouveau. Je suis perplexe. Voilà bien longtemps que je n'ai pas été aussi perplexe.

Il posa les yeux sur le bureau et sur les notes qu'il avait griffonnées pendant l'appel.

– Je n'arrive pas à croire que je suis la route qui semble m'appeler... (Il leva la tête et croisa le regard d'Allen.) Bah, nous devons faire ce que nous avons à faire. Une route ne peut mener qu'à l'endroit où elle mène. Venez, Allen, allons voir ce que nous pouvons faire. Je pense que ce mandat que vous avez préparé sera peut-être inutile, mais emportez-le quand même ; c'est un brave gars, mais on n'est jamais trop prudent, n'est-ce pas ?

– Non, monsieur.

Allen, nullement dérouté par les énigmes auxquelles avait recours son supérieur pour s'exprimer, prit l'enveloppe posée sur le dessus de la pile de papiers qui se trouvait sur son bureau et suivit Jarvin jusqu'à la voiture.

– Elle était juste là. (Josh sautait d'un pied sur l'autre comme s'il avait besoin d'aller aux toilettes.) Je l'ai vue lundi, avant le départ de Harvey, mais j'avais acheté des cartes Pokemon et je voulais pas le mettre encore plus en colère, alors j'en ai pas parlé. Il m'a chassé de la boutique, vous savez. Il peut se montrer très violent.

– Ah oui ?

Jarvin hocha la tête sans lever les yeux du *Superman numéro un* posé devant lui sur le bureau dans l'arrière-boutique.

– Attention, pas violent dans le genre meurtrier, hein ? précisa Josh. C'est pas un tueur ni rien, mais il est brutal. Il s'est battu quand il est allé dans les Cornouailles, et l'autre jour, il m'a plaqué sur le sol, comme ça, sans raison, juste pour rigoler. Je suis sûr qu'il pourrait pas tuer quelqu'un, mais bon... y a cette bande dessinée. Quand vous m'avez appelé hier au sujet de votre rendez-vous avec Harvey, pour me demander pourquoi il était pas venu, j'ai longuement réfléchi à ce que je devais faire, vous savez. Et, comme vous le disiez, j'ai compris que c'était mon devoir.

– Oui. Merci, Mr Wylde. Vous y avez touché, je suppose ?

Jarvin indiqua la pochette en plastique.

– Euh... oui, un peu. J'ai sorti la BD. Pour y jeter un œil. C'est vraiment la vraie. Elle est super rare, c'est un privilège rien que de la regarder. Ça file des frissons, hein ? Fallait que je la regarde. C'est à cause des empreintes, c'est ça ? Voilà ce que vous pensez. Forcément, y a les miennes dessus maintenant, mais vous gourez pas, hein, faut pas m'embarquer.

Josh ricana et s'agita de plus belle.

– Savez-vous comment cette bande dessinée est arrivée ici ? Était-elle emballée dans quelque chose ou dans une enveloppe ?

– Euh, oui, elle était dans une enveloppe blanche, sur le bureau, sans adresse ni rien. Je suis pas sûr que Harvey voulait l'envoyer, je pense qu'il l'avait mise dans l'enveloppe pour la cacher et empêcher que je la trouve.

Jarvin, qui songeait que la police n'avait pas subi une trop lourde perte lorsque Josh avait ignoré une éventuelle carrière dans les forces de l'ordre, hocha la tête et dit :

– Mais vous l'avez trouvée quand même.

– Oui, fallait que je prenne de l'argent dans la caisse pour payer le type des Pokemon, et y avait rien qui indiquait que c'était personnel.

– Non, en effet. Mais voyez-vous, nous sommes confrontés à un problème. Si cette bande dessinée a été apportée par Mr Briscow, c'est une piste. Si elle est arrivée par la poste, c'est une piste différente. Mais à votre connaissance, il n'y avait aucune autre enveloppe que l'enveloppe blanche dans laquelle vous l'avez trouvée ?

– Non. J'en ai pas vu d'autre.

Josh avait pris un ton légèrement maussade. Il n'avait pas pensé à chercher une autre enveloppe.

– Nous allons devoir fouiller la boutique pour nous en assurer et vérifier qu'il n'y a rien qui puisse servir de preuve matérielle dans cette affaire. Est-ce que cela pose un problème, Mr Wylde ?

– Putain, oui ! (Josh semblait véritablement paniqué pour la première fois depuis leur arrivée.) Harvey va me tuer si je vous laisse foutre le bordel dans sa boutique.

– Nous avons un mandat, monsieur.

Allen, qui était resté bien sagement sur le seuil du bureau, glissa la main dans sa poche pour sortir le document en question.

– Nous ferons tout notre possible pour ne rien déplacer et ne causer aucun dérangement. Je pense qu'il est préférable que vous fermiez la boutique, monsieur. Il serait gênant que des membres de la population perturbent les recherches.

– Fermer la boutique ? (L'angoisse de Josh s'amplifia.) Je peux pas fermer la boutique, pas sans la permission de Harvey. Vous inquiétez pas, on n'a jamais de clients.

Mais Allen insista et Josh fut contraint de se diriger vers la porte de la boutique, en maugréant, pour retourner le dessin de Thor. Il choisit le moment idéal pour ce faire, car il put laisser entrer les quatre policiers en tenue convoqués par Allen pour fournir la main-d'œuvre nécessaire aux fouilles. Il les conduisit dans le bureau et les offrit à Jarvin, qui regardait Allen d'un air triste.

– Nous devons retrouver Mr Briscow maintenant, dit-il.

Il y avait un téléphone à bord du train. Harvey trouva cela extraordinaire, mais aussi potentiellement sinistre. Il avait acheté un téléphone portable dès qu'ils étaient apparus sur le marché, mais après un long week-end férié passé à regarder tous les épisodes du *Prisonnier*, l'un après l'autre, il s'était dit que ces appareils étaient l'œuvre d'un système totalitaire et qu'ils annihilaient la liberté essentielle de l'individu ; il craignait également de ne pas connaître suffisamment de gens pour remplir son répertoire. Dans un acte de radicalisme téméraire, il avait rangé son Nokia au fond de son tiroir à chaussettes et il l'avait oublié. Maintenant, il lui semblait que même après avoir adopté cette position révolutionnaire, il n'était toujours pas libéré de l'oppression latente des communications sous surveillance. Voilà les pensées qui traversaient son esprit tandis qu'il sirotait sa troisième boîte de Watneys et cherchait dans ses poches une pièce d'une livre. Après l'avoir introduite dans la fente de l'appareil, il composa le numéro (une tâche ardue dans un train qui roulait à 190 km/h, avec une boîte de bière pleine dans la main) et il attendit que Maisie ou Jeff décroche. Il avait trouvé le numéro dans son vieux carnet d'adresses: Jeff Cooper, en compagnie de tous ces chers vieux amis, comme si c'était l'un d'eux. Il avait passé presque tout le trajet jusqu'à Exeter à préparer son dialogue avec Maisie. Si c'était Jeff qui décrochait, ce serait moins difficile car il se contenterait de raccrocher brutalement en espérant que ça lui ferait un peu mal à l'oreille. Entre les deux, Harvey ne savait pas ce qu'il préférait.

Il tomba sur Maisie.

– Allô?

Est-ce qu'elle ne s'exprimait pas comme la parfaite maîtresse de maison? Quand même, elle aurait dû paraître un peu moins sûre d'elle et à l'aise pour le premier matin de son retour. Et s'il s'agissait de la mère de Jeff ou de quelqu'un d'autre?

– Euh... oui... Maisie?

Il s'était déjà éloigné du script. Il décida de se ressaisir.

– Harvey!

Ça lui fit plaisir d'entendre sa voix se transformer en un chuchotement rauque.

– Je voulais savoir si tout allait bien. Je ne t'ai pas vue depuis hier et j'ai eu ton message, mais pour être honnête, ça ne voulait pas dire grand-chose, mais bon, pas de lézard.

– Oh, Harvey, tu ne devrais pas m'appeler. J'ai besoin de temps pour réfléchir, tu te souviens? J'ai besoin de prendre du recul. Je me suis enfuie d'ici pour tenter de faire le point et j'ai été obligée de revenir en courant pour la même raison. Il ne faut pas m'appeler. Je crois vraiment t'avoir tout dit dans ma lettre.

– OK. Je comprends. Mais il faut que je te parle. Il s'est passé plein de trucs, non?

– Mon Dieu, oui. Tout ce qu'a dit Simes, puis Charles... ça m'a donné l'impression que je m'étais peut-être trompée sur toute la ligne. Je crois que je ne comprends rien à tout ce qui s'est passé, en vérité. Jeff et moi, on a passé presque toute la nuit à discuter. Il dort pour l'instant, mais jamais on ne s'était dit autant de choses. Il m'a tout raconté, au sujet du passé, de ce jour horrible dans la maison des Odd. Je sais tout maintenant, Harvey. Charles m'a raconté les faits et Jeff m'a donné les détails. C'est affreux. Ce qui vous est arrivé... il y a de quoi vous faire... En fait, je me demande si... Je comprends, sincèrement.

– Euh... OK. Mais il faut que je te voie. Bleeder avait un tas d'informations intéressantes à livrer, et je pèse mes mots. Le travail a été fait. Mission accomplie. On est descendus là-bas pour enquêter et on a enquêté, tu comprends ce que je veux dire? Alors, il faut que je te parle, aujourd'hui, avant d'aller voir Jarvin; il faut que je discute de tout ça avec toi. D'ailleurs, tu devrais venir avec moi voir Jarvin, tu as un rôle aussi important que le mien dans cette histoire.

Il fallait bien le reconnaître.

– Oh, bon sang, Harvey, je viens juste de rentrer chez moi. Si je peux appeler ça chez moi. Bref, je suis là et je viens d'arriver. J'ai besoin de réfléchir à ce que je vais faire. Peut-être que je retournerai à Croydon. Peut-être que je vais partir quelque temps. J'ai l'impression d'être dans les limbes, comme si je flottais dans le vide. Tu as déjà eu cette sensation, Harvey, comme si tu étais à la dérive ?

– Ouais, c'est bizarre. Mais il faut que je te voie.

Harvey regardait le petit écran du téléphone qui lui indiquait combien d'argent il avait dépensé déjà. La somme restante se réduisait à une vitesse extraordinaire.

– Il le faut, Maisie. J'ai besoin de ton aide.

Il entendait sa voix devenir plaintive et suppliante ; cela faisait partie des choses qu'il s'était interdites.

– Je sais. Et je comprends.

Il y eut un long silence, pendant lequel Harvey regarda le petit écran avec horreur, tout en cherchant de la monnaie dans ses poches.

– Entendu, dit-elle au moment où l'écran atteignait le seuil critique et où Harvey introduisait une autre pièce d'une livre d'un air sombre. Je viendrai. Je ne peux pas te laisser faire ça tout seul. Je t'accompagnerai. On ira voir Jarvin ensemble. Du moment que tout ce qu'on lui dit est vrai. Finis, les secrets. D'accord, Harvey ? Tout ce que tu as fait : effacer les traces dans la maison, essayer de voler la bande dessinée… Bref, tout ce que tu as fait… il faudra le lui dire. Il t'écoutera. Il comprendra. D'accord ? Mais il faudra tout lui dire.

– Euh, d'accord, super. Mais j'ai besoin de toi, Maisie. Seul, je ne peux pas y arriver.

Lui-même trouvait son ton un peu trop mélodramatique. De toute évidence, il pourrait s'attribuer tout le mérite s'il le voulait, mais cet instant de bonté morale vécu au sommet de la falaise avait fait apparaître un Harvey nouveau et meilleur, c'était l'impression qu'il avait.

– Il faut que je te voie ce soir. Je suis dans le train pour Londres, je serai à la boutique vers les 17 heures. Je veux savoir ce qu'a fait Josh. Tu pourrais passer me chercher, on discuterait avant d'aller voir Jarvin, OK? On pourrait tout régler aujourd'hui. Ensuite, ce sera fini, Maisie. J'ai aussi un truc que je veux te montrer à la boutique. J'ai envie d'appeler ça « notre avenir ».

La ligne demeura silencieuse pendant un instant et Harvey se demanda s'ils avaient été coupés. Son indignation justifiée et grandissante provoquée par cet argent gaspillé disparut derrière l'idée que le téléphone ne fonctionnait peut-être pas dans les tunnels. Si tel était le cas, c'était une information capitale dans la lutte entre les hommes libres et le système, dont il avait toujours pensé qu'elle était inévitable, tôt ou tard. Mais ils n'étaient pas dans un tunnel et Maisie revint en ligne.

– Très bien, je viendrai, Harvey. Je viendrai parce que tu me le demandes. Mais pour le reste, je ne sais pas; je ne sais pas ce que tu veux me montrer et idem pour cette histoire d'avenir. Comprends bien que si je viens, c'est uniquement en me disant que c'est peut-être mon devoir.

– Euh, oui, OK. À tout à l'heure, alors, 17 heures.

Il raccrocha avec un soupir de satisfaction. Pas de problème. Il alla retrouver ses Watneys et un siège à proximité de la voiture bar.

37

Paddington offre un aspect différent quand on est riche. Les possibilités, inhérentes à toutes les gares, sont multipliées et plus accessibles. Certes, vous pouvez rentrer chez vous dans votre petit appartement banal de Deptford, ou retrouver votre boutique de bandes dessinées d'Old Street avec son unique vendeur. Mais vous pourriez également vous rendre à Mayfair, choisir la plus belle prostituée de Shepherd's Market et prendre une chambre au *Ritz*, ou bien aller à Heathrow et vous envoler pour Bangkok. Harvey s'aperçut qu'il était obsédé par le sexe depuis l'épisode sur les falaises. Une autre option était de s'affaler sur un banc, sous la forme d'un tas pathétique et légèrement malodorant, avec une érection insipide, et de contempler les arches du toit comme si c'étaient les contreforts du paradis. Harvey opta pour cette dernière solution et il resta allongé pendant un instant, le souffle court, laissant dériver dans son champ de vision intérieur ses pensées salaces concernant Maisie. Elle était partie, mais elle pouvait revenir. Dans son état d'ébriété modérée, cette situation lui semblait préférable à beaucoup d'autres. En outre, il arrivait à la fin de son étrange voyage. Celui-ci paraissait avoir duré des semaines, alors qu'en réalité, quelques jours seulement s'étaient écoulés depuis qu'il avait découvert Mrs Odd dans son sous-sol. La majeure partie s'était déroulée dans des trains, lui semblait-il, enveloppée d'un brouillard de bière tiède. Ce même brouillard à travers lequel il envisageait maintenant sa vie prochaine. Il parlerait à Maisie ; il lui ferait comprendre que Jeff représentait le passé, et que lui incarnait l'avenir. Ils iraient trouver Jarvin et ils lui rapporteraient tout ce qu'avait dit Bleeder ; Jarvin leur adresserait ce petit sourire légèrement énervant qui ne quittait jamais ses lèvres ; Harvey vendrait le *Superman numéro un* pour une somme record lors de la prochaine foire internationale de la bande dessinée de Toronto, en août, et ils iraient vivre à New York, après, éventuellement, quelques semaines passées sur une île quelconque. Maisie était-elle prête à voir son ventre en plein jour ? Peut-être qu'ils iraient directement à New York, mais quoi qu'il en soit, tout serait fabuleux. D'une certaine façon, ce serait difficile de dire adieu à sa petite boutique. Voilà à quoi pensait Harvey quand il roula du banc et tomba lourdement sur le dallage froid de la gare. Et Josh, alors ? Il lui manquerait lui aussi, se dit-il en se relevant et en se frictionnant le coude. Mais il s'en remettrait. D'un pas quelque peu chancelant, il se dirigea vers le métro. Il retournerait à la boutique pour cette fois, mais désormais, il ne manquerait pas d'explorer les possibilités magiques offertes par les gares. Les choix faciles de la pauvreté vivaient leurs derniers jours.

– Évidemment que je t'accompagne. Mais je te promets de ne rien dire, de ne rien faire. (Jeff Cooper tourna la tête vers sa femme, pendant qu'il conduisait, et il sourit.) J'essaierai juste d'observer.

– Tu as intérêt.

Maisie avait hésité à le laisser venir avec elle, mais d'une certaine façon, elle savait qu'ils étaient tous les deux impliqués dans cette histoire.

– Tu dois évacuer ta colère, Jeff. Cesse donc d'être furieux pendant un moment.

– Oui, je sais. (Jeff dépassa un camion.) C'est ce qu'on attend des hommes, ils doivent être forts, sans pitié et enragés. J'ai appris ça avec mon père. Et quand Mrs Odd est morte, j'ai compris que quelqu'un d'autre avait fait ce que je voulais faire depuis une vingtaine d'années. J'avais toujours rêvé de la tuer. C'est moche, hein? Faut dire qu'elle surgissait dans ma tête dans les moments les plus bizarres, généralement quand j'étais au volant, comme maintenant. Je roulais et je me disais tout à coup: je vais faire demi-tour, aller à Saint Ives et lui fracasser le crâne. J'ai dû me dire ça des milliers de fois. Mais je ne l'ai jamais fait. J'espère que tu es consciente qu'il a fallu une sorte de courage là aussi, hein, Maisie?

– Oui, répondit-elle en prenant un air songeur. J'en suis consciente, Jeff. Je sais aussi que si tu m'avais parlé de cette histoire, même un tout petit peu, il y a douze ans, peut-être que ce serait différent entre nous aujourd'hui, peut-être qu'on aurait un avenir...

Il tourna la tête vers elle, brusquement cette fois, et la voiture fit un écart.

– Tu veux dire que c'est fichu?

– Je ne sais pas. (Maisie regardait droit devant elle, elle voyait approcher les lumières de Hammersmith.) Je ne sais pas. Jusqu'à hier, j'étais quasiment sûre. Mais maintenant, je ne peux plus répondre à cette question. C'est ce que je répète depuis un moment déjà, et pas seulement à toi : j'ai vraiment besoin de temps pour réfléchir.

– Je savais pas qu'on avait ça.

Josh prit avec intérêt l'exemplaire de *Wonder Woman* que l'agent de police venait de reposer soigneusement.

– Dieu seul sait ce qu'il foutait avec le *Vampirella,* ajouta-t-il. Il a dû glisser. Chouette.

– Mr Wylde, ne touchez à rien, je vous prie. Je vous l'ai déjà répété plusieurs fois.

Jarvin, semblable à une divinité mineure au milieu de la mise à sac précautionneuse de la boutique, parlait d'un ton sévère.

– Pardon, pardon.

Josh reposa l'album de *Wonder Woman* et se dirigea vers les romans graphiques empilés à l'extrémité d'un présentoir désormais vide.

– Il était temps de faire un grand nettoyage de printemps, dit-il. La dernière fois, ça remonte à... Qu'est-ce que je raconte ? On ne l'a jamais fait.

– Nous ne sommes pas ici pour faire le ménage, Mr Wylde.

Jarvin n'était pas d'humeur à bavarder ; il devait réfléchir à un tas de choses.

– Non, non, bien sûr. (Josh, en revanche, avait envie de parler.) Si ça se trouve, Harvey sera content. Peut-être qu'il va nous remercier en arrivant... Mais pas forcément.

Son visage s'assombrit quelque peu.

– Où est-il, d'ailleurs, Mr Wylde ? Où est Harvey Briscow ? Vous dites qu'il est allé dans les Cornouailles, mais ses parents ne l'ont pas vu et ils s'inquiètent maintenant. Sa mère envisage d'organiser des recherches dans Saint Ives pour le retrouver. Pourquoi a-t-il accepté de venir à un rendez-vous pour ensuite disparaître à l'autre bout du pays? Avez-vous la réponse, Mr Wylde? Savez-vous à quel point c'est important?

Déstabilisé par ces confidences et ces questions, Josh secoua la tête.

– J'en sais rien, répondit-il en toute franchise, mais Harvey sera là aujourd'hui. Il vient tous les jours, il a peur que j'achète des trucs pornos. Ça n'est jamais arrivé, s'empressa-t-il d'ajouter, mais vous comprenez... au cas où. Du porno ou des Pokemon. J'ai pas le droit d'en acheter. Il n'aime pas non plus les BD en coffret, il dit que c'est pas facile à vendre. Une fois, j'ai acheté un coffret de *Batman Returns* tiré du film, et il m'a frappé avec un crayon.

– Ah.

Jarvin s'aperçut qu'il était maintenant engagé dans une conversation totalement inutile. Alors qu'il commençait à battre en retraite, on frappa à la porte de la boutique. Étant le seul policier inoccupé, il se précipita pour aller ouvrir.

– Bonjour, Mrs Cooper, comment allez-vous? Et Mr Cooper! Entrez donc, je vous en prie.

Comme s'il les avait lui-même convoqués, comme si c'étaient deux invités attendus et lui-même l'hôte attentionné d'un cocktail décontracté, Jarvin fit entrer dans la boutique les nouveaux arrivants surpris et potentiellement grincheux; il verrouilla soigneusement la porte et les conduisit dans le bureau de Harvey où la perquisition était terminée.

– Comme vous pouvez le constater, nous inspectons les lieux, mais je vous demande de ne pas en tirer de conclusions hâtives.

D'un geste, il désigna le canapé insalubre de Harvey et le couple alla se percher au bord des coussins d'un air gêné.

– Notre enquête n'est pas terminée, reprit-il. Nous essayons actuellement de contacter Mr Briscow et je crois savoir qu'il était avec vous, Mrs Cooper?

C'était une question si franche et directe qu'après un silence hébété, Jeff Cooper partit d'un grand éclat de rire.

– Tu vois, Maisie, inutile d'essayer de cacher des choses. C'est exact, inspecteur, je crois que ma femme était effectivement avec Mr Briscow. Reste à préciser ce que ça signifie au juste, mais elle était avec lui et elle n'y est plus. Comme vous pouvez le voir, elle est avec moi maintenant.

– Oui... (Jarvin fronça les sourcils et hocha lentement la tête, comme s'il essayait de suivre une carte qu'il avait mémorisée.) Sauriez-vous où il se trouve désormais, Mrs Cooper? J'ai cru comprendre grâce à Mr Wylde... Josh Wylde... oui, le vendeur... (Jarvin esquissa un geste vague en direction de Josh qui avait repris l'album de *Wonder Woman* pour en lire des passages à voix haute aux agents de police)... que vous étiez partis ensemble dans les Cornouailles, et pourtant, il avait accepté de subir une prise de sang lundi après-midi et de venir me voir. Je suis troublé par le fait qu'il ne se soit pas présenté. Je dois absolument le contacter, Mrs Cooper.

– Pourquoi? (Contre toute attente, Maisie adopta une attitude d'offensive mesurée.) Je suis sûre qu'il pourra subir ce test sanguin une autre fois. Pourtant, vous fouillez sa boutique comme si vous le suspectiez d'une chose bien plus grave qu'une simple prise de sang manquée.

– En effet, nous avons autre chose.

Jarvin, qui était resté immobile jusqu'à présent, se dirigea vers une boîte en plastique servant à rassembler les indices, posée sur le bureau. Il l'ouvrit et en sortit le *Superman numéro un*, encore dans sa pochette, en le tenant soigneusement à plat dans ses mains.

– Ceci a été découvert ici même par Mr Wylde. Est-ce que l'un de vous deux reconnaît cette bande dessinée ?

Jeff Cooper se pencha en avant, avec un vif intérêt.

– Uniquement de réputation. C'est le légendaire *Superman numéro un*, pas vrai ?

Maisie était penchée en avant, elle aussi, mais son visage exprimait plus de stupeur que d'intérêt.

– Harvey possédait cette bande dessinée ? Comment est-ce possible ? Ça ne tient pas debout. S'il possédait cette bande dessinée, alors... Non, ça ne colle pas. Ça ne va pas. Comment l'a-t-il obtenue ?

– C'est pour cette raison que nous aimerions voir Mr Briscow, dit Jarvin, pour lui poser la question. Mais je m'interroge, Mrs Cooper : pourquoi dites-vous que ça ne colle pas ?

Maisie prit soudain conscience que les yeux verts étaient braqués sur elle, et ils la transperçaient de part en part, tels des rayons laser. Elle secoua la tête et ferma ses propres yeux pendant un instant.

– Je ne sais pas... Harvey m'a dit qu'il ne l'avait pas, qu'elle n'était pas ici... Pourquoi aurait-il menti ? (Elle plissa le front, véritablement perplexe.) D'un autre côté, s'il possède cette bande dessinée, il n'a pas pu tuer cette femme, hein ? Bien que je n'aie jamais pensé qu'il l'avait tuée. Mais quand Charles Odd m'a raconté que Harvey s'était fait attraper par sa mère, je me suis demandée… j'ai vraiment commencé à me demander…

– Il l'a forcément tuée ! lança Jeff en hurlant presque. Il s'est fait attraper, lui aussi, tu viens de le dire. Mrs Odd l'a attrapé et elle l'a frappé. Si c'était comme avec moi, elle lui a lacéré la peau du dos. Et il a gardé ça en lui pendant tout ce temps, pareil que moi. Il a gardé les cicatrices et l'amertume, cette terrible rage rentrée. Et à force, il a craqué. Il a craqué et Dieu sait que je lui jette pas la pierre.

Jeff détourna la tête et Maisie, presque instinctivement, posa sa main sur son bras.

Visiblement, elle réfléchissait intensément et Jarvin la laissa faire, en la dévisageant pendant qu'elle essayait de comprendre.

– Mais pourquoi ?…

On aurait dit que Maisie essayait d'ouvrir un pot de confiture uniquement par la force de la pensée ; sa tête remuait de droite à gauche, comme si, en bougeant ainsi, elle desserrait quelque chose.

– Pourquoi la bande dessinée ?… S'il est allé se venger… s'il est allé la tuer… alors, il n'y est pas allé pour voler. Et s'il y est allé pour voler, il ne l'a pas tuée. Il ne l'a pas tuée s'il possède cette bande dessinée. Il n'a pas pu faire ça. À moins que… (Elle s'interrompit et regarda Jarvin.) Je vais vous dire tout ce que je sais, inspecteur. Je vais vous dire la vérité. Mais j'ai besoin de savoir que vous m'écoutez avec compassion.

L'inspecteur hocha la tête.

– Tout dans cette affaire m'oblige à faire preuve de cette qualité, Mrs Cooper. Je crois même que j'éprouve naturellement ce sentiment pour Mr Briscow, sans avoir besoin de me forcer.

Il retourna vers la porte du bureau, très lentement, pour appeler Allen qui vint s'asseoir bien sagement sur sa chaise branlante, avec l'apparence d'un rocher humain, à l'exception de sa main droite qui ne cessait de courir sur les feuilles de son calepin.

« Dans les taudis de Liverpool. Dans les taudis de Liverpool. Ils cherchent à manger dans les poubelles, et quand ils trouvent un rat mort, ils se disent : voilà de la mortadelle ! » chantait Harvey en sortant de la station de métro.

La rame était pleine de gars de Liverpool qui allaient assister à un match en nocturne contre Arsenal et Harvey se fit un plaisir d'entonner en leur honneur une de ses chansons préférées. Il était 18 heures passées et il savait que Josh serait déjà parti, ce qui renforçait sa bonne humeur. Comme il était en retard, Maisie l'attendrait devant la boutique, avec l'air désespéré sans doute, un peu perdue, toute petite, dans le calme rugissant de la ville qui fermait ses portes. Il la réconforterait en la serrant dans ses bras. Pas trop de baisers, car son haleine devait ressembler à celle d'Oliver Reed (après sa mort), mais une longue étreinte sexy. Ensuite, il la ferait entrer, il l'assoirait sur le canapé et il lui raconterait tout. Elle serait très impressionnée, alors il ouvrirait le tiroir pour lui montrer la bande dessinée, et là, folle de joie en découvrant qu'ils avaient un avenir, elle se renverserait dans le canapé, il la rejoindrait et... merde. Il se figea, prit quelques profondes inspirations et essaya de se remettre à marcher... oui, c'était mieux. Peut-être qu'il ne devrait pas trop cogiter. Il chanta encore un ou deux refrains en regardant droit devant lui pour voir s'il l'apercevait.

Quand il arriva devant *Inaction Comix*, deux choses le frappèrent. Premièrement, Maisie n'était pas là, ce qui signifiait qu'il ne l'avait pas fait poireauter, comme il l'avait un peu espéré pour la punir de l'avoir abandonné dans les Cornouailles. Deuxièmement, le rideau de fer était levé et les lumières toujours allumées, ce qui signifiait que Josh était encore là. Le salopard. Il s'éloigna de la vitrine ; il ne voulait pas être vu. Peut-être qu'il pourrait attendre Maisie dehors, elle n'allait pas tarder. Mais ça voulait dire qu'elle le ferait poireauter, alors qu'il était censé la punir. N'était-ce pas injuste ? Et si Josh l'avait laissée entrer ? Peut-être qu'elle se trouvait déjà à l'intérieur. Que ferait Josh pour la distraire ? Harvey chercha ses clés précipitamment et avec une rapidité jamais égalée, il trouva la bonne, ouvrit la porte de la boutique et entra.

– Oh... (Il regarda autour de lui.) Ah...

Jarvin et les Cooper sortaient justement du bureau à ce moment-là, si bien que neuf visages se tournèrent simultanément vers lui.

– Bien...

Il referma la porte derrière lui, en douceur, et s'avança d'un pas lent.

– Euh... Quoi de neuf ? demanda-t-il.

38

Il y eut un long silence, suffisamment long pour que Harvey se demande s'il était chargé de sens. Pour lui, ça ne faisait aucun doute. Tellement chargé qu'il devenait pesant, voilà comment il l'avait caractérisé avant même que Jarvin prenne la parole :

– Mr Briscow, dit-il simplement.

Harvey n'était pas certain que cela ajoute quoi que ce soit au silence, ni que cela renferme des informations qu'auraient pu ignorer les personnes présentes. Sauf, éventuellement, les quatre policiers en tenue qui observaient la scène, éparpillés dans la pièce. Jarvin avait peut-être dit cela pour le présenter, d'une certaine façon. Harvey se demanda comment ils s'appelaient, eux. Mais il y avait autre chose qui le tracassait, une chose qu'il ne parvenait pas à définir.

– Nous vous cherchions, Mr Briscow, ajouta Jarvin, et Harvey remarqua qu'Allen retournait dans le bureau, sans doute pour mettre fin aux opérations de recherches.

Le traquaient-ils véritablement ? Un avis de recherche avait-il été lancé ? Cette idée lui procurait quelques frissons, elle l'amusait légèrement, mais surtout, elle lui foutait une sacrée trouille, évidemment.

– Eh bien, euh… me voilà.

Là encore, cette phrase ne faisait guère évoluer la situation, mais Harvey sentait qu'il devait dire quelque chose. Je suis allé dans les Cornouailles, mais me voilà, je suis de retour.

– Vous deviez subir un test sanguin, Mr Briscow, souligna Jarvin sans agressivité, tel un médecin prévenant.

– Oui, désolé. C'est pas bien, je sais. J'étais un peu déboussolé.

Harvey observait maintenant la boutique, pas uniquement les visages. Elle était presque vide. Il n'avait jamais remarqué combien elle était petite. Franchement, ce serait mieux de disposer les rayonnages dans l'autre sens de façon à avoir des allées qui… Il croisa le regard de Josh et celui-ci prit aussitôt un air de chien battu. Harvey se demanda ce qu'il avait fait. Très vite, il balaya la pièce pour repérer de nouvelles acquisitions, mais à cause des bandes dessinées et des cartons empilés un peu partout, difficile de savoir si Josh avait fait des achats. Harvey l'observa en fronçant les sourcils, sans parvenir à se débarrasser de cette sensation désagréable: quelque chose clochait. En plus de toutes les choses évidentes, bien entendu.

– Nous avons procédé à une perquisition dans votre boutique, Mr Briscow, comme vous pouvez le constater, reprit Jarvin. Évidemment, nous aurions préféré agir avec votre permission et en votre présence, mais malheureusement, nous n'avons pas réussi à vous joindre.

– Non. J'ai jamais aimé les portables… c'est un truc fasciste, marmonna Harvey.

Mais il avait la tête ailleurs. Il avait fini par trouver ce qui le tracassait: qu'est-ce que Jeff foutait ici, nom de Dieu? Pourquoi est-ce que Maisie ne lui sautait pas dans les bras, et qu'est-ce que Jeff foutait avec elle ? Quand vous fixez un rendez-vous à votre maîtresse avant de fuir à New York pour commencer une nouvelle vie avec elle, vous n'imaginez pas qu'elle va amener son mari. C'était quoi, ce bordel ?

– Euh... salut Maisie.

– Bonjour Harvey.

Merde. Elle parlait d'une petite voix triste, comme sa mère la fois où il avait injurié le pasteur.

– Tu vas bien ? demanda-t-il.

– Oui, ça va. Et toi, Harvey ?

– Euh, oui, oui, ça roule. Ça va, Jeff ?

– Salut Harvey. Ça va ?

– Super. Bon... alors, euh... Ça va, inspecteur ?

– Si nous faisons une perquisition dans votre boutique, Mr Briscow (Jarvin refusait de se mettre dans l'ambiance de la soirée), c'est parce que nous avons trouvé ici même une chose dont nous avons du mal à expliquer la présence.

Il se retourna et tendit le doigt. Dans un silence inquiétant, Allen était ressorti du bureau, sans que Harvey s'en aperçoive, et il se tenait maintenant derrière le comptoir. Tel l'assistant d'un commissaire-priseur, il tendait un *Superman numéro un* dans sa main gantée. La pochette plastifiée était encore maculée du sang de Mrs Odd.

Harvey hocha la tête. En fait, il se sentait extrêmement soulagé. Voilà sans doute la raison pour laquelle Josh affichait cet air coupable : il l'avait dénoncé aux flics. C'était un geste regrettable de la part d'un employé, mais au moins, il n'avait pas acheté d'autres Pokemon.

– Oui, c'est le *Superman numéro un.*

Il essayait de prendre un ton détaché, même si, en vérité, il sentait ses boyaux se nouer, à tel point qu'il avait envie de courir aux toilettes.

– Vous l'avez trouvé, hein ? dit-il.

– Oui, nous l'avons trouvé et bien entendu, même si nous n'en avons pas la preuve, nous pensons qu'il s'agit de l'exemplaire ayant appartenu à Charles Odd et qui a disparu de la maison de Saint Ives après le meurtre de sa mère.

– Oui, exact, bien vu.

– Mrs Cooper nous a raconté une histoire très intéressante, comme quoi vous vous seriez rendu dans cette maison après que le meurtre avait été commis, dans le but de voler cette bande dessinée. Toutefois, il a été suggéré, depuis, que vous aviez peut-être un mobile pour ce meurtre, que vous en vouliez à Mrs Odd ; que vous l'avez tuée et que vous êtes revenu ensuite dans la maison pour voler la bande dessinée et effacer vos traces. J'aimerais savoir ce que vous pensez de tout cela, Mr Briscow.

Harvey pensait que c'était un endroit un peu trop public pour formuler une affirmation aussi profondément humiliante. Est-ce qu'ils ne pourraient pas discuter de ça en privé, quelque part ? Il sentait que Maisie essayait d'accrocher son regard, mais il craignait de voir dans le sien une vive inquiétude. Curieusement, il pensait à Josh à cet instant. Après avoir frimé devant lui parce qu'il avait une copine, en arriver là ! Il poussa son soupir, ce qui lui imposa de fermer les yeux un court instant. Quand il les rouvrit, il constata que deux des policiers en tenue étaient venus se placer derrière lui, sans bruit, pour bloquer la sortie.

Il secoua violemment la tête pour évacuer un peu les Watneys. S'il y avait un moment qui exigeait de la lucidité, c'était celui-ci.

– Écoutez, dit-il. Que ce soit bien clair. Je suis allé dans la maison, oui. J'ai vu le cadavre et j'ai nettoyé un peu, OK, je le reconnais. Mais je n'ai pas volé cette bande dessinée. Il se trouve que je l'ai en ma possession, et je vous raconterai comment dans une minute, et je n'ai pas tué Mrs Odd, pour des raisons que je vais vous expliquer. Je n'ai aucun mobile... Maisie, comment peux-tu croire ça?

Il la regarda. Y croyait-elle vraiment? Elle secouait plus ou moins la tête, mais avec une sorte de réserve dangereuse compte tenu des circonstances. Lui aussi secoua la tête en retour.

– Écoutez, sincèrement, y a aucun problème.

Harvey constata deux choses simultanément. La première, c'était que la radio d'Allen s'était mise à grésiller et il avait disparu dans le bureau, une fois de plus. La deuxième, c'était que Jeff s'avançait vers lui. Il voulut reculer, mais il écrasa les orteils d'un des agents qui se tenaient derrière lui, beaucoup trop près.

– Oh, pardon.

Il refit un pas en avant, alors que Jeff continuait d'avancer. Tous ces policiers allaient-ils le laisser se faire agresser? Il commença à paniquer. Jeff paraissait plus costaud que jamais dans son polo rose menaçant.

– Non, non!

Harvey leva les mains devant son visage lorsque Jeff approcha. Puis il sentit le bras de celui-ci se refermer autour de son cou. Jeff allait l'expédier au tapis. Harvey se raidit en attendant d'être plaqué au sol. Mais le bras de Jeff se contenta de le serrer.

– Lâche-toi, Harvey. Fais tout sortir.

C'était Jeff qui parlait.

– Euh... OK.

Harvey hocha la tête tant bien que mal et jeta un regard par-dessus l'épaule de Jeff pour chercher de l'aide.

– C'est fini. Ne garde plus ça à l'intérieur. Libère-toi, une bonne fois pour toutes. (Jeff recula et regarda Harvey droit dans les yeux.) Lâche-toi, Harvey.

– Euh, oui, tu as raison, Jeff.

Nom de Dieu, qu'est-ce qui se passait? Il se faisait rudoyer par un dingue et la police restait là, les bras croisés; avec un soupçon de sourire indulgent dans le cas de Jarvin. Jeff demeura planté devant lui et Harvey vit avec horreur des larmes couler sur son visage, jusqu'à ce que, avec une violente torsion de la tête, il s'éloigne enfin pour aller se réfugier dans les bras de Maisie, qui l'enveloppa de manière fort érotique. Le monde était-il devenu fou? Jeff Cooper, LE Jeff Cooper venait de fondre en larmes et il se faisait maintenant consoler par la petite amie de Harvey. Sa boutique avait été dépouillée et il devait subir la condescendance d'un policier qui ressemblait à un dauphin. Il secoua la tête, une fois de plus, et lança à Jarvin un regard chargé de désespoir.

– Écoutez... je sais pas ce qui se passe, mais je peux tout vous raconter, et les choses rentreront dans l'ordre. J'ai tué personne, je vous le jure. J'ai juste brisé un carreau. Et la bande dessinée est à moi. Sincèrement. Je peux vous dire qui a fait le coup: c'est Bleeder. Pardon, Charles Odd, je voulais dire. C'est lui! Il a tué sa mère et il m'a envoyé la BD en guise de cadeau. Donc, elle m'appartient, pour de bon. Après toutes ces années, elle est enfin à moi, et on va pouvoir aller vivre à New York pour ouvrir un *coffee shop*. (Il lança un regard perplexe en direction des Cooper, toujours enlacés, et il fronça les sourcils.) Enfin, moi du moins. Vous pouvez demander à Charles... Oh, et puis merde! Bleeder, c'est comme ça qu'on l'appelait. Vous pouvez demander à Bleeder Odd, il vous expliquera tout.

Harvey avait espéré capter l'attention de l'assistance:

après tout, c'était une information capitale qu'il leur livrait, et même s'il n'avait jamais été très doué pour raconter des blagues ou rapporter des anecdotes, préférant les remarques sardoniques pour séduire son auditoire, il avait cru que tout le monde lui accorderait son attention à cette occasion. Mais Allen venait d'apparaître sur le seuil du bureau et il faisait signe à Jarvin. Celui-ci, sans prendre la peine d'interrompre Harvey, alla se pencher par-dessus le comptoir pour écouter ce qu'Allen avait à lui dire.

Harvey s'interrompit et attendit en essayant d'empêcher son cœur de battre d'une manière qui pouvait être nuisible à sa santé. Il n'avait rien à craindre, dit-il à son cœur. Tout était OK. Il avait bravé le danger pour sauver l'héroïne d'une mort certaine, et maintenant, il était de retour à Metropolis, en civil. Il avait ôté sa cape. À force de respirer profondément, il sentit qu'il se détendait peu à peu. Il ferma même les yeux un instant, mais les Watneys continuaient à tournoyer, lui donnant envie de vomir, et il dut les rouvrir. Au moment où Jarvin revenait se placer au centre de la boutique – la boutique de Harvey, précisément –, comme s'il était chez lui. Mais Harvey ne protesta pas. Il se contenta d'écouter.

– J'ai une bien triste nouvelle, annonça l'inspecteur chef et Harvey se demanda vaguement si les autres pouvaient être tristes, eux aussi ; il avait du mal à y croire : assurément, toute la tristesse du monde lui était réservée. Mes collègues des Cornouailles viennent de nous appeler pour nous informer que Mr Charles Odd avait été retrouvé mort au pied des falaises de Saint Ives, il y a quelques instants. On suppose qu'il s'est suicidé en se jetant de l'extrémité de Porthminster Point.

Il balaya du regard l'assistance : les visages choqués des Cooper qui avaient refait surface pour respirer.

– Mort? demanda Jeff. Charles est mort? (Il secoua la tête et se mit à haleter comme s'il avait du mal à respirer.) C'est elle qui a fait ça. Ça continue… Bon Dieu, c'est à cause de nous. Oh, putain, c'est allé trop loin… Je n'en peux plus, je n'en peux plus… Il faut que ça s'arrête !

Et il replongea dans les bras de Maisie.

– Dur.

Josh, oublié jusqu'à présent, était occupé à feuilleter discrètement l'album de *Wonder Woman*, mais il ressentait le besoin de s'exprimer. Toutefois, Jarvin ne se tourna pas vers lui car il dévisageait Harvey. Celui-ci avait levé les yeux au plafond et ses lèvres remuaient comme s'il lisait quelque chose sur la peinture écaillée et jaunie par la nicotine.

– Il est mort.

Les yeux de Harvey redescendirent brusquement et entrèrent en collision avec ceux de Jarvin. L'inspecteur chef hocha la tête.

– Oui. J'en ai peur.

– Non. Attendez! (Harvey leva la main comme pour souligner un point quelconque, mais elle retomba.) S'il est mort…

Il s'interrompit de nouveau et jeta des regards affolés autour de lui. Maisie réapparut par-dessus l'épaule de Jeff.

– Ce n'est rien, Harvey. Dis la vérité, quelle qu'elle soit. Le moment est venu de dire la vérité.

– Oh, putain ! (Harvey s'avança, les deux mains levées.) Écoutez… c'est pas moi, je vous jure. C'est pas moi, c'est Bleeder ! Il me l'a dit, il me l'a dit ! C'est ce salopard de Bleeder Odd !

Il se retourna brusquement et fonça vers la porte, mais il fut ceinturé par les policiers qui attendaient.

Quatrième réimpression

Achevé d'imprimer en décembre 2016
dans les ateliers de Normandie Roto Impression s.a.s.
61250 Lonrai (Orne)
N° d'impression : 1605810
Premier dépôt légal dans la collection : février 2010

Imprimé en France